KB066816

촛불 너머의 시민사회와 민주주의

윤평중·이진우·전상인·임지현·김석호

박태준미래전략연구총서 9

촛불 너머의 시민사회와 민주주의

윤평중·이진우·전상인·임지현·김석호

아시아

한국사회, 어떻게?

김병현(포스텍 박태준미래전략연구소장)

　2016년과 2017년의 두 해에 걸쳐 박태준미래전략연구소는 더 나은 한국사회로 나아가기 위한 길을 모색하고 제시하는 연구를 기획했다. 모두 아홉 분의 원로·중진·중견 학자들이 참여한 그 연구가 내놓은 첫 번째 결실은 2017년 2월 박태준미래전략연구총서 제6권으로 펴낸 『한국사회, 어디로?』이고, 이번에 총서 제9권으로 나온 『촛불 너머의 시민사회와 민주주의』는 그 두 번째 결실로서 '한국사회, 어디로?'의 후속편 성격이 짙기도 하여 '한국사회, 어떻게?'라는 부제를 달아도 좋은 책이다.

　『한국사회, 어디로?』에서 김우창 교수는 교육과 문화, 송복 교수는 특혜계층의 노블레스 오블리주, 송호근 교수는 시민성에 대한 문제를 심층적으로 다루었고, 장덕진 교수는 세 분의 에세이를 실증적으로 뒷받침하며 한국인이 바라볼 좌표를 보여주었다. 그 책이 출간된 때는 '광장정치'가 '대의정치'를 압도하고 있었으며, 광장에는 '촛불'과 '태극기'의 상충(相衝) 에너지가 일촉즉발의 위험물처럼 상존하고 있었다. 그러나 물리적 상충은 발생하지 않았고, 대통령 탄핵선고와 함께 '광장'은 극적으로 다시 '법치'

에 수렴되었다.

2016년 겨울부터 2017년 봄까지—이 촛불광장의 계절은 헌법과 선거에 의한 정권교체를 이뤄냄으로써 '촛불명예혁명' 기간으로 기록되면서 한국 '시민사회'의 역량을 새삼 주목하게 만드는 역사적 시공(時空)으로 자리 잡았다. 물론, 가장 잘 조직화된 정치세력이 분노한 민의를 결집시킨 무대였다는 정도로 평가하는 시각도 없지 않다. 그러나 상찬하든 비판하든 하나의 부정할 수 없는 사실이 있다. '광장의 촛불'은 산업화와 민주화를 동시에 성취한 한국현대사의 전개 과정에서 산업화와 민주화가 상충·상보(相補)의 치열한 상호작용을 멈추지 않는 가운데 시민사회의 영역이 지속적으로 확장돼왔다는 명백하고 확실한 증거라는 것이다.

'촛불'과 '태극기'의 갈등과 대립이 팽팽했던 2017년 2월, 박태준미래전략연구소는 어느 세력이 정권을 잡든 그들이 맨 먼저 세심히 살펴봐야 하는 것은 우리 사회의 고질적 병폐이고 그들이 가장 공들여야 하는 시대적 책무는 그것을 '시민'과 더불어 극복하고 치유하는 길을 닦는 일이라는 기본인식을 전제하여 '한국사회, 어디로?'의 일차적 후속편으로 '한국사회, 어떻게?'라는 큰 질문을 받아들고 '시민성과 시민사회, 그리고 민주주의'에 대해 집중적으로 조명해보기로 결정했다.

과연 한국 시민사회와 민주주의는 어디쯤에 와 있는가? 그 민낯과 속살의 실상은 어떠한가? 어떤 한계에 봉착해 있으며 어떻게 그것을 넘어설 수 있는가? '촛불 너머'의 성찰적 시민사회와 성숙한 민주공화정 국가에 도달하기 위해 지금 여기의 우리에게 없거나 모자라는 '시민'으로서의 자질은 무엇인가? 이러한 문제의식에서 출발한 연구와 사유의 결실이 『촛불 너머의 시민사회와 민주주의』이다. 이 책에서 다섯 분의 학자들은 저마다 다른 다섯 개의 시선으로 한국사회를 들여다보고 책의 제목이 가리키는 더 나은 미래로 나아갈 다섯 개의 길을 닦아두고 있다.

「삶의 정치와 성찰적 시민사회—진리정치 비판」에서 윤평중 교수는 자유로운 상호비판과 자기성찰을 적대시하는 진리정치의 타성을 극복하고 생활세계에서 사람들이 삶을 구체적으로 살려내는 생명정치로서의 미시정치적 '삶의 정치'의 구현에 대한 통찰과 사유를 피력한다. 이진우 교수는 「우리는 어떻게 시민이 되는가?—성숙한 시민사회의 실천철학」에서 압축성장의 국가중심주의가 야기한 한국사회의 문제점이 '시민 없는 국민국가'와 '시민 없는 시민사회'로 압축된다면 자신의 권리와 의무를 조화롭게 의식하고 공동체의 관심사에 적극 참여하는 '개인'의 양성이 중요하다는 것을 강조하고, 전상인 교수는 「'마음의 습관'과 한국의 민주주의」에서 민주주의 마음의 핵심인 개인주의와 자유주의의 기본단위로서 '개인'을 주목하고 한국 민주주의가 도입되고 성장하는 과정에서 생략되거나 배제되었던, 인간 존중과 자기 결정을 인격화한 '개인'의 탄생이 '시민'의 미생(未生)도 넘어설 수 있는 길이라고 밝혀낸다. 그리고 임지현 교수는 이념적 대립이 기억의 투쟁으로 전이되는 현상이 뚜렷해지는 21세기 지구적 상황에서 「'기억': 21세기 한반도의 열려 있는 기억문화를 위하여」를 통해 역사의 희생자의식이 국가적 프로젝트에 민중을 동원하는 민족주의적 권력논리를 정당화하는 '희생자의식 민족주의'의 세계사적인 위험사례들을 탐사하고 한국인의 고통스러운 기억들이 타자의 고통과 연대하면서 보편적 인권의 기억으로 진화해야만 이웃과 미래를 향해 열리게 되는 한국 시민사회의 길을 제시한다. 「한국인의 습속(習俗)과 시민성, 그리고 민주주의」에서 김석호 교수는 통계자료를 통해 한국인의 '시민성' 수준을 알려주고 민주사회의 존속과 진보에서 가장 핵심적인 문화적 속성인 '시민성'에 한국 민주주의의 미래가 달려 있기 때문에 개인의 권리와 자율성에 대한 과도한 배타적 강조가 의무보다 권리에 치중해 있는 한국인의 왜곡된 '시민성'을 더 악화시킬 수 있는 소지를 경계하면서, 특히 시민사회 본연의 감시와 견제의 기능을 활성화하기 위해 '시민'이 권력의 주체로서 사회적 결정에 영향력을 행사하는 다양한 유형의 행위에 참여해야 한다는 것을 역설한다.

뒤돌아보면, 한국현대사에서 '시민사회'가 변혁운동의 주체로 처음 등장한 것은 1987년 6월항쟁이었다. 그때 시민사회의 '시민'은 시민혁명이 없었던 우리나라에서 국민이나 도시거주민이라는 뜻도 아니고 부르주아(bourgeois)의 역어(譯語)도 아닌, 실천적 주권의식과 참여적 정치의식을 겸비한 '깨어난 개인'이었다. 그로부터 삼십여 년이 지나 '시민'이 '촛불혁명'의 주력이 되었다. 이것은 한국 시민운동의 정점으로 기록될지 모른다. 분명한 것은, 이른바 '87체제'의 한국사회에서는 경제와 민주주의처럼 시민사회도 꾸준히 성장해왔으며 이들이 현재 우리의 자긍심이고 자신감이다. 그러나 여전히 한국사회가 가야할 길이 멀다는 말에 공감하지 않는 사람을 찾아보기 어려운 실정이다. 더구나 그 먼 길은 얽히고설킨 남북관계를 풀어내서 평화통일을 이룩해야 한다는 거대한 과제도 짊어져야 하는 여정이니 '시민성을 갖춘 개인'과 그들의 공동체로서 '성찰적 시민사회'와 '성숙한 민주주의'가 얼마나 중요한 시대적 요청인가를 헤아릴 수 있다.

연구를 수행하고 귀중한 에세이로 마무리해주신 필자 여러분께 깊은 감사를 드리며, 이 책이 독자 제현과 더불어 한국사회의 더 희망찬 미래를 열어나가는 데 도움이 되기를 바란다.

차례

윤평중(한신대학교 교수, 철학)

1956년 생. 미국 남일리노이 주립대학교에서 철학박사 학위를 받았으며 한신대
학교 대학원장 및 학술원장 역임. 캘리포니아 대학교(버클리) 역사학과 방문학
자, 미시간 주립대학교 철학과 객원교수, 뉴저지 럿거스 대학교 정치학과 풀브라
이트 학자로 연구. 2012년 이후 현재까지 조선일보에 '윤평중 칼럼'을 쓰고 있고
2014년 이후 지금까지 KBS 객원해설위원. 현재 한신대학교 철학과 교수.
저서로『푸코와 하버마스를 넘어서』『포스트모더니즘의 철학과 포스트마르크스
주의』『담론이론의 사회철학』『논쟁과 담론』『극단의 시대에 중심잡기』『윤평중
사회평론집』『급진자유주의 정치철학』『시장의 철학』『국가의 철학』 등이 있고,
공저로는『주체개념의 비판』『니체가 뒤흔든 철학 100년』『디지털 시대의 민주
주의와 포퓰리즘』『공정과 정의사회』『신일철, 그의 철학과 삶』 등이 있음.

삶의 정치와 성찰적 시민사회
—진리정치 비판

삶의 정치와 성찰적 시민사회
―진리정치 비판

제1장. 시민사회의 불꽃, 촛불의 빛과 그림자

정치철학은 정의 위에 우뚝 선 정치공동체를 오랫동안 열망해왔다. 고대에서 현대에 이르기까지 철학자들은 부정의한 나라는 제대로 된 나라일 수 없다는 확신을 일관되게 피력해왔다. 플라톤 자신의 현실정치 실험이 거듭 실패했음에도 불구하고 후대의 정치사상가들은 이상국가의 열망을 포기하지 않았다. 하지만 정의론의 범람은 현실의 불의와 비루함을 증명하는 역설적 지표이기도 했다. 조선왕조를 비롯해 현대의 신정국가에 이르기까지 공동체를 도덕원칙 아래 두려는 고금동서의 온갖 시도는 참담한 실패를 거듭할 운명이었다.

그럼에도 정의담론은 공허한 당위론에 머무르지만은 않았다. 사회계약론이 근대 국가의 주요 정치사상으로 뿌리내린 이래 국가의 정당성은 자유롭고 평등한 시민들의 합의에서 비롯된다고 선언되었다. 이는 정치의 주체가 국가에서 시민으로 이동한 거대한 패러다임 전환이다. 시민을 정치의 주인으로 선포한 근대 정치철학의 찬란한 부상(浮上)은 멀게는 프랑스 혁명과 미국 독립혁명의 성취, 가깝게는 세계 인권선언 선포와 대한민국의 성립과 동행한다. 촛불시민혁명은 시민주권론의 한국적 성취를 세계 만방에 웅변한 현대 한국문명(Modern Korean Civilization)의 정화(精華)다. 촛불이야말로 한국 시민운동의 한 절정인 것이다.

'이게 나라냐'는 촛불의 외침은 우리 모두에게 '나라다운 나라'에 대한 응답을 요청했다. 나라다운 나라의 첫째 과제는 시민들이 자유롭고 평등해야 한다는 것이다. 나라의 둘째 과제는 공통이익을 공유하는 시민참여와 심의로 나랏일을 결정하는 공동의 지배가 실현되는 정치제도 건설이다. 국가의 셋째 과제는 자유롭고 평등한 시민들의 나라인 공화정이 내란과 외침으로부터 수호되어야 한다는 것이다. 이러한 세 가지 과제는 국가의 소명으로 제한되지 않으며, 성숙한 시민사회를 필연적으로 요청한다. 촛불로 고양된 시민의식을 동력으로 삼아 성찰적 시민사회가 이끌 새로운 나라를 그리려는 오늘의 문제의식은 이를 배경으로 삼는다.

촛불은 '나라다운 나라'에 대한 관심을 벼락같이 일깨워주었다. 보통사람인 '나와 우리'가 나라의 주인이라는 사실을 체험하게 했다. 나와 우리가 활동하는 공간인 시민사회의 단련 과정을 통과해야만 나라다운 나라가 만들어진다. 여기서 우리는 촛불이 보여준 시민축제의 성격에 주목하지 않을 수 없다. 촛불은 '제왕적 대통령'을 합헌적으로 파면하는 과정에서 연인원 일천칠백만 명이 참여했음에도 비폭력 평화축제로 일관했다. 시민사회의 힘이 민주공화정의 헌법정신을 현실화한 실제 사례였다.

촛불혁명은 진정한 공화정을 구현하려는 한국 시민의 공공적 실천으로 정의할 수 있다. 모두가 누구에게도 무릎 꿇지 않는 자유인으로 살되, 민주공화정의 공동목표와 공통의 이해관계를 공유한 시민들이 함께 만들어가는 시민공동체가 곧 촛불이었다. 공민의식과 애국심으로 무장한 자유시민이 가꾸어나가는 정치공동체, 바로 그것이 촛불혁명이 지향하는 것이었다. 따라서 촛불은 특정한 정치세력이 독점할 수 없으며, 한국 시민사회의 보석 같은 공동 자산으로 가꾸어가야 한다.

　나라다운 나라를 바라는 국민의 뜻은 우리 시대의 일반의지로 형상화하고 있다. 촛불혁명의 길에서 시민들은 "대한민국은 민주공화국"임을 선포한 헌법 제1조 1항을 함께 결단하고 실천한다는 자의식으로 충만했다. 자유롭고 평등한 시민들의 자존감이 탄핵과 대통령 보궐선거라는 비상시국을 관통해 효과적으로 작동했다. 헌법제정권력의 궁극적 주체인 국민은 헌법절차에 따라 옛 대통령을 파면하였고 새 대통령을 선출하였다. 주권자인 국민의 정치적 효능감이 극대화하면서 집단적 유포리아(행복감), 즉 '공적 행복감'이 한국사회를 감싸 안았다. 국가규범의 정점인 헌법의 근본정신을 현실에서 실천한 시민들의 주인의식이 창출한 집합적 기쁨이었다. 한국 시민사회의 불꽃, 그것이 바로 촛불이었다.

　이처럼 한국현대사에서 시민사회의 역량이 지속적으로 확장되어왔다는 것이 관련 학계의 일반적 평가이다. 2016~2017년의 촛불은 시민사회의 진화가 정점에 이르렀음을 증명한 순간이었다. 하지만 촛불로 타오른 한국 시민사회의 행로에 빛과 영광만 존재하는 건 아니다. 시민사회는 한국적 과대정부와 제왕적 대통령제가 길을 잃었을 때 적극 개입해 일탈한 제도정치를 본궤도로 돌려놓는 집합경험을 반복해왔다. 한국 현대사의 진화에서 시민사회가 결정적 주체로 작용해온 것이다. 구체적으로 이는 열정적인 거리의 정치와 광장정치가 타성에 빠진 제도정치를 주기적으로 충격하고 견인하는 한국적 정치 드라마로 표출되어 왔다.

　촛불의 역사적 의의에 대한 평가가 입증하듯 거리의 정치와 광장정치를 추동한 시민사회의 힘은 높이 상찬되어야 마땅하다. 때로 불꽃처럼 거리에서 폭발하는 시민정치는 우리 공동체에 특유한 사회문화적 역동성의 샘이었으며 한국 시민들이 갖는 자부심의 원천이었다. 하지만 광장정치가 설령 정권을 바꾸는 데 성공한다고 해도 제도정치가 본질적으로 바뀐 건 아니라는 사실을 시민들이 깨닫는 데는 오랜 시간이 걸리지 않는다. 정치권력의 향배를 좌우한 광장정치의 열정이 잦아듦과 함께 시민들은 거리의 정치가 자신들의 생활세계를 구체적으로 어떻게 바꿨는지를 묻게 된다. 정권이 교체되고 전임 정권들에 대한 '적폐청산'이 진행되는 가운데 민생과 경제, 안보에 어떤 실질적 성과가 있는지 시민들이 묻는 것은 자연스러운 일이다. 이러한 비판적 문제제기야말로 성찰적 시민사회로 가는 첫 걸음이기 때문이다.

'시민단체와 시민운동에 시민은 없다'는 진단이 한국 시민사회의 자기성찰에 필수적이다. 물론 외형적으로 시민단체의 숫자는 대단히 많다. 큰 사건이 터질 때마다 관련 시민운동이 반짝 불붙는 모습을 보이기도 한다. 그러나 참여연대나 경실련, 환경운동연합 같은 역사와 전통을 자랑하는 대표적 시민단체조차 재정문제와 새 회원발굴에 어려움을 겪는 것으로 전해진다. 시민운동이 몇몇 사회적 명망가의 이름에 의존하는 관행이 여전하고 조직의 중간허리에 해당하는 상근 간사단은 적절히 충원되지 않고 있다. 가장 큰 문제는 한국사회 전체로 볼 때 일반 시민들의 관심과 참여가 너무 저조하다는 것이다. 한국 보통시민들이 각종 시민단체 활동에 지속적으로 참여하는 가운데 소액이나마 재정 운영에 동참하는 비율은 선진국에 비해 매우 낮은 것으로 전해진다. 여기서 문제의 관건은 직업적 시민운동가의 열정과 헌신이 아니라 일반 시민의 장기 지속적 참여다.

한국 시민들은 자신과 직접 관련이 없는 특정한 공적·사회적 의제에 대해 지속적으로 목소리를 내고 스스로의 시간과 돈을 투하하는 사회적 경험이 일천한 것처럼 보인다. 박근혜 전 대통령의 경우처럼 악성의 국정농단에 대해서는 뜨겁게 분노하고 행동함으로써 극적으로 정권을 교체하지만, 분노가 잦아든 후 시민들이 생활현장에 복귀한 연후엔 풀뿌리 시민운동의 외연을 넓히는 사회적 프락시스를 생활화하지는 않는다. 그리하여 시민 없는 시민운동의 관행이 계속된다. 권력 엘리트 계층은 교체되었을지 몰라도 삶의 현장은 별로 바뀌지 않는다. 적폐라 불리는 부정부패와 계층격차 및 권력남용의 아비투스는 여전히 강고하다. 따라서 우리는 촛불 이후, 이러한 한국사회의 불공정한 아비투스와 불평등한 힘의 구조에 실질적 변화가 있었는지 묻지 않을 수 없다.

한국 시민사회의 또 다른 그림자는 국가와 시장에 의한 시민사회의 식민화 현상이다. 박근혜 정부를 비롯한 과거의 권위주의 정권 시절에 과대국가는 자신들에게 우호적인 어용 시민단체를 정권 보위세력으로써 적극적으로 지원하고 관리해왔다. 국가만 시민단체를 관리해온 것은 아니다. 국가를 능가하는 힘을 갖게 된 시장의 최강자인 재벌도 시민사회를 제어해 우호적 세력으로 만들기 위해 진력해왔다. 시민단체가 권력과 돈의 위력에 포획되는 사례도 종종 발견되었다. 이는 국가와 시장으로부터 비판적 거리를 유지해야할 시민사회가 제 모습을 잃어버리고 정체성을 상실하는 사례에 해당된다.

국가에 의한 시민사회의 식민화 현상은 문재인 정부 들어 독특한 변화 양상을 보인다. 과거 권위주의 정부가 시민사회를 위에서 아래로 내려누르면서 종속시키려고 했던 데 비해 민주정부인 문재인 정부는 시민사회와 근친적 협력관계를 유지하는 것처럼 보인다. 역대 어느 정부에 비해서도 압도적으로 많은 숫자의 시민운동가와 노동운동가들이 청와대와 정부 요직에 진출한 것이 단적인 증거다. 정책 패러다임에서도 진보적 시민단체의 개혁 프로그램을 정부가 호의적으로 수용하는 경우가 매우 잦다. 문재인 정부는 역대 대한민국 정부 가운데 시민사회와 가장 친화적인 정부임이 분명해 보인다.

그러나 국가와 시민사회가 문재인 정부처럼 가까워지는 경험은 한국 시민사회의 앞날에 빛과 그림자를 동시에 던진다. 민주적 리더십의 힘이 시민사회의 자발적 지지에서 나오는 만큼 국가와 시민사회의 연대를 통해 문재인 정부의 정통성도 증대하고 정책수행 역량이 확대될 수도 있다. 하지만 이러한 낙관론은 문재인 정부에 우호적인 시민운동과 시민단체가 한국 시민사회 전체를 균형 있게 대변할 때에만 제한적 설득력을 갖는다. 앞서 분석한 대로 '시민 없는 시민운동'이 만약 사실이라면 문재인 정부의 특징인 국가와 시민사회의 연대는 정부에 호의적인 일부 시민운동 지도자들의 현실권력 참여로 축소되기 때문이다. 나아가 국가와 시민사회의 정치공학적 연대는 궁극적으로 시민사회의 독자성 상실로 이어진다. 시민운동가들이 아무리 국가와 민족을 위한 열정적 신념으로 국정에 참여한다고 해도 그것이 집단적 관행으로 정착될 경우 시민사회의 독자적 정체성은 치명적으로 훼손된다. 독자성을 잃어버린 시민사회는 더 이상 시민사회가 아니다. 국가에 대한 시민사회의 자발적 복무도 결국은 국가권력에 의한 시민사회의 식민화 현상으로 귀결될 수밖에 없다.

촛불에 내재하는 한국 시민사회의 빛과 그림자를 더 명확히 판별하기 위해서는 시민사회론의 보편적 궤적을 살펴보아야 한다. 시민사회론의 가장 중요한 고전가는 단연 헤겔과 마르크스이다. 헤겔은 시민사회 없이는 현대 자체가 불가능하다는 교훈을 설득력 있게 논증하였다. 하지만 마르크스는 헤겔을 통박하면서 헤겔이 옹호하는 자유주의적 시민사회 자체를 폐지해야 인간해방이 가능하다고 강변했다. 인간소외와 양극화 같은 시민사회의 그림자를 밝히는 데 큰 역할을 한 마르크스가 침몰하고 만 가장 큰 이유는 시민사회의 입체성에 대한 이해 부족이었다는 사실을 제2장에서 논증한다.

시민사회론의 지평 위에서 만난 헤겔과 마르크스는 진리정치의 명암을 선명하게 드러낸다. 진리정치의 이념은 현실정치 영역에서 옳고 그름의 보편적 판단기준이 엄존하며 진리 구현이야말로 정치의 근본 목표라고 역설한다. 진리정치의 고전적 모델은 서양에서는 바로 플라톤과 마르크스주의이며 동아시아에서는 주자학이라고 나는 본다. 한국 현대정치에서 대표적인 진리정치 모델은 민주화 운동정치일 것이다. 흥미롭게도 민주화 운동정치는 마르크스주의와 주자학에 내재한 진리정치의 메커니즘에 입각해 현대 한국사회를 변혁시키려고 하였다. 한국적 진리정치가 드러내는 강렬한 빛과 그림자를 북핵 위기의 그늘이 짙어가는 21세기 한반도 상황에서 해명하는 것이 제3장의 목표이다.

제4장은 진리정치의 단점은 버리고 그 장점은 극대화한 대안 이념으로서 삶의 정치이념을 논구한다. 도식화한 진리정치가 성찰적 시민사회와 충돌할 수밖에 없음을 논변한 다음, 민주적이고 다원적인 시민사회와 삶의 정치가 유기적으로 맞물린다는 교훈을 입론하려 한다.

제5장은 국가-시민사회-시장의 건강한 3분법 위에서 작동하는 성찰적 시민사회의 토대 위에서만 공정한 국가와 투명한 시장이 가능하다는 사실을 밝힌다. 성찰적 시민사회와 동행하는 촛불의 에너지는 한국 민주주의의 현재와 미래를 이끄는 등대 역할을 하게 될 터이다.

제2장. 시민사회 없이 모더니티 없다: 헤겔 대 마르크스

정치사상사에서 헤겔은 보수적 관념론자로, 그리고 마르크스는 진보적 유물론자로 서술하는 경우가 많다. 마르크스의 유물변증법이 헤겔의 관념변증법을 '지양했다'는 식의 표준적 서술이 선형석이나. 바꿔 말하면 헤겔적인 절대정신이 아니라 마르크스적인 생산력과 생산관계의 모순이야말로 사회변화의 동인이자 역사의 동력이라는 것이다. 이러한 서술은 마르크스 자신의 헤겔 해석과도 일치한다. '거꾸로 서있는' 헤겔 철학의 반동성은 탈색시키되 변증법적 사유의 핵심은 승계했다는 게 마르크스의 주장이기 때문이다. 하지만 나는 이런 해석이 매우 일면적이며 피상적이라고 본다. 헤겔의 텍스트를 면밀히 점검해 보면 그의 정치사상이 매우 혁신적이라는 사실을 확인할 수 있다. 마르크스와 비교해 헤겔의 변증법적 사유가 가장 빛나는 대목 가운데 하나는 단연 시민사회에 대한 헤겔의 선구적 논변이다. 정치사상가로서 헤겔 사유의 합리적 핵심은 그의 국가론과 생산적 긴장관계를 맺는 시민사회론에 있다.

마르크스는 시민사회를 부르주아 계급독재를 관철하는 이데올로기적 장치로 간주한다. 근대 시민권을 담보하는 여러 민주주의적 제도들도 부르주아 독재에 봉사하는 도구로 여긴다. 국가와 시민사회의 분리라는 모더니티의 업적도 마르크스의 관점에서는 근대인이 인간존재의 보편적 내용으로부터 소외되었다는 증거로 읽힌다. 역사적으로 보면 주권적 일반이익의 구현체로서 강제력을 독점한 국가로부터 사적이익의 체계인 시민사회가 분리됨으로써 시민권과 자유의 이념이 최초로 정초되었다. 자유주의자들이 맨 처음 포착한 이 같은 사실을 헤겔은 국가-시민사회 개념을 구분해 정식화함으로써 포괄적인 현대 정치철학 패러다임으로 녹여내는 데 성공한다.

하지만 마르크스는 헤겔이 정초한 국가와 시민사회의 분리를 과격한 방식으로 해체하고 말았다. 마르크스가 보기에 국가는 시민사회와 겉모습만 독립되어 있다. 즉 "현대의 국가권력은 전체 부르주아의 공동업무를 관장하는 위원회에 불과하다"는 것이다.[1] 마르크스가 국가-시민사회의 분리라는 모더니티의 성취를 오히려 타락과 부패의 원흉으로 간주하는 이유는 너무나 명백하다. 그의 말을 빌리자면, "정치국가의 발전 형태 속에서

---

1   K. Marx and F. Engels, "Manifesto of Communist Party", in *Marx and Engels, Collected Works* (이하 *MECW*로 표기), 제 6권 (Progress, 1972), 486쪽.

인간은 …… 스스로를 공동존재로 간주하는 정치적 공동체에서의 삶과, 사적 개인으로서 행동하면서 자신과 타인을 수단으로 격하시켜 낯선 힘의 포로가 되는 시민사회 속의 삶이라는 이중적 형태로 분열"되기 때문이다.[2] 여기서 마르크스는 정치적 공동체가 공동존재를 창출하는 데 비해 시민사회는 사적 개인을 낳는다는 사실에 주목한다. 공동체가 긍정적으로, 그리고 시민사회가 부정적인 것으로 묘사된다. 시민사회에 대한 마르크스의 부정적 관점은 마르크스주의 전체의 이론과 실천에 결정적 영향력을 행사하게 된다.

마르크스에 의하면, 사회 구성원들의 일반의지를 형상화한 존재이며 특수성과 보편성의 통합체라고 헤겔에 의해 논변된 국가는 기실 부르주아 계급의 배타적 이익을 보장하는 계급국가에 불과하다. 부르주아적 자유주의 국가는 시민사회의 포로에 불과하며 하나의 환영(幻影)에 지나지 않는다는 것이다. 따라서 마르크스는 헤겔의 국가론을 통렬히 비판한다. 국가는 물질적 현실의 합리화이며, 전도된 현실의 신비화로 정의된다. 개인주의에 입각한 근대 시민사회가 사회적 존재인 인간 존재를 파괴하므로 전도된 현실인 국가-시민사회 분리를 넘어 사회화된 인간의 모델을 회복해야 한다는 논변이다. 그리하여 마르크스는 사회화된 인간 모델을 "공동존재"(Gemeinwesen, the communal being)라 부르고, 정체(政體)와 개인을 동시에 지칭한다.

시민사회가 가져온 원자화와 소외가 극복되고 개인과 사회가 모두 공동존재성을 획득하는 결정적 지점을 마르크스는 '진정한 민주주의' 또는 '공산주의'라고 부른다. 여기서 중요한 점은 "민주주의만이 특수자와 보편자의 참된 합일인 것이다. …… 그리고 진정한 민주주의에서는 정치적 국가

2   K. Marx, "On the Jewish Question", in *MECW*, 제3권, 154쪽(고딕체는 원문).

가 지양된다."는 사실이다.[3] 나아가 참된 민주주의에서는 분화된 사적 영역으로서의 시민사회도 함께 사라져야 한다고 마르크스는 확신한다. 이를 그는 "추상적인 정치국가 내의 선거 개혁은 국가의 지양뿐만 아니라 시민사회의 지양도 요구한다."라고 표현한다.[4]

마르크스가 자유주의를 맹공하는 이유가 여기에 있다. 진정한 민주주의인 공산주의가 부르주아적 국가나 시민사회와 양립할 수 없기 때문이다. 자유주의를 출범시킨 사유재산권, 그리고 국가-시민사회의 분리를 둘 다 거부하는 마르크스의 명제는 『헤겔 법철학비판』에 이처럼 명징하게 제시되어 있으므로 아비네리의 평언(評言), 즉 "『공산당선언』이 『헤겔 법철학비판』에 내재해 있다"는 말은 정곡을 찔렀다.[5] 마르크스의 자유주의 비판은 부르주아적 국가와 시민사회를 동시에 지양해야 한다는 역사 근본주의적 선언으로 귀결된다. 바로 이 대목이 마르크스주의 역사에서 도구주의적 국가관과, 소외의 원형으로서의 시민사회 개념이 표준적 테제로 자리 잡게 되는 결정적 지점이다. 이는 마르크스가 과연 헤겔을 극복했는가를 논할 때 관건이 되는 핵심 논점이 아닐 수 없다.

시민사회에 대한 이해야말로 가장 중요한 논쟁점이다. 마르크스는 헤겔의 정의를 쫓아 시민사회를 '일정한 발전 단계에 있는 물적 교류의 총체'로 독해한다. 그러나 이 과정에서 마르크스는 헤겔이 복합적이고 역동적으로 이해한 시민사회 개념을 단순화해서 경제 환원론적으로 해석한다. 물적 이해관계를 나타내는 부르주아 사회(bourgeois society)와, 공민으로서의 국민이 국가에 대한 권리·의무관계를 갖는다는 맥락을 강조하는 시민사회(civil society) 개념을 입체적으로 담고 있는 헤겔의 시민사회관을

---

3   K. Marx, "Contribution to the Critique of Hegel's Philosophy of Law", in *MECW*, 제3권, 30쪽 (고딕체는 원문).

4   K. Marx, 앞의 책, 121쪽(고딕체는 원문).

5   S. Avineri, *The Social and Political Thought of K. Marx* (Cambridge University Press, 1968), 34쪽.

마르크스는 부르주아 사회로 편협하게 축소한다. 그 결과 마르크스의 헤겔 비판에서는 헤겔적 시민사회 개념에 내재한 계몽의 차원이 버려진 채 홉스적인 전쟁상태인 '욕망의 체계'만이 부각된다.

헤겔의 시민사회론을 평가하는 데 있어 마르크스가 범한 치명적인 오류는, 헤겔의 시민사회 안에 내재한 보편적 성격을 간과했다는 데 있다. 근대 국민경제학의 성과를 수용한 헤겔은 시민사회를 추동하는 '욕망과 충족의 논리'에 주목했고 그 논리가 야기하는 모순에 대해서도 분명히 인식하고 있었다. 시민사회 안에 구조화된 빈곤과 과잉생산, 실업, 천민의 존재, 해외식민지 개척 등에 관한 헤겔의 논술이 이를 입증한다. 하지만 시민사회에는 전혀 다른 측면이 엄존한다. 헤겔이 시민사회의 마지막 계기로서 "[욕망의] 체계 속에 상존하는 우연성에 대해 배려하는 가운데 경찰복지 행정(Polizei)과 직업단체(Korporation)를 통해 특수이익을 공동이익으로 승화시킬 수 있는" 차원에 주목하는 건 이 때문이다.[6] 근대 시민사회는 마르크스의 통렬한 지적처럼 착취와 소외의 무대이기도 하지만, 또한 마르크스가 전혀 보지 못한바 시민들의 계몽과 교화, 해방을 위한 불가결의 장소로서도 함께 기능한다. 결국 마르크스는 시민사회의 빛은 무시한 채 그 그림자만 일방적으로 부풀렸다.

시민사회를 다루는 헤겔의 논의는 대의제도와 여론의 기능, 그리고 직업단체의 역할에 주목한다. 헤겔의 통찰은 오늘날 다시 부흥의 계기를 맞고 있는 현대 시민사회론을 상당 부분 선취하고 있다. 하지만 헤겔의 시민사회론에 약점이 없는 건 아니다. 자본주의적 경제의 차원과 민주주의적 시민사회의 지평을 함께 포괄하고 있는 헤겔의 시민사회관의 모호성을 극복하기 위해 현대 시민사회론자들은 헤겔의 시민사회를 경제와 시민사회

---

6 G.W.F. Hegel, *Grundlinien der Philosophie des Rechts*, &188, Werke in zwanzig Bänden, 제7권 (Suhrkamp, 1970), 346쪽.

의 두 층위로 나눈다. 그 결과 국가-시민사회-경제의 3분법이 탄생한다. 이런 3분법의 기초 위에서 현대정치이론을 구상하고 있는 포괄적 시도로는 코헨과 아라토의 작업이 대표적이다.[7] 따라서 나는 '마르크스의 정치철학이 헤겔의 정치사상을 극복했다'고 보는 마르크스주의자들의 주장을 거부한다. 관념론이라는 이유로 헤겔의 유산이 극복되었다고 보는 정치사상사의 해석에도 동의하지 않는다.

시민사회를 부르주아가 독점적 권력을 행사하는 계급지배의 공간으로 그림으로써 마르크스는, 시장경제와 비슷한 시기에 출발했지만 경제 논리로만 환원될 수 없는 공적 공간의 제도화와 공론의 매개 역할을 간과하게 된다. 이것은 마르크스의 치명적 약점이다. 시장철학 전사(前史)에서 시작해 시장질서와 민주질서의 변증법을 논한 후 공론장과 공공성, 법치주의와 신뢰, 교육과 과학 등을 총체적으로 다룬 나의 시장철학은 좁게 해석된 경제 논리로 환원 불가능한 시장의 경세제민적 지평에 대한 인문학적 보고서이기도 하다.[8] 즉 나의 시장철학은 마르크스의 시장비판에 대한 근원적 안티테제이다. 국가-시민사회에 대한 마르크스의 분석이 후기로 들어서면서 자본주의 생산 양식론에 의해 대치되는 과정, 그리고 마르크스가 생산조직 외에 자율적인 여러 결사체·중간집단·교육기관·가족제도 등에 혼재해 있는 시민사회의 역동적이고 민주적인 의미를 제대로 포착할 수 없었던 근본적 배경이 나의 시장철학에 의해 입체적으로 해독된다.

마르크스의 결함은 마르크스주의의 고질병인 경제력주의와 생산력주의로 이어진다. 그러나 최소한 마르크스와 엥겔스 스스로는 자신들의 주장이 편협하게 독해될 수 있는 여지를 갖고 있다는 사실을 인식하고 있었으며 그것을 경계하기도 했다. 하지만 이런 배려에도 불구하고 정치경제학

7   J. Cohen and A. Arato, *Civil Society and Political Theory* (MIT Press, 1992), 특히 29~82쪽 참조.
8   졸저, 『시장의 철학』 (나남, 2016) 참조.

비판은 경제주의적 편향의 요소를 담고 있다. 마르크스 국가론과 정치학의 부재와 공백의 근본 원인은 여기에 있다. 또한 국가와 시민사회의 동시적 지양이라는 그의 강령은 유토피아적 근본주의의 색채를 드러낸다. 물론 이런 비판이 마르크스 안에 부분적으로 내재한 반(反)근본주의적 요소의 존재 자체를 부인하는 것은 아니다. 마르크스 자신과, 경학화(經學化)한 마르크스주의 사이의 차이에 주목해야 할 필요도 있다.

그럼에도 정통 마르크스주의는 핵심적 부분에서 마르크스의 경제중심주의와 생산력주의를 계승한다. 정통 마르크스주의의 근본 강령은 프롤레타리아 독재와 생산수단의 사회적 소유라는 정식으로 귀결되었고, 전위당의 PT에 대한 독재와 국가소유제로 낙착되었다. 마르크스의 아름다운 민주주의론이 역설적으로 민주주의의 꿈을 배반한 가장 큰 이유는 시민사회의 복합성과 역동성을 그가 무시했기 때문이다. 부르주아 민주주의에서 태동된 시장질서, 그리고 그런 시장질서와 민주질서의 변증법이 가동되는 시민사회의 활력이야말로 성숙한 민주주의의 필수요소라는 사실을 마르크스는 간과하고 말았다.

국가와 시민사회가 모순적 접합과 길항 관계에 놓여있다는 현실을 무시하고 시민사회가 부르주아의 계급이해에 복무한다고 보는 정통 마르크스주의로의 이행은 이 지점에서 예정된 것이었다. 특히 마르크스는 성숙한 시민사회가 부르주아의 계급지배를 제어하기도 한다는 사실을 간과한다. 시민사회 안에 넓게 편재되어 있는 모순과 갈등 관계를 단일 원리로 축소함으로써 마르크스주의는 다양한 시민사회운동의 성장을 설명하지 못한다. 마르크스에게는 헤겔에게는 풍부한 형태로 남아 있는 시민사회의 지평에 대한 인식이 결여되어 있다.

모더니티를 추동한 자본주의와 시민권은 시민사회와 동(同)근원적이다. 마르크스주의는 시장경제와 근대 민주주의의 교차 관계에서 전자의 부정적 측면만을 부풀렸으며, 한국의 진보 진영도 그런 인식에서 자유롭지 않다. 그 결과는 참혹한 것이었다. 한국의 진보 진영이 마르크스주의의 실패의 교훈을 제대로 학습했는지의 여부는 여전히 불확실하다. 핵심 입론이 논파될 위기에 직면할 때 그것을 흔쾌히 인정하지 않고 수많은 보조가설을 동원해 빠져나가는 것을 포퍼는 사이비과학의 주된 증거라고 비판하면서 마르크스주의를 실례의 하나로 드는데, 우리가 포퍼의 인식론에 동의하든 그렇지 않든 간에 이는 흥미로운 관찰이 아닐 수 없다. 포퍼의 표현을 빌리자면, 마르크스의 역사유물론은 원천적으로 '반증'이 불가능하게 짜여 있는 것이다.[9]

예컨대 한국 진보학계의 최대 성과로 간주되는 1980년대 '사회구성체 논쟁'은 위에서 분석한 마르크스주의의 영향을 거울처럼 선명하게 보여준다.[10] 민족해방진영(NL)과 민중민주진영(PD)이 대립해서 거미줄처럼 분화되어 간 이 논쟁에서 마르크스주의는 주체사상과 함께 양대 지도이념이었다. 사상으로서 주체사상의 빈곤성과 비철학적 성격이라는 한계 때문에 이론의 차원에서는 민중민주진영(PD)이 압도했다고 할 수 있는 이 논쟁에서 두 진영 모두 독점강화, 종속심화, 파시즘 강화 테제의 도식성과 자기순환성이라는 굴레에서 자유롭지 못했다. 흥미로운 사실은 이 '사회과학' 논쟁이 고도의 사변적 지평 위에서 전개되었으며 연역 추론의 형태를 즐겨 구사했다는 점이다.

사회구성체 논쟁은 오늘의 한국 진보에 의해서 완전히 극복되었다고 보기 어렵다. 다만 슬그머니 뒷전으로 물러나 은연중 진보 지식인 공동체의 학술담론이나 실천적 상상력에 광범위한 영향을 끼치고 있는 것처럼 보인

9   마르크스주의에 대한 포퍼의 논쟁적 분석으로는 K. Popper, *The Open Society and Its Enemies*, vol. 2 (London: RKP, 1945), 그리고 과학과 非과학의 '구획기준'으로서의 반증원리에 대해서는 그의 *Conjectures and Refutations* (N.Y.: Harper and Row, 1963), 37쪽 참조.
10 박현채-조희연 편 『한국사회구성체 논쟁』 (죽산, 1989). 이후 논쟁집은 4권까지 출판되었다.

다. 현실사회주의의 붕괴 이후 마르크스주의 패러다임에 대한 명시적 언급 자체를 삼가는 경향이 있는 한국 진보는 시장질서와 민주질서의 긴장관계를 과도히 단순화시키는 오류를 아직까지 극복하지 못했다. 민주적 시민권을 신장시킨 자유주의의 성과를 무시하고, 시장경제에 고유한 자생적 질서와 혁신성의 가치를 폄하하면서, 시장의 적대적 성격만을 부각시키는 진보의 오래된 관행이 그 산물이다.

한국사회의 대안으로 사회민주주의가 진보적 자유주의보다 훨씬 우월하다고 주장하는 최근의 한 논변도 시장과 시민권 사이의 복합관계를 단일의 사회경제적 적대관계로 환원하는 마르크스주의적 오류의 영향 아래 있다. '자유주의가 진보적일 수 있는가?'라는 물음 자체에 대해 회의하는 한국의 한 사회민주주의자는 진보적 자유주의가 담론의 차원에서 진보성을 주장할 수는 있을지 몰라도 "기본적으로 그것은 실천의 차원과는 무관하다"고까지 확언한다.[11] 사회민주주의가 진보적 자유주의보다 우월한 이치가 그에게 "자명"한 것은 "노동이나 계급 개념을 동원하지 않는다면 진보라는 개념은 애초에 불가능하며, …… 진보 정치에서 민주정치는 계급정치일 수밖에 없"기 때문이다.[12]

계급과 노동의 범주는 매우 중요하며 사회경제적 빈곤과 양극화의 문제가 우리 시대 최대의 과제 가운데 하나임은 분명하다. 하지만 이 사실로부터 '사회경제적 문제를 계급과 노동의 범주로 규정하는 것이 진보의 본질이다'는 정의가 자동적으로 도출되지는 않는다. 인간해방과 계몽을 위한 투쟁에서 선험적 중요성을 지닌 특권화한 계급주체를 상정하는 태도는 본질주의의 함정에 빠지게 된다. 한국 진보 특유의 본질주의와 근본주의는 진보적 시민운동에 큰 영향을 끼친 진리정치 패러다임으로 녹아들어가게 된다.

11 자유주의의 진보성을 탐색한 중요한 학제적 작업의 산물인 최태욱 엮음 『자유주의는 진보적일 수 있는가』(폴리테이아, 2011)에 실린 고세훈 「'진보'적 자유주의에 대한 비판적 검토」 참고. 같은 책, 122쪽.
12 고세훈, 같은 논문, 『자유주의는 진보적일 수 있는가』 140쪽.

제3장. 한국적 진리정치의 명암

정치적인 것의 동역학을 되살리는 성찰적 시민정치를 지향할 때 최대 걸림돌이 '진리정치'이다. 진리정치는, '이론적 지식의 투명함이 정치적 실천과 통합될 수 있으며 통합된 정치의 진리성을 대표하는 엘리트가 정치적 진리를 실행해야 한다'는 정치 이념으로 정의된다. 진리정치는 왕정 시대에 오랫동안 심대한 영향력을 행사해왔으며 현대 민주정 시대에도 변용된 형태로 존속되고 있다고 나는 본다. 유혹적인 호소력을 지닌 진리정치가 낳은 폐단을 면밀히 살펴보아야 시민정치의 성찰적 재구성이 가능하다.

나는 진리정치의 정체성과 그 부정적 결과에 대해 주의를 기울이지만 진리정치가 완전히 배제되어야 한다고 주장하지는 않는다. 고대에는 정치존재론이 진리정치의 모델인데 비해 오늘날에는 민주주의 운동정치 담론이 현대적 진리정치의 원형이라는 사실을 적시하고 그 공과를 분석한다. 특히 한국정치의 맥락에서 민주화 운동정치 담론이 진리정치를 자임하면서 빚어낸 명암에 주목한다. 최악의 경우, 진리정치가 죽음의 정치나 죽임의 정치로 타락할 수도 있는 철학적 이유가 제시된다.

삶의 정치는 진리정치와 선명하게 구별된다. 진리정치가 거시정치이며 도식적 이성의 정치라면 삶의 정치는 미시정치이면서 유목적인 정치이다. 물론 이는 이념형적 구별이며 양자는 부단히 서로 삼투한다. 양자의 상호 침투에 주목할 때 전통적 정치철학의 공소함이 부분적으로 극복 가능하다. 삶의 정치가 경청하는 명제는 대중사회가 현대적 삶의 필연적 전제라는 사실이다. 기존의 진리정치는 이 사실을 다루는 데 역부족이다. 이는 진리정치의 자기주장이 역동적인 삶의 무늬에 맞추어 재구성되어야 한다는 사실을 암시한다. 내가 민주화 운동정치 담론에 이어 현 시점에서 가장 대표적인 진리정치의 한국적 표현이라고 보는 평화지향적 민족통일담론도 삶의 정치의 관점에서 비판되어야 한다. 재구성된 진리정치와 삶의 정치의 접합은 성찰적 시민사회로 가는 길을 탄탄하게 한다.

진리정치는 실천적 삶의 요체인 정치 영역에 강력한 진리 주장을 부과하는 정치 이념이다. 진리정치는, 학문과 과학의 세계에서 참과 거짓의 경계가 선명하게 나뉘고 지식의 진리성이 측정 가능한 것처럼 정치적 실천의 진리성도 객관적으로 판별될 수 있다고 역설한다. 나아가 학문적 진리와 정치적 실천의 진리치(眞理値)가 동일하거나 유사하다고까지 주장한다. 정치의 진리성이 확보되면 진리정치와 사이비정치 사이에 깊은 심연이 가로놓이게 된다. 진리정치는 진리를 알고 실행할 수 있는 자와 그렇지 못한 자, 진리정치가 실현되는 정치공동체와 그렇지 않은 열등한 정치체(政治體) 사이의 범주적 구별을 요구한다. 진리정치가 엘리트주의나 이상론과 친연관계를 맺게 되는 것이 자연스럽다.

정치사상사에서 진리정치의 모델로 떠오르는 것은 단연 플라톤의 정치 이론이다. 포퍼의 플라톤 해석에서 선정적인 방식으로, 그리고 아렌트의 독법에서 상대적으로 온건한 형태로 선취된 이 일반화된 해석이 올바른 플라톤 독해의 결과물인가의 여부는 치열한 학문적 논쟁의 대상이다.[13] 하지만 플라톤의 정치 모델이 진리정치의 표본으로 간주된 가장 큰 이유는 플라톤 자신의 논술에서부터 비롯된 것이라는 사실도 부인하기 쉽지 않다.

플라톤의 진리정치 이념의 핵심 구도는 『국가』의 제5~8권에서 주로 추출된다. 그가 이상국가론을 구축하는 데 있어 당대 도시국가들의 각축 속에서 몰락의 길을 가고 있었던 아테네의 암울한 상황이 반면교사 역할을 했음은 물론이다. 중우정치가 횡행하고, 방종하고 무책임한 시민들이 "하고자 하는 바를 '멋대로 할 수 있는 자유'(exousia)"를 남용한 결과, 시민들

---

13 포퍼의 경우 Karl Popper, *The Open Society and Its Enemies*(London: RKP, 1945), Vol. 1, 전체가 플라톤 비판에 할애되고 있다. 아렌트의 경우는 Hannah Arendt, "Socrates" in *The Promise of Politics*(N.Y.: Schoken Books, 2005) 참조.

이 폭민(暴民)으로 변질되고 민주정체가 참주정으로 타락해가는 과정에 대한 그의 상세한 서술은 오늘날에도 현장감을 지닐 정도로 생생하다.[14]

저질의 선동가와 음흉한 모략가들이 기계적 평등(isotes)을 정책 수단으로 삼아 군중(plethos)을 유혹해 지도자 자리를 꿰어 차고 정치적 그레샴의 법칙을 관철시켜 나라를 망치는 현실과 정반대의 위치에 있는 것이 '좋은 나라'(Politeia)의 이상이다. 그 현실성 여부를 떠나 일단 플라톤의 좋은 나라는 인간의 정치적 상상력의 극점을 이루는 잣대이며, 우리가 지향하고 분유(分有)해야 할 형상적 '본'(paradeigma)이다. 플라톤은 진정한 지도자가 부재한 우중정치의 무정부적 혼란상태(anarchos)를 극복하기 위한 해결책으로서 이상국가의 지도자가 될 '철인 치자(治者)'를 어떻게 길러낼 것인가의 방법론에 대해 『국가』 제3~5권에 걸쳐 상세하게 설명한다. 그런 논술의 결론은 진리에 대한 명철한 이해와 현실적 통치권이 동일한 사람(들)에게 있어야 좋은 나라가 가능하다는 주장이다.

플라톤적인 진리정치에서 진리 이해와 정치적 실천은 불가분리적인 통합체다. "언제나 똑같은 방식으로 한결같은 상태로 있는 것"들[15], 즉 영원한 실재로서의 진리는 지성에 의해서만 파악되며,[16] 온전한 지성은 헌신적이고 금욕적인 장기간의 합동수련을 거친 소수 지도자(들)에게서 가능하다. 『국가』 제7권 '동굴의 비유'에서 플라톤은 진리 파지(把持)와 정치적 실천의 통합성을 더욱 입체적으로 묘사한다. 가장 좋은 자질을 갖추고 최선의 교육과 훈련을 거쳐 최고의 좋음을 보게 된, 즉 쇠사슬을 끊고 동굴의 오르막을 기어 올라가 바깥 실제 세계의 태양을 보게 된 사람(들)은 다시 동굴 안으로 들어가 아직 암흑 속에 갇혀 있는 동료 죄수들을 깨우쳐야

---

14 플라톤, 박종현 역주 『국가·정체(政體)』(서광사, 1997), 제 8권, 557 b. 여기서 플라톤은 자유(eleutheria), 언론 자유(parrhesia, 모든 말을 할 수 있는 자유)와, 방종한 제멋대로의 자유(exousia)를 구별하고 있다.

15 『국가』 제 6권, 484 b.

16 '태양의 비유'와 함께 진리를 추구하는 인식론의 구도인 '선분의 비유'는 『국가』 제 6권, 509 d~511 e에서 집중적으로 논의된다.

한다. "저들 죄수 곁으로 다시 내려가서(katabainen) 저들과 함께 노고와 명예를 …… 나누어 가져"야 한다는 것이다.[17]

엘리트들이 그러한 헌신을 원하지 않을 수도 있겠지만 그럴 경우 '강제되어야 한다'고 플라톤은 말한다. 좋음이라는 이데아의 광명 아래서 '관상적(觀想的)인 삶'을 사는 것과 다시 누추한 현실로 내려와 평범한 사람들과 노고를 같이하는 '실천적 삶'은, 진리의 정치 이념에서는 분리 불가능하다. 플라톤은 이런 철인 치자의 정치적 실천이 사람들에게 호의적으로 받아들여지기는커녕 그가 살해의 위협에 직면할 것이라 단언한다.[18] 자신을 포함한 소크라테스의 운명이 보여주듯 진리정치는 죽음을 불사하고라도 실현되어야 할 영원한 '본'이자 원리이다.

포퍼와 아렌트는 플라톤식 진리정치가 이론적으로 지지될 수 없을 뿐만 아니라 실천적으로 매우 해롭다고 본다. 먼저 포퍼는 진리정치의 지식 이론적 토대를 전면적으로 거부한다. 당대 자연과학의 성과를 철학적으로 성찰한 반증이론의 구도에서 '이론의 학문성(과학성)은 반증가능성(falsifiability)과 테스트 가능성 앞에 열려 있어야 하'기 때문이다.[19] 지식의 영원성이 아니라 잠정성이 참된 지식의 본성이므로 영원한 진리는 포퍼 인식론의 지평에서 '박진성(迫眞性)'(verisimilitude)으로 축소된다. 학문적 지식에 고유한 잠정성과 항상적 수정가능성이라는 '구획기준'은 진리의 이념 자체를 해소시키는 것이 아니라 비실재론적인 방식으로 변환시켜 '진리에로 끊임없이 접근해 가는 과정'으로 상대화한다.

플라톤적 진리정치는 인간 지식의 잠정성과 우연성을 간과함으로써 실천적으로 불필요한 시행착오와 집합적 고통을 초래한다. 진리정치는 열린

---

17 『국가』 제 7권 519 d.
18 『국가』 제 7권, 517 a.
19 K. Popper, *Conjectures and Refutations* (N.Y.: Harper and Row, 1963), 37쪽.

사회의 적이 되어 "진리의 전제정(專制政)"을 정당화할 것이며,[20] 진리를 전단(專斷)하는 지배자는 진리의 이름으로 이상향을 향해 진군하려 할 것이고 각종 무리수를 불사할 것이다. 우월한 인식을 지닌 통치자는 설령 선의의 계몽군주라 할지라도 우연과 불확실성으로 가득 찬 세상과 보통 사람들에 대해 인내심을 유지하기 어렵다. 플라톤의 희망과는 다르게 아둔한 보통 사람들과 노고를 같이하려는 철인 통치자의 수고는 도로(徒勞)에 그치거나, 폭력적이고 전체주의적인 '유토피아적 사회공학'으로 타락해 갈 것이라고 포퍼는 주장한다. 이상사회의 청사진에 맞추어 세상을 바꾸려는 진리정치는 인간의 집합적 삶이 학문적 탐구의 대상이 될 수 없음을 간과하는 "역사주의의 빈곤"에 함몰되어 있다.[21]

하지만 플라톤적 진리정치 이념이 전체주의의 사상적 원조라는 포퍼의 주장이 플라톤의 구도를 단순화시키고 있는 것도 사실이다. 소크라테스라는 등장인물이 나오지 않는 유일한 작품이며 생애 마지막 저작인 『법』에서, 플라톤은 방종하고 무책임한 자유에 대한 『국가』에서의 혐오에 가까운 언급을 순화시키면서 시민의 자유와 국가적 통일성이 조화롭게 공존해야 할 필요성을 되풀이해서 강조한다. 정체의 두 모델을 왕정과 민주정으로 구별한 토대 위에서, 페르시아 같은 왕정에서는 자유를 희생한 과도한 통합이 중시된 데 비해 아테네에서는 정치공동체의 통일성을 배제한 자유가 횡행했는데 둘 다 바람직하지 못하다고 논변한다. 자유와 통합이 조화를 이룰 때 온전한 정체의 '지혜'가 확보된다는 것이 플라톤의 주장이다.[22]

플라톤 해석상의 논쟁거리는 아직 매끈하게 해소되지 않았다. 그러나 진리정치 이념을 『국가』편의 플라톤이 내가 앞에서 요약한 원형에 가깝게

---

20 Arendt, "Socrates", in *The Promise of Politics*, 28쪽.

21 Popper, *The Poverty of Historicism* (Boston: Beacon, 1957), 74쪽.

22 Plato, *Laws*, 특히 vol. 3, 693 b~e, in *The Collected Dialogues*, edited by E. Hamilton and H. Cairns (Princeton Univ. Press, 1961),

형상화하고 있는 것도 사실이다. 진리정치 이념에서 가장 문제가 되는 것은 이론적 지식과 정치적 실천의 진리치가 등가로 간주된다는 사실과, 이론적 지식의 목표가 최종적인 투명성과 완결성을 갖는 것으로 상정된다는 점이다. 그렇게 되면 정치적 실천도 투명성과 완결성을 갖는 것으로 여겨진다. 정치적 진리를 아는 자와 모르는 자의 계서적(階序的) 구분이 불가피해진다.

현대 과학철학의 성과를 원용하지 않더라도 이론적(과학적) 탐구의 성격이 본성적으로 자기 제한적이며 불확정적이라는 사실을 우리는 인정할 수 있다. 플라톤의 철학적 진리관은 지식의 특정 영역(예컨대 기하학)을 부풀려 다른 지식 영역에 투사했다는 혐의에서 자유롭지 않다. 나는 플라톤적 진리정치 이념은 인정될 수 없다고 보지만, 그렇다고 해서 정치에서 진리이념이 완전히 배제되어야 한다고는 생각지 않는다.

진리정치 이념은 삶의 정치에 맞게 급진적으로 재구성되어야 한다. 현대 지식이론의 성과에 비추어보면 과학적 지식이나 정치적 실천 모두 해석학적 개방성 앞에 열려 있기 때문이다. 양자 사이에는 범주적 심급의 차이가 아니라 정도의 차이가 있을 뿐이다. 이는 진리정치 이념 자체가 비판해석학적 맥락에서 재구성되어야 할 필요성을 시사한다. 해석학적 진리이념은 진리의 절대성을 거부하지만 검증가능성과 진화가능성이라는 자기 성찰적 진리 이념을 승계한다. 수정된 진리정치의 이론적 핵심인 반증가능성과 테스트 가능성의 잣대는 다원적인 삶의 정치를 보완하는 중요한 지식 이론적 자원이다.

만약 진리정치가 당위론의 영역에 머문다면 기껏해야 소수 엘리트들의 무력한 정치사상으로 머무르게 될 것이다. 문제는 독단적 진리정치가 정치 실권자들에 의해 채택되는 경우이다. 정치는 항상 지배·피지배관계를 포함하며 모든 정체는 지배관계의 정당화를 위해 진력한다. 여기서 인류의 역사는 진리정치가 경향적으로 지배의 정당화에 봉사하는 기능을 맡았다는 사실을 보여준다. 기존 지배관계의 전복을 지향하는 혁명의 시도도 나름의 진리정치에 호소하지만 지배관계에 봉사하는 기득권적 진리정치보다 약세이기 마련이다. 민주정의 경우에조차 실질적 지배자는 항상 소수에 머무른다. 도식화된 진리정치는 이 지점에서 역사의 해악으로 등장한다. 극소수 폭군들 외에 고금동서의 왕정도 진리정치의 수사학에 의존했지만, 역사상 가장 강력한 진리정치는 정통 마르크스주의에 의해 구사되었다.

자유로운 생산자 연합에 의한 평의회 민주주의의 이상은, 누가 정치적 책임을 맡을 것이며 실권자들이 어떻게 통제될 수 있는가를 규정할 제도적 장치를 소홀히 함으로써 공산당 독재로 타락해 갔다. 당과 서기장의 통치는 인민 전체를 위한다는 진리정치로 분식(粉飾)되었다. 객관적 대상세계를 관통하는 합법칙적 체계를 밝힌 학문적 진리와 민중을 위한다는 정치적 실천은 단일한 진리 통합체라고 선언되었다.[23]

현실사회주의의 중앙통제경제는 진리정치 이념이 '진리경제'라는 형태로 변용된 사례이다. 변증법적 유물론이 정치이론으로 정초한 "민주주의만이 특수자와 보편자의 진정한 통일이며, 이 민주주의에서는 형식적 원리와 실질적 원리가 일치한다"는 마르크스 자신의 말보다 더 선명한 진리정치 이념은 찾기 어렵다.[24] 진리정치를 확신하는 자는 설령 현실투쟁에서 패배한다하더라도 역사투쟁을 기약한다. 이는 현실에서 패배한 '좌파 양심수'들이 종교의 순교자들과 유사할 정도로 처절한 정치적 양심의 수

---

23 플라톤의 경우에서처럼, 마르크스에 대한 이런 요약도 일정한 단순화의 결과이다. 예컨대 철의 법칙에 경도된 『자본』의 과학적 마르크스와, 정치적 실천의 역동성에 주목하는 『프랑스혁명사 3부작』에서의 그의 얼굴은 잘 조화되지 않는다. 그러나 객관적 법칙론자이자, 진짜 정치를 배제해버리는 진리 정치가 마르크스 자신에 의해 정립되고 강조된 것도 부인할 수 없는 사실이다.

24 K. Marx, "Contribution to the Critique of Hegel's Philosophy of Law", in *Marx and Engels, Collected Works* (Progress, 1975), Vol. 3, 30쪽.

호자로 남는 비밀을 설명해 준다.

폭정 가운데서도 진리를 빙자한 폭정이 무서운 것은 절대주의적 진리의 속성이 일체의 비(非)진리를 용납하지 않고 지배자가 진리 자체를 독점하기 때문이다. 루소는 '행동하는 주권'인 일반의지는 오류를 범할 수 없으므로 언제나 옳다고 주장하였다. 프랑스 대혁명 당시 쟈코뱅당은 자신들의 의지가 곧 일반의지라고 강변하면서 공포정치를 정당화했다. 헤겔이 『정신현상학』에서 정곡을 찌른 것처럼 극단화된 진리정치와 테러정치는 서로 가깝다. 테러정치에서 지배자의 적은 언제나 인민 전체의 적으로 정죄된다. 진리정치가 이렇게 변형될 때 죽임의 정치로 타락하는 건 시간의 문제다. 비판과 이견을 질식시키고 다원성을 처단하는 죽임의 정치는 정치 자체의 생명력이 실종된 죽음의 정치이다. 진리정치는 최악의 경우, 죽임과 죽음의 정치로 형상화되어 정치 자체를 파멸시킴으로써 삶의 정치와 충돌한다.

현대 민주주의는 진리정치와 어떤 관계에 있으며, 폐쇄적인 진리정치가 빚어내는 질곡에서 어떻게 벗어날 수 있는가? 자유주의와 접합된 근대 민주주의에서는 지배자가 피지배자에 의해 자유롭게 선출되고 교체되는 가운데 치자와 피치자의 본질적 차이가 인정되지 않는다. 민주주의에서 우리는 진리정치의 기본 전제가 인정되지 않는다는 교훈에 주목해야 한다. 민주주의는 권리와 의무의 주체인 보통시민들과 한시적 지배자 둘 모두의 오류가능성을 본성적으로 전제한다. 지배자와 피지배자의 동일성이라는 민주주의의 전제가 오류가능성의 공유라는 지식 이론적 맥락에서 재해석된다.

우리는 이론적 지식과 정치적 실천 영역 모두에서 잠정성과 검증가능성을 잣대로 삼는다. 플라톤적 진리정치를 거부하며 재구성된 진리정치 이념을 선호한다. 검증과 반증 앞에 열려 있으므로 '부단한 자기정정이 가능한 진화론적 진리정치 이념'이 요구되는 까닭이 여기에 있다. 민주주의적 진리정치 이념은 해석학적 설득력과 현실적 효과 덕분에 현대 한국정치 최대의 견인차로 작동해왔다. 한국의 기적을 이룩한 민주화의 궤적은 재구성된 진리정치 이념에 크게 빚지고 있다. 하지만 군사독재와 싸우는 과정의 엄혹함 때문이었겠지만 현대 자유민주주의에서 통용되기 어려운 독단적 진리정치로서의 민주주의가 개방적 진리정치 이념과 혼란스럽게 겹쳐 있기도 하다. 특히 이는 민주화 운동정치에서 집중적으로 확인된다.

구체적인 예를 들어 보자. 촛불시민혁명이 가능케 한 현실권력 획득은 민주화 운동권 인사들의 내면에 진리정치의 승리로 각인된 것처럼 보인다. 그들은 자신들의 권력 장악을 잘못된 역사를 바로 잡으라는 역사의 소명으로 이해했다. 이들 민주화 운동권 출신 인사들에게 문재인 정부의 출범은 진리정치 이념의 정당성을 확인시켜주는 증거이다. 적폐청산의 기치 아래 이전 정권의 모든 것을 정치적 비(非)진리라고 단죄하는 이들의 강고(強固)한 내적 확신을 이끄는 것은 바로 진리정치 이념이다.

내(우리)가 진리와 정의의 편일 때 나와 우리에 대한 반대자는 허위의 편일 수밖에 없다. 이런 관점에 매몰되면 스스로의 오류 가능성을 인정하는 것이 어려워진다. 통치행위가 정의의 실현으로 격상되고 반대파의 건전한 비판조차 악랄한 음해로 여겨진다.[25] 자신들의 통치가 설령 실정(失政)으로 귀결되어도 그 책임은 내가 아닌 남에게 전가된다. 진리정치는 결코 지나간 과거의 일만은 아니다. 도식화된 진리정치 이념은 21세기의 민주화 운동정치에서도 현재진행형의 형태로 살아 움직이면서 한국정치를 조형(造形)하고 있다.

민주화 운동 진영의 실천을 이끄는 정치적 상상력도 진리정치에 크게

25　2017년 11월. 노무현 전 대통령의 가장 가까운 '정치적 동지'였던 안희정 충남 지사가 문재인 대통령을 가볍게 비판하자 문 대통령 지지자들은 안 지사를 '적폐'로 단죄하였다. '우리 이니'를 감히 누가 비판하느냐는 감성적 대응은 '노무현의 동지들'에게까지 무차별적으로 쏟아지고 있다.

의존한다. 이런 관행에는 미묘한 명암이 수반된다. 현실을 단순 명쾌한 흑백구도로 재단할 때 운동을 견인하는 감성과 정의(情意)의 힘이 최대화하면서 강력한 투쟁전선을 만들어낸다. 진리정치의 레토릭이 제도정치의 빈틈을 메워 현실정치에 새로운 생명력을 불어넣을 수 있다. 그러나 안이하게 반복되는 경향이 있는 정태적(靜態的) 흑백논리가 이끄는 사회운동은 입체적이고 역동적인 현실을 다루기 어렵다. 특유의 독단성과 도식성을 가능한 한 줄이면서 해석학적 자기성찰과 개방성을 살린 진리정치의 재구성이 필수적인 것은 이런 이유에서이다.

　문재인 정부는 도덕적 정당성에 대한 자기 확신이 넘친다. 자신들이야말로 촛불혁명의 대의를 구현한다고 믿는다. 대통령을 비롯한 정부·여당 핵심 인사들은 시시때때로 진정한 민주주의를 향한 소명의식을 강조한다. 적폐청산을 정권 차원의 최대 과제로 앞세우고 있는 것이 그 증거이다. 문재인 정부는 고공행진 중인 대통령과 여당 지지율을 정의의 길을 역주(力走)하는 데 대한 당연한 보답으로 여기는 것 같다.

　정치발전과 사회진화의 잣대로 볼 때 지난 10년의 보수정부 시절이 졸렬한 퇴행과 반동의 시기였던 것은 명백한 사실이다. 민주주의가 후퇴하고 사회경제적 불평등이 심화되었다. 특히 너무나도 시대착오적이었던 박근혜 정부는 헌법 절차에 따른 대통령 파면 결정이 상징하듯 역사에 의해 총체적 파산선고를 받았다. 따라서 시민주권의 촛불정신을 준거삼아 보수정부의 잘못을 고치는 일은 불가피한 역사적 과업이다.

　하지만 문재인 정부는 국정을 정상궤도로 복원시키는 데 필요한 적폐청산의 적정선(適正線)을 위태롭게 넘나들고 있다. 국가운영 전체를 선악 이분법으로 재단하는 행보를 마다하지 않는다. 자유한국당의 수구적 행태가 문재인 정부의 이분법적 대결정치를 부추기는 현상은 참담한 아이러니가 아닐 수 없다. 미래비전을 말하기는커녕 이미 폐기처분된 박근혜 정부의 유산을 정리하는 데도 쩔쩔매는 것이 자유한국당의 궁상(窮相)어린 현실이다. 다수 시민에게 조롱받는 제1야당이 집권을 꿈꾸는 건 어불성설일 터이다.

선악 논리로 현실정치를 가를 때 발화(發話) 주체인 현실권력이 선과 정의의 대변자가 되기 마련이다. 바로 문재인 정부가 채택해 유효적절하게 구사하고 있는 정치 전략이다. 이런 흐름이 굳어지면 정치영역에 강력한 진리 주장을 부과하는 진리정치가 21세기 한국사회에 새로이 뿌리를 내리게 된다. 진리정치는 정치적 실천의 진리성이 객관적으로 판별될 수 있다고 강변한다. 그 결과 정치적 진리를 아는 쪽과 그렇지 못한 쪽이 칼같이 나뉘게 된다. '두 국민 전략'을 채택한 문재인 정부의 정책방향과, 도덕적 우월감으로 가득한 정권핵심 인사들의 날선 언행이 보여주는 그대로이다.

진리정치는 민주주의에 도움이 되지 않는다. 진리를 독점한 진리정치가 민주주의의 본질인 자유로운 상호비판과 자기성찰을 적대시하기 때문이다. 그럼에도 플라톤이 만든 진리정치 이념은 정치사상사에서 막대한 영향력을 행사해왔다. 서양에서 진리정치는 마르크스주의에서 정점에 도달하며, 동아시아 전통에서는 국가철학으로 기능한 유교가 진리정치의 모델이었다. 도그마가 된 플라톤·마르크스주의·유교는 모두가 비판과 이견에 적대적이었다. 유교적 진리정치를 거역하면 사문난적(斯文亂賊)으로 추방되었고 서양적 진리정치의 반대자들은 역사의 공적(公敵)으로 정죄되었다. 따라서 촛불혁명의 계승자를 자처하는 문재인 정부가 진리정치의 유혹에 빠지는 것은 한국 민주주의의 미래에 위험천만한 사태가 아닐 수 없다.

정치적 반대자를 단죄하는 진리정치는 민주주의를 위협한다. 자유토론과 상호비판을 먹고 자라는 것이 민주주의이기 때문이다. 문재인 정부와 그 지지자들은 소득주도 성장론에서 북한 핵 대응책에 이르기까지 입장이 다른 이들의 도덕성을 거칠게 비난하고 반대 논변의 정당성을 난폭하게 힐난한다. 문재인표 경제정책을 비판하면 분배정의를 반대하는 특권세력이라고 몰아붙인다. 문 정부 평화정책의 일면성을 지적하면 전쟁을 부추기는 논리라고 공격한다. 문재인 정부에 적극적으로 호응하지 않을 때엔 온건하고 합리적인 비판에 대해서조차 적폐세력에 부역하는 기회주의라고 매도한다. 협치와 통합의 정치가 들어설 자리를 문재인식 진리정치가 원천 봉쇄하는 셈이다. 실제로 전체 국회의원의 법안 공동발의 숫자에 기초한 입법 네트워크 통계분석 결과는 문재인 정부 출범 이후 정당 간 입법 교류와 협치가 위축되고 있음을 실증했다.

문재인 정부의 진리정치는 숙의(熟議) 민주주의의 꽃인 신고리 원전 5·6호기 공론화에도 커다란 흠집을 냈다. 문 대통령이 탈원전이야말로 국가 에너지정책의 진리라고 이미 공언한 상황이기 때문이다. 대통령이 특정 정책을 진리로 선포하면 모든 비판과 이견에는 허위라는 주홍글씨가 붙게 된다. 그러나 현실정치에는 절대적 진리가 존재하지 않는다. 정치의 근본은 나라를 지키고 시민의 삶을 편안하게 하는 것일 뿐, 투명한 진리를 실현하는 데 있지 않다. 과거를 향한 문재인 정부의 열정이 현재와 미래로 돌려져야 할 이유가 여기에 있다. 독단적 진리정치의 허위의식은 민주주의의 적(敵)이다.

제4장. 삶의 정치

진리정치는 그 속성상 대문자 이성의 정치이자 거대서사의 정치이기 쉽다. 투명한 이성에 의해 견인되는 큰 이야기가 진리정치의 대변인 노릇을 하는 경우가 많은 것은 이 때문이다. 이런 관점에서 보자면 정치가 인간의 유적(類的) 본질의 실현이어야 한다는 정치존재론도 진리의 정치에 귀속된다.[26] 정치와 연관해 천명(天命)을 논하거나 역사법칙의 구현을 외치고 인간 해방을 선포하며 정의의 실현을 외치는 목소리들은 진리정치의 유혹에 빠지기 쉽다.

동아시아 전통에서도 정치존재론과 연계된 진리의 정치가 압도적인 흐름으로 뿌리 내려 왔다. 천명이나 천리(天理)를 대원칙으로 삼는 유학의 세계관에서는 하나의 통일적 세계 질서가 상정되며 그 질서는 자연이나 인간 세상에 같이 적용된다고 입론된다. 모든 존재가 세계이성을 분유(分有)해 본성을 이루며, 그 질료를 같이 받아 개별자들의 모습을 형성한다는 것이다.[27] 여기서 성즉리(性卽理)의 원리가 나온다. 존재의 논리와 도덕의 논리가 호환 가능한 것으로 여겨지므로 정치는 '하늘의 이치'라는 문맥에서 정당화된다.

예와 법과 정의는 세계이성의 실천적 구현을 위한 자연적 장치들이다. 예컨대 공자는 "통치자는 의로써 마음의 바탕을 삼고 예로써 그것을 실행한다"고 말한다.[28] 플라톤이 중우정치의 타락 한가운데서 이상국가를 꿈꾸고 정의의 필요성을 설파한 것처럼 공자는 춘추 말기의 난정(亂政)을 극복해 좋은 나라의 질서를 회복하려 했다. 하늘의 질서를 정치세계에 투영한 정의의 이념은 동아시아 정치 전통의 문맥에서 정명론(正名論)으로 표출되며[29] 유가적 정치존재론의 핵심인 "정치란 바로잡는 것을 뜻한다"(政者正也)라는 명제로 압축된다. 세계이성은 바름의 원천이요, 정치는 그 실현으로 규정된다. 유가적 가르침이 정치의 담당자요 통치(후보)자인 군자에게 집중되고 민중이 온정주의적이고 시혜적인 덕치의 피동적 대상으로 그려지는 것은 이 때문이다.

---

26 아리스토텔레스가 스승의 지식이론의 완결성을 수정하고, 정치적 실천의 엄격한 지위도 현저히 완화시켰음에도 불구하고 플라톤과 아리스토텔레스는 정치존재론의 큰 틀을 공유한다.

27 『朱子語類』권4,「性理」1. "人物皆稟天地之理以爲性, 皆受天地之氣以爲形."

28 『論語』「衛靈公」. "君子, 義以爲質, 禮以行之."

29 論語」「顔淵」11. "齊景公, 問政於孔子. 孔子對曰: 君君, 臣臣, 父父, 子子."

고대의 정치존재론적 정치관은 당대의 신분제적 질서를 충실히 반영한다. 그 당시엔 나름대로 효용도 있었을 것이다. 그러나 삶의 정치의 관점에서 볼 때 존재론적 정치관의 치명적 문제점은 정치적 실천에다가 절대주의적으로 보편화된 타당성 잣대를 적용한다는 것이다. 진리정치가 영원한 진리의 이름으로 정당화되거나 천리라는 명분으로 합리화될 때 정치 영역에서 벌어지는 갈등과 이견은 곧 진리 자체에 대한 모독이나 천명에 대한 훼손으로 비화되며 최소한 '자연스럽지 못한 것'으로서 정죄된다. 유학적 세계관과 존재론적 정치관을 경직된 형태로 체화한 우리의 전통 정치에서 노골적인 권력투쟁조차 예송(禮訟)의 외피로 포장하는 사례가 압도적이었다는 사실을 돌아볼 필요가 있다. 당파 싸움이 세계이성의 대의에 충실한 정치 행동으로 간주되었던 것이다.

이는 독단적인 진리정치가 유학적으로 표출된 사례이다. 현대 한국 민주주의의 지평에서도 이런 진리정치의 유산이 쉽게 관찰된다. 조정과 타협이 타기되고, 구체적 현실에 입각한 탄력적 변화가 변절로 매도되며, 죽음을 불사하고라도 명분과 원칙을 지키는 것이 진정한 정치로 상찬된다. 거기에 삶의 정치에 필수적인 현실감각, 그리고 차이의 감수성과 관용의 해석학이 들어설 여지는 매우 좁다. 진리정치가 야기하는 최악의 유산은 모든 정치의 발원점이자 종착점인 보통 사람들의 삶의 현실이 정치적 진리의 미명 아래 파괴될 수 있다는 것이다.[30]

진리정치로 표상된 민주화 운동정치에는 좌파적으로 침윤된 진리정치

---

30   김훈의 소설 『남한산성』(학고재, 2007)은 흥미로운 텍스트다. 청나라 대군의 포위 속에 민초들의 현장에서 격절(隔絶)되어 백척간두에 이른 남한산성 안에서 당대 정치인들은 진리정치(항전이냐 투항이냐)를 둘러싸고 치열한 말싸움을 벌인다. 극적 정황에서도 주자학적 진리정치 이념의 정당성은 추호도 의심의 대상이 되지 않는다. 그 결과 진리정치와 민중들의 삶은 완전히 분리된다. 김훈의 작품들은 탐미적 '역사 허무주의'라고 비판받지만, 『남한산성』은 민중의 삶과 관계없는 진리정치의 허구성에 대한 통렬한 소설적 고발이라 할 수 있다. 나는 아래의 논문에서 이 주제를 자세히 다루었다. 졸고 「김훈의 정치성 ~ 역사허무주의와 삶의 정치」, 《비평》 18호(생각의 나무, 2008년 봄). 273~288쪽. 이 글은 졸저 『극단의 시대에 중심잡기』(생각의 나무, 2008년)에 다시 실렸으나 잡지와 책 모두 절판되었다. 2017년 영화 '남한산성' 개봉을 계기로 나는 이 글을 내 facebook 계정(2017년 10월 8일자)에 공개했다.

와 유학 전통에서 승계된 진리정치가 섞여 있다. 해석학적으로 재구성된 진리정치가 삶의 정치 안으로 자기성찰적인 방식으로 편입될 수 있는데 비해, 독단적 진리정치는 보통사람들이 갖는 진솔한 삶의 느낌과 현장감을 위협한다. 정의와 진리를 실현한다는 진리정치가 정반대로 죽임과 죽음의 정치로 타락할 수 있는 철학적 이유도 이미 분석되었다. 반(反)독재투쟁을 선도하면서 진리정치로 격상되었던 민주주의 담론을 이어받아 가까운 장래에 강력한 진리정치가 될 가능성이 큰 것이 평화를 앞세운 민족통일담론이다. 이를 분석해 보면 진리정치와 삶의 정치의 긴장관계가 선명하게 부각된다.

분단과 전쟁의 현실 규정력이 현재진행형인 것에 비례해 통일담론의 아우라(Aura)에는 큰 변화가 없었다. 실패한 체제이자 비정상국가로서의 북한에 대한 시민들의 피로감이 큰 것도 사실이다. 하지만 한반도 전쟁위기로 치닫고 있는 지금의 북핵 위기가 전쟁 반보 직전에 극적인 대화 분위기로 바뀐다면 상황은 일변한다. 만약 미·북 회담과 남북 대화가 본격화하고 주변 강대국들 사이에 한반도 문제를 '평화적으로' 풀자는 노력이 성과를 내면 분위기는 크게 변할 게 틀림없다.

6·25전쟁 종전과 한반도 평화협정 체결의 전망이 공식화하면 평화통일담론의 태풍이 몰아칠 것이다. 만에 하나 북한이 핵 폐기를 공식적으로 선포하고 북미관계가 정상화한다면 분단체제 해소가 눈앞에 임박한 것으로 받아들여질 수 있다. 북핵 동결과 ICBM 능력 제한을 대가로 미북관계를 정상화하고 미국이 북핵 보유를 '현실적으로' 인정하는 미봉책으로 현재 위기를 봉합해도 핵강국으로서 자신감에 찬 북한의 대남 평화공세가 본격화할 것이다. 이때 문재인 정부도 평화공존 정책으로 적극 호응할 가능성이 크다. '전쟁이냐, 평화냐'의 이분법이 소용돌이치는 가운데 평화지향적 민족통일담론이 강력한 대중적 호소력을 갖게 될 것이다.

북한 특수나 동북아 경제공동체 같은 경제 활성화에 대한 기대와 결합한 통일담론의 목소리는 어떤 경쟁담론도 상대가 안 될 정도로 확대될 개연성이 있다. 북핵 보유라는 군사적 비대칭관계에 대한 우려의 목소리나, 남북관계의 현실에 기초한 신중론과 회의론은 설 자리를 잃는다. 그 결과 한동안 우리 사회는 민족정서의 폭발적 분출을 목도하게 될 것이다.

그런 집합적 정서를 인도하게 될 정치적 목소리의 전범(典範)은 '국가연합의 단초가 태동하면서 통일의 시대가 개시될 것'이라는 선언일 수 있다. 나아가 "연합제와 낮은 단계의 연방제 사이 어느 지점에서 남북 간의 통합 작업"이 본격화됨으로써 "1단계 통일"의 꿈을 현실화시킬 수 있게 되었다고 환영하게 될지도 모른다.[31] 이런 상황에서는 평화지향적 민족통일담론이 21세기 초 한국판 진리정치로 조명 받게 될 것이다. 불행한 역사를 뒤로 하고 '우리 민족끼리' 협력해 통일 한반도의 새 역사를 쓰자는 '통 큰' 미래 전망에 대한 이의나 비판은 아무리 합리적인 것이라 할지라도 담론투쟁에서 수세에 몰리게 될 것이다. 현실에 입각한 신중론은 21세기적 진리정치에 의해 시대에 역행하는 수구적 태도라고 비난 받게 될 터이다.

물론 한국 현대사는 손쉬운 예단을 빠르게 낡은 것으로 만들 정도로 역동적이다. 위에서 언급한 사태 진전의 가능성은 문자 그대로 가능성의 차원에 국한되고, 현실은 얼마든지 다른 방향으로 진행될 수 있다. 그러나 사유 실험을 계속하는 것이 허용된다면, 진리정치와 삶의 정치라는 대립 구도로 볼 때 평화협정 체결과 분단체제의 형식적 해체 이후 우리가 보게 될 민족통일담론의 헤게모니는, 잠정성과 비판가능성 앞에 열려 있는 재구성된 진리정치이기보다 원론적 진리정치 이념에 가까울 것으로 추측된다. 그것은 역사에서 억눌려왔던 한(恨)과 원망(願望)이 분출되는 '억압된 것의 회귀'라는 강렬한 형태를 취할 수 있다. 그 결과 최악의 경우 21세기

31 백낙청, 『한반도식 통일, 현재진행형』(창작과 비평사, 2006), 20쪽.

판 사문난적(斯文亂賊)의 시대가 오면서 한국사회가 극도의 혼란을 경험하게 될 개연성도 배제하기 어렵다.

진리정치로서 민족통일담론의 헤게모니[32]가 삶의 정치에 끼치게 될 여파가 흥미롭다. 어떤 방식으로 진행되든 통일 과정은 우리의 상상을 뛰어넘는 형태가 될 터이다. 주류 통일담론인 수렴 이론의 문맥에서 통일 이후의 한반도 정치사회체제에 대한 현실성 있는 청사진을 내놓는 것은 지난한 일이다. 기존의 합리적 통일담론은 대부분 수렴이론의 형태를 취한다. 즉 남북 국가체제 사이의 접점을 모색하는 방식이다. 그러나 수렴이론적 통일담론에는 큰 공백이 은폐되어 있는데, 그것은 국가 근본이념이자 최고법인 헌법의 차원에서 지금의 남북이 만날 수 있겠는가 하는 질문이다.

진리정치는 명분과 이상을 지향하는 큰 이야기에 의해 추동된다. 객관적 지식의 진리치가 정치의 영역에도 적용될 수 있으므로 정치와 역사에 대한 투명한 법칙적 이해도 원리적으로 달성 가능한 것으로 상정된다. 여기서 정치는 삶의 부정적 양상이 사라진 투명한 공간에서 진행되는 기하학적 논증으로 대치되고 정치는 행정으로 환원된다. 진리정치는 소수 엘리트에 의한 지시의 정치이며 일원성이 미덕으로 존중되는 정치이기도 하다. 이는 플라톤이나 마르크스에게 공통적으로 나타나는 특징이다.

이에 비해 삶의 정치는 미시정치이며 생활세계에서 보통 사람들의 삶을 구체적으로 살리는 생명정치이다. 삶의 정치는 인간의 지식이 본질적으로 제한되어 있고 잠정적인 데다가 정치적 실천의 경우 그런 불확실성의 정도가 더 심하다고 상정한다. 삶의 정치의 자기주장은 진리정치보다 겸허하며 자신의 주장이 항상적 변화 가능성 앞에 열려 있다는 것을 기본 전제로 삼는다. 삶의 정치는 아렌트가 강조한 것처럼 자기표현의 정치이며, 부단한 쟁론의 지평이고, 욕망의 동학이 뒤섞이는 공간이다. 그것은 다원성

---

32 여기서 헤게모니는 합의와 동의의 측면을 강조한 것으로서 주로 그람시적 의미에서 사용되었다.

과 창발성을 생명으로 삼는 민중의 정치이며 차이의 정치인 것이다.

플라톤과 마르크스에게 공히 드러나는 것처럼 진리정치는 그 속성 때문에 이상국가론과 동행하는 경우가 많다. 진리정치가 볼 때 현실은 항상 누추한 것일 수밖에 없으므로 정치공동체 전체를 지도자의 선도에 따라 이상적 청사진에 맞추어 변화시켜야 한다는 것이다. 역설적인 것은 두 정치사상가에게서 개진되는 진리정치가 모두 '궁극적으로는' 강제와 통치를 요하지 않는다는 의미에서 권력 없는 권력주체로서의 통치자와 이성국가를 꿈꾸었다는 것이다. 이런 고원(高遠)한 꿈이 왜 전체주의의 시조로 폄하되고 현실사회주의의 리바이어턴적 과대권력국가로 구체화되고 말았는가? 정치철학적 관점에서 볼 때 그 이유는 역사의 낙후성이나 비잔틴적 궁정음모정치의 유산으로 환원되지 않는다. 본질적인 원인은 진리정치가 내장한 태생적 위험성 때문이며, 삶의 정치의 결락 때문임을 나는 주장해 왔다.

삶의 정치는 독단적 진리정치의 반대 항이므로 자신의 형상을 분명하게 구상화하지 않는다. 그것은 투명하고 확정적인 방식으로는 자신의 모습을 드러내지 않는 것이다. 삶의 정치는 지식이론적인 반증가능성을 출발점으로 삼으므로 이상국가를 그리는 거대한 청사진이나 체계적 강령을 선호하지 않는다. 그러나 독단적 체계성을 거부한다고 해도 삶의 정치가 출발하는데 도움을 줄 수 있는 권력 개념의 재조정은 필요하다.

진리정치는 많은 경우 국가를 논의의 중심에 놓았다. 삶의 정치는 국가의 중요성을 배제하지 않지만 권력 개념의 질적 전환과 보완을 요구하는 다음 명제를 의미심장한 것으로 본다. 즉 "권력이 국가 기구에만 한정되어 있지 않다는 사실과, 국가 기구와 나란히 그 하부나 외부에서 작동하는 권력 기제가 변하지 않는 한, 아무것도 변화하지 않으리라는 것이다. 국가 기구보다 훨씬 미세하고 일상적인 차원에서 운용되는 권력의 흐름이 바뀌지 않는 한 아무것도 변하지 않는다."[33] 이것이야말로 성찰적 시민사회의 지평이며 공정한 시장의 공간이다. 금지하고 억압하는 실체로서의 거대권 력이 아니라 무엇을 생산하고 창출하는 관계망으로서의 작은 권력에 주목 하는 미시권력론은 진리정치가 놓치기 쉬운 구체적 삶의 현장에 주목한 다. 시민사회야말로 구체적 삶의 현장인 것이다.

이상적으로 재구성된 진리정치에서도 권력은 삭제될 수 없으며 권력 관 계에 대한 분석이 국가로 제한되어서도 곤란하다. 국가는 결코 권력관계 가 진행되는 전체의 장이라 할 수 없기 때문이다. 이는 현실 정치가 다원 화되고 민주화되는 것에 비례해 경험적으로 확인할 수 있는 사항이기도 하다. 이미 실재하는 권력 관계의 기초 위에서만 국가가 운용될 수 있다. "우리의 몸, 성(性), 가족과 친족 관계, 지식, 기술 등에 침투해있는 권력관 계와 비교할 때 국가는 상부 구조적"이기 때문이다.[34] 이 모든 미시적 요 소들은 시민사회와 직결된다.

이런 미시정치적 삶의 정치에서 정치적 실천은 전 방위적으로 심화되 며 '지역적으로' 확장된다. 진리정치가 엘리트가 계도(啓導)하는 계몽의 정 치라면 미시정치적 삶의 정치는 시민들 모두가 정치의 주역이 될 수 있는 구체성의 정치이다. 진리정치에 걸 맞는 '보편적 지식인'의 시효는 종말에 가까워지고 있다. 시민의 한 사람으로서 자신이 놓여 있는 삶의 현장, 즉 가정, 회사, 공장, 학교, 성 관계 등에서 '규율권력'의 침투를 예의 주시한 채 그것의 권력 효과를 최소화하려고 노력하는 보통 사람들이 바로 '특수 지식인'이다. 보편적 지식인이 제창하는 진리정치는 그 추상성과 일반성 때문에 삶의 현장으로부터 분리되어 있는 경우가 많다. 이에 비해 특수 지

---

33 Michel Foucault, "Body/Power," *Power/Knowledge*, edited by C. Gordon (N.Y.: Pantheon, 1980), 60쪽.

34 Foucault, "Truth and Power," *The Foucault Reader*, edited by P. Rabinow (N.Y.: Pantheon, 1984), 64쪽.

식인의 미시정치는 구체성과 현장성을 확보하기 쉬운 것이다. 미시정치는 계보학적 사회비판과 연계되어 삶의 정치의 사회이론을 이루며 성찰적 시민사회의 토대를 건설한다.

삶의 정치는 또한 역동적인 '유목의 정치'이다. 푸코가 전념한 미시정치의 차원을 넘어 들뢰즈는 권력의 배치공간을 세 가지로 나눈다. 권력지대에는 전통적으로 진리의 정치가 주목해온 국가로 대표되는 거시 권력, 푸코가 분석한 미시 권력, 그리고 '탈주'의 실천이 권력 장치들을 무력화하는 권력의 '무능의 지대'가 혼재한다는 것이다.[35] 유목의 정치는 이런 권력 무능의 지대를 최대한 확장시키기 위한 힘의 생성과 창조이므로 단순한 정지와 움직임, 정착과 이동의 대립 범주로서 실체화되지는 않는다. 발빠르게 움직이는 세계화 시대의 도회적 코스모폴리턴이 들뢰즈적 의미에서의 유목민과 본질적 관련이 없는 것은 이 때문이다. 세계화가 만약 신자유주의적 자본의 논리를 재생산하는 지구촌화를 뜻한다면, 그것은 전자적(電子的) 신속함에도 불구하고 '정착민'의 삶의 길, 곧 '홈 패인 공간'으로의 '영토화'에 다름 아니다.

반면 유목민은 정치적 삶을 실체화하고 정태화하려는 국가 장치의 경계를 돌파해서 끊임없이 다른 삶의 영토를 찾아 움직이는 존재이다. 유목민은 '탈영토화'와 '재영토화'의 긴장 관계 속에서 부단히 유동하는 존재인 것이다. '자유의 새로운 공간'을 찾아 이동하는 유목민들의 발명품이 바로 '전쟁기계'이다. 여기서 전쟁기계는 실체가 아니고 유목적 주체가 정착민적 욕망의 배치를 재구성함으로써 '혁명적인 생성'을 지향하는 새로운 종류의 유물론적 배치를 지칭한다.[36] 들뢰즈적 유목주의의 한 공리는 '전쟁기계는 국가 장치에 대해 외부적이다'라는 것이다.

---

35   G. Deleuze and F. Guattari, A *Thousand Plateaus: Capitalism and Schizophrenia* (Minnesota Univ. Press, 1987), 226쪽.

36   Deleuze and Guattari, 위의 책, 351쪽.

들뢰즈는 푸코의 미시정치가 희석시켜버린 권력의 외부와 너머를 사유하며, 진리정치가 증발시켜버린 새로운 가치를 창조함으로써 반역과 생성을 장려한다. 생동하는 변혁의 실천이나 동일성-정태성에 대한 차이-동태성의 투쟁이 전쟁기계로 명명된다. 정치철학의 문맥에서는 진리정치의 헤게모니에 대한 삶의 정치의 문제 제기와 비판이 전쟁기계로 수렴된다. 여기서 유념할 것은 유목주의와 전쟁기계가 자유와 해방의 공간을 자동적으로 보장하지는 않는다는 사실이다. 자동적으로 얻어지는 것은 결코 존재하지 않는다. 들뢰즈적 '사건의 유물론'과 '~되기'(becoming)의 철학은 삶의 정치가 영구한 현재진행형의 실천적 사건이라는 사실을 강조한다. 이런 관점에서 들뢰즈는 클라우제비츠의 말을 비틀어 "정치란 다른 수단을 사용하는 전쟁의 계속"이라고 단언한다.[37] 삶의 정치가 '정치적인 것'의 이념과 만나는 지점이다.

미시권력론과 연대한 유목적 정치는 근대적으로 변용된 진리정치의 질서에 대항한다. 정치만이 권력의 배타적인 장소이며, 그런 권력이 특정인에게 독점적으로 귀속되거나 대의되고, 정치의 지평은 일상의 공간과 질적으로 차별화된다는 근대 정치의 실체론적 상상력은 진리정치를 근대적으로 세속화시킨 것이다. 이에 대항해 삶의 정치가 주목하는 미시정치론과 유목적 정치는 권력과 진리의 대의 이론을 거부하고 그 대의자에게 주어진 일체의 특권을 부인하며 정치적 실천을 일상의 모든 지평으로 확장시킨다.

미시정치와 유목의 정치는 삶의 정치의 중요 자산이다. 민주주의 담론이 진리정치와 비성찰적인 방식으로 뒤섞일 때 진리의 폭정을 정당화하거나 생활정치 자체의 황폐화를 초래할 수 있는 위험성을 우리는 살펴보았다. 포스트 분단체제에 진리정치의 대표자로 승격될 가능성이 있는 민족통일담론이 오히려 평균적 시민들의 구체적 삶을 기만하고 피폐화시킬 수

---

37 Deleuze and Guattari, 위의 책, 467쪽.

도 있는 개연성도 유심히 살펴보아야 할 사항이다.

　하지만 삶의 정치와 재구성된 진리정치가 상호보완적으로 접맥되지 않을 때 삶의 정치가 방향 감각을 잃고 난맥상을 노출할 수 있는 위험성이 사라진 것은 아니다. 이것이 푸코와 들뢰즈의 정치이론이 아나키즘의 오해 앞에 노출되는 근본 이유이다. 우리는 진리정치를 폐기할 것이 아니라 해석학적 지식이론의 기초 위에서 현대 민주주의의 성취와 대중사회의 현실에 부합되게 재구성해야 한다. 비판해석학적으로 재구성된 진리정치는 삶의 정치에 일정한 방향성을 제시해준다. 진리정치가 없는 삶의 정치는 무정향(無定向)하며 삶의 정치 없는 진리정치는 독단적이다.

　한 극단에서 정치적인 것의 개념은 생과 사의 집합의지에 의해 추동되는 적과 동지의 이분법이 적나라하게 충돌하는 현장이다. 또 다른 극단에서 정치적인 것의 이념은 유적(類的) 존재에 고유한 잠재력을 온전히 실현하는 가치의 공간이기도 하다. 비판해석학적으로 재조정된 진리정치는 두 극단의 어느 쪽으로도 환원되지 않는다. 재구성된 진리정치는 접점이 불가능한 것처럼 보이는 정치적인 것의 두 이념을 매개한다. 정치적 진리라는 것이 있다면 그것은 이 스펙트럼 선상에서 끊임없이 유동하는 역동적 실천으로서 존재할 터이다.

　이 스펙트럼의 두 극단 사이 어느 지점에 유력한 정치 이념으로 존재해온 것이 진리정치와 삶의 정치 이념이다. 그 가운데 진리정치가 훨씬 강력한 영향력을 행사해 왔다. 진리정치의 주장이 투명한 만큼 불확실한 현실정치를 헤쳐갈 수 있는 능력이 기대되어 왔기 때문이다. 고전적 진리정치 이념은 투명한 이론이성의 법칙이 실천의 세계에서도 획득될 수 있다고 보았다. 이에 비해 삶의 정치는 이론이성과 실천이성의 동역학을 해석학적으로 재정립한다. 삶의 정치는 정치와 인간의 실천이 불확정적이라 보며 바람직한 정치는 불확정성과 우연성을 필수요소로 삼는다고까지 생각한다. 이런 불명확성은 실천의 상대주의나 무정부주의적 정치 실험으로 이어지지는 않는다. 삶의 정치가 의존하는 생활세계는 해석학적 맥락 위에 비판적인 방식으로 운용되기 때문이다.

고전적인 의미에서의 진리정치는 종언을 고했다. 따라서 진리정치가 남긴 유산에서 합리적 교훈을 찾는 노력이 현대정치의 과업으로 남는다. 재구성된 진리정치의 계기들은 삶의 정치 속에서 계속 작동한다. 독단적 진리정치가 배제한 불확실성을 현대성의 사실로서 전제하는 현대정치는 비판해석학적으로 수정된 진리정치의 계기를 삶의 정치와 결합한다. 당위와 사실의 이분법적 심연 위에서 부유(浮遊)해온 정치철학의 역사는 새로운 전환을 요청한다. 삶의 정치는 이념정치와 현실정치의 접점을 사고하며, 정치철학과 정치공학의 접합을 실험하는 프락시스이다. 정치의 복원은 정치철학의 구체적 재생을 통해 성취된다. 삶의 정치와 연결된 성찰적 시민사회론은 그 시도 가운데 하나일 것이다.

제5장. 촛불을 넘어 성찰적 시민사회로

촛불은 한국 민주주의가 살아있음을 증명한 사건이었다. 초유의 비상시국을 헌법과 법률에 의거해 합리적 절차로 풀어가는 시민적 실천을 활짝 꽃피웠다. 성찰적 시민사회의 관점에서 판단할 때 특히 헌법재판소의 탄핵 인용 결정문은 우리 정치공동체가 미래로 나아가는 지침이다. 시민주권을 규정한 헌법이 박제화한 문서에 머무르지 않고 시민들의 실생활에서 실천되어 구체적 정치제도로 실행되어야 함을 입증했기 때문이다. 따라서 탄핵심판 결정문은 미국 건국시대의 페더럴리스트 페이퍼(연방주의자 문서)

같은 사회준거적 문헌으로 역사에 길이 남을 것이다.[38]

헌재 결정문에서 가장 인상적인 대목은 "헌법은 대통령을 포함한 모든 국가기관의 존립근거이고, 국민은 그러한 헌법을 만들어내는 힘의 원천"이라는 구절이다. 이는 모든 헌법 교과서에 나오지만 국가와 권력기관이 헌법과 국민 위에 군림해왔던 어두운 현실 때문에 공허하게 여겨졌던 것도 사실이다. 그러나 헌재 결정문은 시민주권의 헌법정신이 정치공동체의 최고 원칙임을 증명했다. 헌재 자체가 87년 항쟁이라는 시민사회적 힘의 행사가 낳은 제도적 산물인 데다 탄핵 심판의 시민 교육적 효과는 참으로 넓고도 깊다.

한국사회가 헌재 심판에 동의했던 이유는 헌재가 절대적으로 옳은 판단을 내리는 신성불가침의 존재여서가 결코 아니다. 대한민국이라는 공동체를 지키는 최후의 헌법기관이 헌법재판소라고 시민사회가 암묵리에 합의했기 때문이다. 헌재가 '정치적 통합의 형성과 유지 및 법질서의 창설과 유지'를 맡은 헌법을 수호하는 최후의 보루라는 공감대가 한국 시민사회의 윤리규범으로 인정되고 있었기 때문이다.

헌법철학적 관점에서 보자면 근대국가의 주권적 지위는 헌법이 지닌 최고의 공적 국내기본법이라는 철학적 성격에 의해 정해진다. 헌법의 최고 규범성과 자기 보장성은 헌법이 특정 국가의 정치적 통일의 형성과 유지 및 법질서의 창설과 유지를 맡는다는 사실에서 확정된다. 헌법은 국가통합 과정의 준거이며 국가라는 정치적 결사체의 고유한 핵심인 것이다. 헌법의 최고 규범성과 자기 보장성이 정치공동체의 에토스로 착근되지 않은 정치공동체는 붕괴의 위기를 맞게 된다. 결국 민주공화국의 헌법은 나라의 혼(魂)에 비유되어야 할 만큼 결정적인 중요성을 갖는다.

개헌도 헌법이라 불리는 법률 조항 몇 개를 고치는 기능적 작업이나 정

---

38   A. Hamilton, J. Madison, and J. Jay, *The Federalist Papers*(Bantam Classic, 2003).

치공학의 차원에 머물러서는 안 된다. 개헌을 정치권의 당리당략에 의한 권력 나눠먹기로 여겨왔던 제도정치권의 관행은 헌법의 정체성에 대한 자기부정이 아닐 수 없다. 헌법 개정 과정은 '성숙한 시민 되기'가 어울려 빚어내는 장엄한 시민협주곡이자 교향악이 되어야 마땅하다. 그 과정 자체가 성찰적 시민사회로 가는 사회적 실천이기 때문이다.

새 헌법은 현행 헌법이 온전히 담아내고 있지 못한 시민주권 이념을 최우선으로 살려내야만 한다. 현행 헌법에서 제10조 이후에 서술되고 있는 국민 기본권 규정을 헌법 서두로 옮기는 것이 급선무이다. 새 헌법은 개인의 자유권과 사회권, 평등권과 안전권 조항을 대거 추가하고 시민의 주체적 권리를 부당하게 제약해온 조항은 과감하게 삭제함으로써 헌법의 존재 이유와 성립 근거가 국민 기본권 수호에 있다는 사실을 명확히 천명해야 한다. '국민'이라는 용어 자체를 '사람'으로 바꾸자는 일각의 견해는 권위주의적 국가중심주의의 유산을 벗어던지고 인권 존중의 국제주의를 새 헌법에 담아내자는 전향적 움직임으로 평가된다. 이러한 명칭 변화 자체가 한국 시민사회의 성찰성 제고를 증명할 것이다.

10차 개헌 작업에서 헌법의 내용 못지않게 중요한 것이 개헌 과정과 절차이다. 개헌 자체가 민주시민교육과 시민의 자기형성의 필수불가결한 무대이기 때문이다. 지금처럼 시민들이 무관심한 상황에서 국회가 일방적인 개헌주체로 나서는 것은 절제되어야 한다. 정치전문가와 정치엘리트들이 마련한 개헌안에 대해 국민들이 국민투표에서 '네 또는 아니오'로만 수동적으로 답하는 것은 시민주권의 능동성을 형식화하는 것에 다름 아니다.

아일랜드의 사례가 참고할 만한 가치가 있다. 아일랜드는 개헌과정 자체를 국민 참여 형태로 꾸려서 헌법의회라고 불리는 헌법 논의기구를 100명 정원(의장 1, 국회의원 33, 일반 시민 66명)으로 구성해 충분한 시간을 기울여 개헌 사항들을 심의해 결정한 바 있다. 헌법 개정이야말로 넉넉한 시간을 갖고 신고리 원전 공론화 모델 같은 공론화의 틀을 응용하고 접목해야 할 중차대한 국가적 현안이 아닐 수 없다.

정치권 중심의 개헌안은 개헌 논의 자체를 권력구조 개편이나 정치의 문제로 틀 짓는 한계가 있다. 반면 공론화 모델을 차용해 시민 참여를 확대하면 보통사람의 삶과 직결된 기본권, 경제민주주의, 사법제도, 지방분권, 환경권 등을 개헌 과정과 함께 선명하게 의제화할 수 있는 길이 열린다. 특히 민생 문제에서 시민참여의 중요성을 재확인 할 수 있다. 예컨대 현행 헌법에서 경제민주화 조항이라 불리면서 논란이 되고 있는 제119조 1항과 2항 사이의 우선성 문제도 제헌헌법을 참고하면 어떤 해석이 국민 친화적인지 여부가 분명히 드러난다.

대한민국 건국의 아버지(Founding Fathers)들은 제헌헌법 제84조에서 다음과 같이 선언한다. "대한민국의 경제질서는 모든 국민에게 생활의 기본적 수요를 충족할 수 있게 하는 사회정의의 실현과 국민경제의 발전을 기함을 기본으로 삼는다. 각인의 경제상의 자유는 이 한계 내에서 보장된다." 현행 헌법의 제119조 1항과 2항의 순서가 제헌헌법에는 거꾸로 되어 있는 셈이다. 우리는 공정성과 정의를 강조한 제헌헌법의 국민 친화적 성격이 역대 개헌 과정에서 제도정치권의 필요와 담합에 의해서 폐지되거나 후퇴했다는 역사적 교훈을 확인하게 된다. 결국 개헌은 국회·시민사회·정부의 3자 협력 형태로 진행하는 것이 바람직하다. 시민참여를 담보할 수 있을 때에만 최고 기본법인 헌법의 현실 관련성과 시민 주권성을 충실하게 확보하는 것이 가능하다.

한나 아렌트에 의하면 모든 인간은 평등하면서도 독특하다. 인간존재의 복수성(複數性, multiplicity)이야말로 정치의 근본 토대인 것이다. 사람은 말과 행동을 통한 정치적 실천을 통해 고유의 존엄함과 개성을 지닌 존재임을 증명한다. 함께 말하고 행동하는 역동적 과정이 나라다운 나라를 만든다. 정치적 의제에 대한 시민들의 토론과 참여는 우리들의 선택사항이 아니라 우리가 인간인 근거 그 자체라고 아렌트는 역설한다. 이러한 아렌트의 사유는 촛불혁명이 현대 한국 시민에게 갖는 자기 형성적 의의에 대한 강력한 사상적 정당화로 판단된다.

아렌트 정치관에 있어 진정한 권력의 이미지는 강제와 폭력을 배제한 시민들의 자발적 참여와 토론에서 창출된다. "권력은 단순한 행위가 아니라 공동의 행위를 할 수 있는 인간의 능력에 상응한다"고 그녀는 역설한다.[39] '정치적인 것'의 이념에 대한 아렌트의 입론은 정치적 실천이야말로 인간이 실현할 수 있는 가장 고귀한 행위가 되어 마땅하다는 직관적 통찰과 이어진다. 인간 본연의 잠재력을 현실화시키는 공동체에의 참여, 인간 조건의 최상위층을 구성하는 연대와 공공성의 지평에 대한 개안(開眼), 바람직한 사회의 비전을 실현하고 공공의 이익을 극대화시키기 위한 상호주관적 노력의 결정체야말로 정치의 본질이 되어야 한다는 교훈을 아렌트는 인상적인 형태로 형상화한다.

말과 행동은, 노동을 규정하는 필연성이나 제작을 지배하는 효용성의 원칙으로부터 독자적 거리를 유지할 수 있는 유일한 인간 본연의 활동이며, '당신은 누구인가'라는 질문에 응답할 수 있는 인격적 기제이다. '정치적인 것'의 지평은 인간 활동을 함께 수행하는 데서 나온다. 즉 "말과 행동의 나눔"으로부터 구성되는 것이다. 그 결과 아렌트가 강조하는 폴리스도 물리적으로 실재하는 도시국가를 지칭한다기보다 함께 말하고 행동하는 역동적 과정을 통해 형성되는 시민들의 민주적 결사체를 의미하게 된다.[40] 이것이 바로 성찰적 시민사회의 모델이다. 2016~17년 촛불의 절정에서 한국 시민들은 말과 행동으로 주권자임을 증명했으며 참여 과정에서

---

39 아렌트, 『공화국의 위기』(한길사, 2011), 193쪽.
40 같은 책, 198쪽을 보라.

창출된 '공적 행복'을 만끽했다. 촛불혁명이 아렌트적 의미의 현대 폴리스를 시현했다는 평가도 가능하다.

아렌트는 '정치적인 것'의 형상화에 있어 상호이해도 중요하지만, 정치는 과학적 진리 추구와는 달리 결코 완결될 수 없는 공적 토론과 자기 연출의 역동적 과정 그 자체를 중시한다고 말한다. 아리스토텔레스가 정치를 '좋은 삶'의 실현이라는 목적론적 구도에 종속시키는 것과는 달리 아렌트에게 있어 정치는 그 자체로 자기 충족적이다. 아렌트의 '정치적인 것'의 이념은, 정치를 미학적 연출 및 자기실현의 관점에서 이해하고 자유와 가능성의 예술로 형상화하면서 인식과 도덕 영역에서의 절대적이고 객관적인 진리 추구와는 질적으로 다른 것으로 차별화한다.[41]

자유민주주의 정치담론에 수용된 공리주의 정치관과 계약론의 유산 때문에 '정치적인 것'의 실천이 사적 이해관계 추구를 위한 수단이나 도구적 행위로 환원될 때 정치의 의미가 실종된다는 아렌트의 통찰은 성찰적 시민사회를 발전시키는 데 중요하다. 국지적, 국가적, 국제적 차원을 통틀어 모든 공적 관심사에 대한 공적 토론과 협의는 정치적 존재인 인간 삶의 출발점이다. 정치 공동체에 영향을 끼치는 결정 과정에 대한 시민들의 적극적 참여가 정치의 근본을 이룬다는 아렌트 정치관의 울림은 심대하다.

성찰적 시민사회에서 아렌트의 '정치적인 것'의 이념은 핵심적인 위상을 차지한다. 아렌트가 강조해마지 않는 진정한 참여정치와 풀뿌리 민주주의의 잠재력을 극대화시켜야만 제도정치에 대한 환멸과 무관심을 극복할 수 있는 것이다. 사실 촛불시민혁명은 아렌트가 꿈꾸었던 입헌적 공화정의 실험과 수립이라는 영웅적 계기의 한국적 버전으로 평가된다. 촛불혁명의 결과 탄생한 새 정부가 제6공화국의 87년 체제 안에서 작동하고 있지만 언젠가 도래할 새로운 체제 패러다임을 잉태하고 있는 것도 사실

---

41 Arendt, *On Revolution* (N.Y.: Penguin, 1962), 53~54쪽 참조.

이다. 새로운 패러다임은 지금까지 한국사회에서 압도적 영향력을 행사해 왔던 박정희 패러다임을 대체하는 포스트 박정희 패러다임일 것이다. 공화정으로 이어지는 성찰적 시민사회야말로 포스트 박정희 패러다임의 진수일 터이다.

신생 국가였던 미국 민주주의의 역동성을 경이의 눈으로 평가했던 프랑스 귀족 출신 토크빌은 아렌트와 비슷한 취지로 미국인과 미국사회의 '마음의 습관'에 주목한다. 현실정치와 생활정치의 유기적 상관관계 위에 굳건하게 정립되어 있는 미국 민주주의의 강점을 토크빌은 다음과 같이 요약한다. "아메리카인들은 공공생활의 습관을 사사로운 생활태도에 옮겨놓는다. 아메리카에서는 배심원 제도가 어린 학생들의 놀이에도 나타나며 의회의 형식들이 축제의 분위기에서도 준수된다"는 것이 토크빌의 날카로운 관찰이었다.[42]

우리는 아렌트가 정치를 진리의 영역이 아니라 의견의 지평에 귀속시키는 사실에 주목해야 한다. 진리정치 대신 삶의 정치를 설파하는 입장에서 이는 결정적으로 중요하다. 사람들은 각기 자신이 서 있는 자리에서 세계를 바라보므로 특정 사안에 대해 서로 다른 의견을 가질 수밖에 없다. 역사관과 현실적 이해관계가 날카롭게 교차하는 현실정치의 세계에서 전형적으로 나타나는 현상이다. 정치에서 우리가 바랄 수 있는 최대치는 "사실적 진리(factual truth)"이다. 이는 수학·과학·철학적 탐구에서 획득할 수 있는 "이성적 진리(rational truth)"와는 전혀 다른 종류의 것으로서 정치는 객관적 진리를 바랄 수 없는 실천 지식이자 활동 양태임을 아렌트는 분명히 밝히고 있다.[43] 자신의 정치적 입장만이 옳다고 확신하는 진리정치가 기승을 부리는 한국사회의 근본주의적 풍토에서 되새겨 들어야 할 고언

---

42 A. 토크빌, 『미국의 민주주의 I』(한길사, 1997), 400쪽.

43 Arendt, 'Truth and Politics', reprinted in *Philosophy, Politics, and Society*(Basil Blackwell, 1978), 106쪽.

(苦言)이 아닐 수 없다.

아렌트의 유고인 『정치의 약속』은 이러한 교훈과 연관된 정치철학적 통찰을 풍부하게 담고 있다. 생각과 이념이 다른 사람들을 존중하지 않고 '틀렸다'고 비난하는 한국인의 마음의 습관은 성숙한 정치의 약속을 위협한다. 서로 다른 인간들의 공존과 연합을 다루는 게 정치의 본질이기 때문이다. 촛불에서 비롯한 성찰적 시민사회의 실험 자체가 정치의 약속을 실천한 한국적 현장으로 이해되어야 한다.

우리는 법치주의와 주권재민의 원칙을 되새김과 동시에 분열과 적대를 치유할 수 있는 방안을 찾아야 한다. 촛불과 맞불로 나타났던 광장정치의 에너지를 정당정치와 국회 안으로 녹여내도록 노력해야 한다. 정의가 강물처럼 흐르는 나라가 단번에 건설될 수 있다고 선전하는 포퓰리스트 정치인을 경계해야 한다. 명백한 반(反)헌법적 범죄는 엄격히 처벌하되, 모든 개혁정책의 주안점은 통합된 미래로 나가야 하는 것이어야 한다. 적폐가 일거에 청산되고 발본색원될 수 있다는 주장은 민주주의에도 위배되고 성찰적 시민사회의 정신에도 어울리지 않는다. 자신이야말로 정의의 화신인 것처럼 외치며 상대방을 적으로 규정하는 식의 진리정치는 공화정의 정치가 아니다. 협치와 연정을 본격화하지 않고서는 기본적인 국가운영조차 불가능한 시대에 한국사회가 진입했기 때문이다.

촛불혁명은 국가중심주의 모델의 지양을 요구한다. 국가지상주의와는 정반대로 촛불의 시대정신은 시민이 주체이고 국가가 객체임을 선포한다. 촛불의 바다를 평화적 축제로 승화시켰던 시민적 주인의식이야말로 우리가 정체(政體)의 주인이라는 증거다. 하지만 21세기 시민정치의 불꽃인 촛불이 무한정 지속될 수는 없다. 불꽃축제가 무기한 계속되기 어려운 것과 같은 이치다. 경제와 국가안보를 시민정치의 열정으로 해결하는 데는 본질적 한계가 있는 것이다. 대한민국이 '촛불 그 너머'로 나아가야만 하는 까닭이다.

촛불 너머에서는 성숙한 공화정이 우리를 기다린다. 국가중심주의적 국가이성이 이끄는 권위적 국가가 아니라 변증법적 국가이성이 이끄는 민주공화정의 국가가 우리 앞에 놓여 있다.[44] 공정한 국가, 투명한 시장, 성찰적 시민사회가 함께 가는 정치 공동체가 민주공화정이다. 민주공화국의 시장은 재벌의 힘을 사회가 통제하고 경제적 불평등을 줄인다. 공화정의 국가는 특권을 철폐하며 검찰과 대통령 권력을 법 아래 두는 법치주의를 실천한다. 성찰적 시민사회는 일상 속의 국가지상주의 모델을 넘고 시민윤리를 뿌리내려 사회통합을 가능하게 한다.

깨어있고 자유로운 삶의 양식은 성찰적 시민사회에서 비로소 확보가능하다. 개인소유권 보장과 상거래의 자유로부터 솟아난 계약법은 시민사회의 물질적 토대이다. 그 토대 위에서 신용·정직의 덕목과 자생적 활력이 꽃핀다. 시민들의 진취성과, 천변만화(千變萬化)하는 현실에 대한 유연한 대응에서 생겨나는 현장지(現場知) 등은 성찰적 시민사회의 필수적 덕목일 터이다.

북핵 위기가 야기한 총체적 국가위기에 직면해있는 상황임에도 시민들의 주체적 역량은 크게 높아졌다. 한국 역사의 일대 위기이자 호기(好機)가 아닐 수 없다. 지금은 촛불을 통합지향의 시민혁명으로 승화시켜야 할 엄중한 시간이기도 하다. 우리는 한국적 산업혁명과 민주혁명을 넘어 성찰적 시민사회가 이끄는 공화정으로 가는 출발점에 서 있다. 성찰적 시민사회는 진리정치를 넘어 삶의 정치를 활성화한다. 촛불혁명의 에너지를 성찰적 시민사회로 승화시킬 때 그 역사적 과업이 비로소 완수될 수 있을 터이다.

---

44 졸저 『국가의 철학~한반도 현대사의 철학적 성찰』(세창출판사, 2018)에서 나는 공화정의 철학을 입론했다. 국가주의적 국가이성에서 변증법적 국가이성으로의 진화가 필연적임을 논증하고 그 맥락에서 한국 현대사를 분석했다. 시민권과 국권을 종합하는 변증법적 국가이성은 성찰적 시민사회의 존재를 필수적으로 요구한다.

이진우(포스텍 인문사회학부 석좌교수, 철학)

1956년 생. 독일 아우크스부르크대학에서 철학 석사 및 박사학위를 받음. 계명대학교 철학과 교수 및 동 대학 총장, 한국니체학회 회장, 한국철학회 회장, 포스코교육재단 이사장, 포스텍 인문사회학부장 등 역임. 현재 포스텍 인문사회학부 석좌교수.
저서로『의심의 철학』『니체의 인생강의』『니체, 실험적 사유와 극단의 사상』『니체의 차라투스트라를 찾아서』『테크노 인문학』『프라이버시의 철학』『도덕의 담론』『이성은 죽었는가』『한국 인문학의 서양 콤플렉스』『탈현대의 사회철학』등이 있음.

우리는 어떻게 시민이 되는가?
─성숙한 시민사회의 실천철학

1. 한국 시민사회의 현주소: 우리에게 시민은 있는가?
2. 한국 시민사회의 이중성: 국가중심주의와 '개인 없는 시민사회'
3. 시민권과 공론영역의 사회적 구조
4. 성숙한 시민사회의 실천전략

우리는 어떻게 시민이 되는가?
―성숙한 시민사회의 실천철학

1. 한국 시민사회의 현주소: 우리에게 시민은 있는가?

시민사회는 우리가 국가와 사회를 구성하는 구성원으로서의 역할과 의미, 권리와 의무를 성찰하는 의식의 수준과 비례하여 발전한다. 성숙한 시민사회에서는 모두가 시민이 무엇인지를 스스로 잘 알고 있기 때문에 시민으로서 공익과 관련된 사회문제에 적극 참여한다. 이에 반해 성숙하지 못한 시민사회에서는 사람들은 사회참여는 고사하고 구성원으로서의 권리 주장도 제대로 하지 못할 뿐만 아니라 시민의 자격이 무엇인지도 알지 못한다. 이처럼 시민으로서의 자기의식과 성숙한 시민사회의 발전 사이에는 상호구성적인 연관관계가 존립한다. 성숙한 시민사회는 '깨어 있는 시민'을 필연적으로 전제하고, 국가 및 사회의 구성원으로서의 자신의 의미와 역할을 의식하고 있는 시민들은 '성숙한 시민사회'를 구성한다.

시민은 도대체 누구인가? 성숙한 시민사회는 어떤 사회인가? 이런 질문은 대체로 국가의 구성원으로서의 구성적 역할이 적극적으로 요구될 때 제기된다. 국민국가의 모델이 보편화된 오늘날 우리 모두는 분명 국민 또는 시민으로서 살아간다. 이미 시민으로 살고 있는데 시민이 되라는 것은 도대체 무엇을 의미하는가? 국민에게 자연스럽게 주어지는 시민의 자격을 넘어서 어떤 역할을 해야 한다는 말인가? 우리가 시민을 얘기할 때는 특정한 국가 및 도시의 단순한 거주민을 가리키는 것은 아니다. 시민은 구성원으로서의 자격과 관련이 있다. 어떤 자격이 시민을 구성하는가?

시민이 누구인지를 모른다면 시민사회의 정체가 불투명한 것은 당연한 일이다. 많은 사람들은 시민사회를 대체로 시민이 모여 만들어진 사회 정도로 이해한다. 시민이 시민사회를 구성한다는 것은 논리적으로 자명하다. 서양에서는 국민국가의 형성은 자본주의의 발전과 맞물려 있다. 이 과정에서 자신의 사유재산을 토대로 '시장'에서 자신의 이익을 합리적으로 추구하고 '국가'에 대항하여 자신의 권리를 주장하는 '개인'이 탄생하였다. 이러한 개인들이 경쟁과 협동을 통해 이해관계를 합리적으로 조정하는 곳이 바로 '시민사회'이다. 우리는 여기서 폭력을 독점하고 있는 국가에 대한 비판적 저항 없이는 시민이 탄생할 수 없었으며, 자신의 이해관계를 자유롭게 추구할 수 있는 시장이 없다면 시민사회가 형성될 수 없었다는 것을 알 수 있다. 우리가 시민과 시민사회에 관한 분명한 의식이 없다면, 그것은 우리에게 이러한 역사적 갈등과 과정이 결여되어 있기 때문이다.

물론 우리는 압축적 경제성장을 통해 모든 사람의 이해관계를 충족시킬 수 있는 시장을 발전시켰으며, 개발과 성장의 이름으로 독재를 정당화하고 가차 없이 사용한 국가권력에 대해 저항한 민주화 과정을 통해 시민의식을 성숙시켜 왔다. 시민과 시민사회에 대한 의식이 민주화 과정을 통해 강화되었다면, 이러한 과정을 통해 생성된 깨어 있는 시민들은 민주체제를 공고화하고 민주주의를 지속가능하게 만들기 위해 끊임없이 성숙한 시민사회를 요청한다. 깨어 있는 시민과 성숙한 시민사회가 민주주의의 지속가능성을 위한 핵심적 전제조건이라는 점에서 이러한 시대적 요청은 충분히 이해된다. 우리가 시민으로 살아간다는 것이 어떤 의미인지를 성찰한다면, 민주주의 제도는 시민들의 비판적 참여를 통해 지속적으로 그리고 좋은 방향으로 수정될 수 있기 때문이다.

우리에게 시민과 시민사회에 대한 성찰이 요구된다는 것은 우리의 민주주의에 여전히 문제가 있다는 것을 반증한다. 많은 사람들은 민주주의가 형식으로는 실행되고 있지만 시민의 자유와 평등을 보장하고 삶의 질을 향상시키는 실질적 민주주의는 아직 실현되지 않았다고 생각한다. 민주주의 제도 측면에서 형식과 실질 사이에 괴리가 있는 것처럼, 국가와 시민사회의 구성원으로서 시민의 역할 측면에서도 일종의 불일치가 발견된다. 사람들은 개별 이익의 추구는 절대화하고 이와 관련된 권리주장은 적극적으로 하지만 타인에 대한 존중과 배려, 그리고 공익에 대한 기여에는 소극적인 경향을 보인다. 이러한 간극을 우리는 이렇게 서술할 수 있다. 한편으로 시민들은 개발독재 시대의 권위주의적 국가에 대한 저항과 투쟁을 통해 민주화를 쟁취하고 또 이 과정을 통해 향상된 민주적 시민의식을 발전시켰다. 그렇지만 다른 한편으로 시민들은 타인에 대한 존중과 배려, 약자와의 연대, 공동체와 공익을 우선시하는 시민적 덕성을 함양하지 못했다. 우리는 어떤 시민이 되고, 어떤 종류의 시민사회를 발전시키고자 하는가?

한국 시민사회를 바라보는 시선은 대체로 두 가지다. 이것은 한국사회의 민주화 과정에 내재하고 있는 모순적이고 대립적인 이중운동에서 기인한다. 하나는 우리 사회가 놀랄만한 압축적 경제성장과 더불어 민주화를 이뤄냈음에도 불구하고 아직 성숙한 시민사회를 발전시키지 못했다는 입장이다. 우리 사회가 당면한 여러 가지 정치적, 사회적 문제를 극복할 수 있는 가장 중요한 과제를 "시민민주주의"로 설정하면서 그 미시적 기초로 "시민성 배양"을 제안하는 송호근의 입장이 대표적이다.[1] 시민사회와 관

---

1   송호근, "시민민주주의의 미시적 기초 — 시민성, 공민, 그리고 복지", 김우창, 송복, 송호근, 장덕진, 『한국사회, 어디로?』, 박태준미래전략연구총서 6, 아시아, 2017, 7~95쪽.

련한 그의 진단은 한 마디 명제로 압축된다. "시민사회의 시대에 한국에는 '비시민'이 넘쳐난다."[2] 한국사회에 대한 그의 평가는 부정적이고 비판적이다.

오늘날 민주주의의 전범이 되고 있는 서구의 자유민주주의와 사회민주주의는 고유한 생활양식과 세계관을 발전시킨 자율적 시민들의 시민의식에 토대를 두고 있다. 송호근은 한국사회에 민주주의의 건강한 토양이 될 시민과 시민의식이 제대로 성장하지 못했다고 진단한다. 서양에서 거의 3, 4백여 년에 걸쳐 형성된 시민사회의 경험지층이 우리 사회에 결여되어 있다는 것은 두말할 나위가 없다. 해방 이후 서구의 자본주의와 민주주의가 도입된 이래 70여 년밖에 되지 않은 한국의 시민사회를 서구의 잣대로 평가하는 것은 무리이다. 이런 사실을 모를 리 없음에도 송호근은 "경제는 시간 단축이 가능해도 사회는 단계를 뛰어넘을 수 없다는 것은 근대가 입증한 역사적 명제"[3]라고 주장한다. 경제적 압축 성장은 가능해도, 시민사회의 압축 성숙은 불가능하다는 것이다.

그는 시민을 정신적, 윤리적 관점에서 이해한다. 간단히 말해 시민의식이 없는 시민은 엄밀한 의미에서 시민이 아니다. 산업화 과정에서 시민이 형성될 수 있는 물질적 토대는 마련되었지만 "시민 층은 오직 경제적, 사회적 상승욕구에 가득 차 있었던 것이고, 그 과정에서 사회를 이끌 행동양식과 정신적 자원을 만들어내지 못했다"[4]는 것이 그의 주된 평가이다. 시민은 물론 사익을 추구할 뿐만 아니라 동시에 타인의 자유를 존중하는 자율적 존재이다. 타인의 자유를 침해하지 않는 범위에서만 자신의 자유를 추구할 수 있다는 것이 서구 시민사회의 핵심적 정신이라고 할 수 있다. 이런 관점에서 송호근은 타인에의 배려를 내면화하고 공익에의 긴장감을

2　송호근, 『나는 시민인가. 사회학자 송호근, 시민의 길을 묻다』, 문학동네, 2015, 396쪽.
3　송호근, 『나는 시민인가』, 같은 책, 13쪽.
4　송호근, 『나는 시민인가』, 같은 책, 362쪽.

실행하는 시민의 윤리적 의식을 '시민성'으로 규정하면서, 이러한 윤리적 의식이 없는 사람은 "사적 영역에 웅크린 이기적 인간일 뿐"이라고 질타한다. "공존의 윤리가 없는 인간, 시민정신이 없는 시민이다."[5] 이 명제는 한국 시민사회에 대한 송호근의 평가를 핵심적으로 보여준다.

만약에 한국의 시민사회가 시민 정신이 없는 시민들, 즉 비(非)시민들로 구성되어 있다면, 우리의 관심은 "시민을 어떻게 공익지향적 인간으로 만들 것인가?"[6]의 물음으로 모아진다. 송호근에 의하면 민주화의 최대과제는 "시민사회 만들기, 그리고 결국 진정한 시민 되기"[7]이다. 우리는 어떻게 시민의 덕성을 갖춘 진정한 시민이 될 수 있는가? 우리는 어떻게 시민의식을 배양할 수 있는 성숙한 시민사회를 발전시킬 수 있는가? 동전의 양면과 같은 이 물음에 대한 송호근의 대답은 시민참여, 시민권, 시민윤리를 갖춘 토크빌적 시민사회이다. 현재 미국에서 시민사회 담론의 주류를 이루고 있는 토크빌의 관점은 공익에 자발적으로 참여하는 시민들의 덕성이다. 토크빌은 잘 알려진 것처럼 뉴잉글랜드의 마을 공동체에서 민주주의의 강점을 발견한다. 공동체의 주요관심사들이 아테네에서처럼 시장에서 시민들이 모인 가운데 토론되는 뉴잉글랜드의 습속은 미국 민주주의의 토대를 이루었다는 것이다.[8] 이에 반해 "우리는 시민적 참여라는 '토크빌적 습속'을 갖추지 못한 때 민주주의를 이룩했다"[9]는 것이다.

한국 시민사회에 대한 송호근의 평가는 대체로 보수적이다. 우선, 그는 압축적 경제성장과 민주화 과정을 통해 축적된 시민사회의 잠재력을 고려하지 않는다. 복잡하게 발전한 현대사회에서 우리는 과연 사익을 추구하

---

5   송호근, 『나는 시민인가』, 같은 책, 376쪽.
6   송호근, 『나는 시민인가』, 같은 책, 373쪽.
7   송호근, 『나는 시민인가』, 같은 책, 363쪽.
8   Alexis de Tocqueville, *Democracy in America* (New York: Random House, 1990), 1:40을 참조할 것.
9   송호근, 『나는 시민인가』, 같은 책, 392쪽.

는 개인의 이기심과 자율성을 고려하지 않고 시민사회를 이해할 수 있을까? "초기 19세기 뉴잉글랜드 마을의 면대면 민주주의로부터 도출된 범주들은 전례 없는 수준의 경제적 불평등을 보여주는 고도로 상품화된 대중 사회에서의 공공생활을 이해할 수 있는 신뢰할 만한 모델을 제공해주지 못한다."[10] 그럼에도 송호근은 현대사회의 복잡성은 고려하지 않고 "오직 가족 내부에서만 작동하는 인간 윤리인 우애를 시민사회에서도 작동하도록 만드는 그 단초가 바로 시민의 공공성"[11]이라고 말하면서 공익을 우선시하는 시민의 덕성만을 강조한다.

현대의 한국 시민사회를 이렇게 비판적으로 바라보는 시각에 한편 공감하면서도, 우리는 금방 떠오르는 의문을 쉽게 떨쳐버리지 못한다. 우리의 시민사회가 아직 성숙하지 못하였을 뿐만 아니라 시민사회의 시대에 한국에는 "비(非)시민"이 넘쳐난다면 2016년 촛불시위로 대변되는 시민혁명은 어떻게 이해해야 하는가? 최순실의 국정농단 사태로 촉발된 촛불혁명은 2016년 10월 29일 1차 촛불집회를 시작으로 2017년 4월 29일 23차 촛불집회에 이르기까지 연인원 1,000만 명이 넘는 시민들이 자발적으로 광장으로 나아가 박근혜 대통령을 탄핵시킴으로써 권위주의 정부를 종식시켰다. 여기서 우리는 촛불시위의 역사적 의의를 깊이 살펴볼 필요는 없다. 우리의 문제와 관련하여 중요한 것은 대부분의 사람들이 이 사건을 "시민혁명"[12]으로 파악하고 있다는 점이다.

민주화는 권위주의적 독재 정부에 대항하여 시민들이 정치적 자유와 권리를 쟁취해 가는 과정이라고 할 수 있다. 1987년 민주항쟁에서 2016년 촛불시위에 이르기까지 지난 30년을 돌이켜보면 우리의 역사는 정치와

---

10 John Ehrenberg, *Civil Society. The Critical History of an Idea* (New York and London: New York University Press, 1999), 234.

11 송호근, 『나는 시민인가』, 같은 책, 373쪽.

12 전상훈, 『촛불시민혁명 승리의 기록』, 깊은샘미디어, 2017; 주성수, 『한국시민사회사. 민주화기 1987~2017』, 학민사, 2017, 21쪽.

사회를 바꿔온 시민의 힘을 느낄 수 있는 시민혁명의 시기였다고 해도 과언이 아니다. 시민이 정치적 행위의 주체로 부상했다는 것은 시민이 성장했다는 것을 의미한다. 오늘날 시민들은 더 이상 권위주의 정부에 대해 무력하고 정치에 무관심하지 않다. 이제까지 지속적으로 이루어진 일련의 시민운동을 통해 "정치에 '비판적'이며 NGO 등의 자발적 시민사회단체에 참여하는 '자발적' 시민"[13]이 등장한 것이다.

한국 시민사회를 바라보는 다른 입장은 이처럼 민주화 운동을 통해 시민이 성장했을 뿐만 아니라 시민 참여형 시민사회가 성숙해가고 있다고 본다. 이러한 시각은 민주화 과정을 통해 사회의 여러 문제들을 스스로 해결할 수 있는 시민의 잠재력이 동시에 축적된다고 본다는 점에서 진보적이다. 우리의 민주주의가 완벽하다고 볼 수는 없지만 민주주의가 위기에 처할 때마다 민주주의를 지켜낸 것은 시민들과 시민사회였다는 점을 부인할 수는 없다. 실제로 우리 사회만큼 시민들이 권위주의 독재정권에 대항하여 민주화를 이룩하였을 뿐만 아니라 다양한 공동의 관심사에 대해 적극적으로 참여하는 시민사회를 구축한 나라는 흔치 않다. 이런 점에서 "촛불과 광장으로 대표되는 민주주의의 한류야말로 진짜 한류"[14]라고 말할 수도 있다.

한국 시민사회를 바라보는 두 시선은 우리를 혼란스럽게 만든다. 한 시선에 의하면 시민의식을 함양하지 못하였기 때문에 우리 사회에는 여전히 진정한 시민이 존재하지 않고 있으며, 다른 시선을 따르면 민주화 과정을 통해 민주주의 가치관이 성장하였으며 시민들이 참여하는 시민사회의 역량 역시 강화되었다고 할 수 있다. 우리에게 시민은 있는가? 이 질문에 대한 대답은 보는 관점에 따라 달라지지만, 비판적이고 참여하는 시민들의

---

13 주성수, 『한국시민사회사. 민주화기 1987~2017』, 같은 책, 25쪽.
14 한홍구, 『광장, 민주주의를 외치다』, 창비, 2017, 15쪽.

존재가 민주주의의 지속가능한 발전이라는 점에서는 이론의 여지가 없다. 이 질문은 우리 사회가 나아가야할 성숙한 민주주의의 규범적 이상을 전제한다는 점에서 이미 반성적이고 성찰적이다. '우리는 어떻게 시민이 될 것인가?'라는 질문은 이미 '우리는 어떤 시민이 될 것인가?'의 질문을 함축하고 있기 때문이다. 이 질문에 답하기 위해서는 우선 한국사회에서 시민과 시민사회가 어떻게 형성되어왔는가를 비판적으로 성찰할 필요가 있다.

2. 한국 시민사회의 이중성: 국가중심주의와 '개인 없는 시민사회'

2.1. '개인'의 탄생과 서구 시민사회의 형성

서양에서 시민사회는 근대의 국민국가와 '함께' 발전하였다. 여기서 우리는 '함께'라는 낱말이 갖고 있는 상호 구성적 의미에 주목할 필요가 있다. 근대 정치철학의 대표적 모델이라고 할 수 있는 사회계약론이 암시하는 것처럼 서구에서 자신의 권리를 의식한 시민들이 자발적으로 협력하고 참여하여 국가가 비로소 만들어진 것은 아니다. 시민의 권리는 폭력을 독점하고 있는 국가권력에 대항하여 비로소 쟁취된 것이다. 그렇다고 해서 국가가 단순히 미리 주어져 있었던 것도 아니다. 국가는 자신의 권력을 정당화하기 위하여 끊임없이 국민의 동의와 지지를 요구한다. 근대 정치철학의 핵심적 과제는 국가권력의 정당화라고 해도 과언이 아니다.

어떻게 국가권력을 정당화할 것인가? 이 물음에 답하는 과정에서 현대 민주주의의 꽃은 피기 시작했다고 해도 과언이 아니다. 국가 권력에 정당성을 부여하는 것은 물론 국민이다. 어떤 이유에서도 양도할 수 없는 천부적 인권을 갖고 태어난 국민은 자신의 자유와 권리를 보장할 수 있는 국가에만 정당성을 부여한다. 국민의 권리 역시 국가권력에 대한 저항을 통해 확보되는 것이라면, 권력은 시민의식과 시민사회의 필연적 전제조건이라고 할 수 있다. 우리는 어떤 권리를 갖고 있는가의 문제는 결국 우리가 어떤 권한을 갖고 있는가의 다른 표현일 뿐이다. 국가를 구성하는 국민의 권리는 국가권력에 대한 견제, 저항, 협력 관계를 통해 비로소 규정되기 때문이다.

사람들은 시민사회를 평화와 협력의 공간으로 생각하는 경향이 있지만 실제로는 갈등과 투쟁의 공간이다. 시민사회는 결코 자유로운 시민들의 자발적 합의에 의해 형성되지 않는다. 우리의 편견에 정면으로 배치되는 이러한 사실은 서구의 시민사회 발전과정에서 경험적으로 확인된다. 의회 민주주의 제도의 시작이라고 할 수 있는 1689년 영국의 명예혁명 역시 전제 정치를 행하는 찰스 2세의 왕권에 대항하여 귀족으로 구성된 의회의 권리를 확보하기 위한 저항의 결과였다. 의회의 승인 없이 법을 제정하거나 법의 효력을 정지시킬 수 없다거나 의회 내에서의 토론은 자유로워야 한다는 권리장전(Bill of Rights)의 조항들은 왕권과 귀족권력 사이의 투쟁의 산물이다. 우리는 17세기 자본주의가 발전하면서 부상한—교양시민인 시토엥(citoyen)과 경제시민인 부르주아(bourgeois)라는—새로운 계급이 '지식'과 '부'를 무기로 귀족의 특권에 대항하여 싸움으로써 오늘날의 시민권이 발전했다는 것을 잘 알고 있다.

여기서 우리가 근대로의 전환기의 사회사적 배경을 충분히 다룰 수는 없지만 근대 시민사회의 이론을 발전시킨 몇몇 사상가들을 통해 시민사회 생성의 동력을 추론할 수 있다. 중세에는 통합적이었던 사회가 종교적, 정치적, 경제적 삶으로 분화되는 과정은 혼란과 불안정을 초래했다. 점점 더 증대하는 시장과 국가의 힘은 중세의 봉건제적 위계질서를 근본적으로 뒤흔들어 놓았다. 공동체 중심적인 중세의 이론과 세계관은 새롭게 부상하는 시민사회를 이해하거나 설명할 수 없었다.

　이런 전환기의 사상가라고 할 수 있는 마키아벨리, 홉스, 루터와 같은 사람들은 새로운 시민사회의 출현을 개념적으로 파악하려 한다. 마키아벨리는 혼란과 부패가 만연한 피렌체의 상황에서 이를 극복하고 새로운 질서를 구축할 수 있는 것은 군주의 권력뿐이라고 생각했다. 마키아벨리의 마음은 실제로 로마의 공화정에 가 있었음에도 불구하고 그가 군주의 권력을 강조한 까닭은 무엇인가? 그는 새롭게 생성되기 시작한 시민들이 안전하게 자신의 삶을 실현하기 위해서는 강력한 국가가 필요하다고 생각하였다. "군주는 능력 있는 사람들을 적극적으로 격려하고 자신의 직업에서 탁월한 사람들을 적극 예우함으로써 재능에 대한 존경심을 보여줘야 한다. 그렇게 그는 시민들이 평화롭게, 그것이 상업이든 농업이든 아니면 다른 직업이든 – 자신의 일을 할 수 있도록 그들을 격려해야만 한다."[15] 만약 시민들의 자유로운 활동을 보장하는 것이 국가권력이라면, 어떻게 하면 국가의 정치권력을 창조적으로 사용할 수 있을까라는 문제가 그의 중요관심사가 된 것은 당연한 일이다.

　그렇다면 시민사회를 구성하는 근대의 새로운 시민들은 어떤 모습을 하고 있을까? 우리는 여기서 마틴 루터의 종교개혁에 주목할 필요가 있다. 루터는 신앙의 주체를 성직자에게서 개인에게로 돌려놓은 종교적 혁명가이다. "하나님의 말씀은 그것이 무엇이든 그 어떤 행위로도 받아들이거나 간직할 수 없다. 오직 신앙에 의해서만 그럴 수 있다. 그러므로 영혼이 자신의 삶과 올바름을 위해 오직 하나님의 말씀만을 필요로 하는 것처럼, 영혼이 그 어떤 행위가 아닌 신앙에 의해서만 정당화될 수 있다는 것은 분

15　Niccolò Machiavelli, *The Doscourses*, trans. Leslie J. Walker, ed. Bernard Crick (New York: Penguin, 1970), 123.

명하다."[16] 마틴 루터의 신앙 강조는 내면적 양심을 중시하는 자율적 개인의 탄생을 가져온다. 이것이 그를 근대 시민사회를 이해하는 데 중요한 사상가로 만든다. 그에 의하면 개인은 믿음과 양심을 가진 주체이다. 이로써 개인의 의견, 생각, 욕망과 욕구는 비로소 중세의 억압으로부터 해방된다.

문제는 이렇게 자유로워진 독립적인 개인들이 어떻게 하면 평화적으로 공존할 수 있는가이다. 시민사회의 평화는 주어지는 것이 아니라 만들어지는 것이다. 1651년 출간된 홉스의 『리바이어던』은 평화로운 시민사회가 강력한 국가권력이 없이는 존재할 수 없다는 것을 선명하게 보여준다. 홉스에 의하면 시민사회를 형성하기 이전의 자연 상태의 인간은 자기보존의 자연권을 가진 합리적 개인이다. 자기보존은 최고의 선이기 때문에 모든 사람들은 자기보존이라는 목적을 위해 필요한 수단들을 합리적으로 선택하고 결정한다. '합리적 자기이익'(rational self-interes)은 개인 행위의 원천이고 집단적 생존의 조건이다. 개인의 이익만을 추구하면, 우리는 타인의 이익을 훼손할 뿐만 아니라 우리 자신의 이익도 침해당할 수 있다는 것을 알게 된다. 그렇기 때문에 모든 개인들은 자신들의 자연권을 인위적인 제3자인 국가에 위임함으로써 국가가 개인들의 자유로운 활동과 평화로운 공존을 보장할 있도록 한다. 여기서 우리는 공동체의 공동선은 배제되거나 개인들의 이해관계를 조정하는 것으로 축소되고 있음을 알 수 있다.

이러한 사실은 서구 시민사회에 관한 우리의 통상적인 편견과 대립한다. 우리는 흔히 시민의 덕성을 토대로 서구의 성숙한 시민사회가 발전하였다고 생각하지만, 실제로는 그 반대로 근대의 시민사회는 고대와 중세의 공동체가 붕괴되고 덕성이 와해되었을 때 형성되기 시작하였다. 이러한 시민사회에서 중심적인 역할을 담당하게 된 것은 두말할 나위 없이 근

---

16 Martin Luther, "The Freedom of a Christian," in Martin Luther: *Selections from His Writings*, ed. John Dillenberger (New York: Doubleday, 1962), 55.

대의 전환기에 발생한 '개인의 탄생'이다. 루터적 의미에서의 양심을 갖고, 홉스적 맥락에서 개인의 이익을 철저하게 계산하는 개인이 자신의 권리와 권력을 보장하기 위해 국가권력과 때로는 싸우고 또 때로는 협력하기 시작한 것이다.

서구의 근대 시민사회를 올바로 파악하자면, 우리는 두 번째 편견을 지워야 한다. 많은 사람들은 서구의 성숙한 시민사회를 부러워하면서 공익과 공동선을 우선시하는 시민사회의 모습을 떠올린다. 그러나 근대 시민사회를 구성하는 시민들은 결코 남을 배려하고 공익을 존중하는 이타적 인간들이 아니었다. 시민사회의 구성원은 철두철미하게 자기이익을 중시하는 이기적인 개인들이었다. 홉스의 예를 다시 한 번 들면 모든 사람들이 시민사회로 진입하기 전에 이미 합리적이고, 도덕적이고, 사회적이라면, 홉스의 절대국가는 필요 없을 것이다. 시민사회와 국가가 필요한 것은 자연적 유대가 파괴되면 모든 개인은 모든 수단을 동원하여 자기 자신을 보존하고 또 이 과정에서 다른 사람들에게 해를 끼칠 수 있기 때문이다.

시민사회의 문제는 이기적 개인이다.[17] 이기적 개인들이 어떻게 건강한 사민사회를 형성할 수 있을까? 전통적 도덕이 붕괴되고 모든 관습이 이완된 상태에서 섣불리 공동체적 덕성을 강조하는 것은 오히려 문제를 그르칠 수 있다. 여기서 우리는 근대 시민사회 이론을 정립한 다른 두 명의 사상가를 불러본다. 시장의 증대와 함께 출현한 새로운 종류의 인간, 즉 경제인(homo economicus)을 정확하게 포착한 존 로크와 아담 스미스가 주인공이다. 로크는 사람들이 시민사회를 구성하는 주된 이유는 재산과 소유를 보존하기 위해서라고 말한다. 여기서 소유(property)는 개인적 자유를 대변한다. 소유를 가지지 못한 사람은 엄밀한 의미에서 자유가 없는

---

17 이진우, "시민사회와 사회국가. 헤겔의 사회계약론 비판을 중심으로", 한국사회·윤리연구회편, 『사회계약론 연구』, 철학과현실사, 1993, 139-169쪽을 참조할 것.

것이다. 로크에 의하면 사람들은 "생명(Lives), 자유(Liberties) 그리고 재산(Estates)의 상호보존"을 위해 시민사회로 결합한다고 말하면서, 이 세 가지를 일반적으로 "소유"(Property)[18]로 명명한다. 개인은 여기서 생명과 자유의 권리주체로 이해된다. 더욱 놀라운 것은 재산이 생명과 자유와 동일한 수준에서 논의되고 있을 뿐만 아니라 생명, 자유, 그리고 재산을 모두 개인의 소유로 파악하고 있다는 점이다.

로크에 의하면 국가와 시민사회는 개인의 자유와 사적인 선택에 의해 구성된다. 마치 우리가 어떤 결사체에 가입할 것인가를 스스로 선택하는 것처럼 이기적인 개인은 자신의 소유를 보장해줄 수 있는 시민사회를 구성한다. 국가와 시민사회는 사적인 이익을 위해 존재한다. 재산과 소유가 없다면, "공통적인 것은 아무런 소용이 없다"(the common is of no use).[19] 자연과 시민사회 내에서의 인간 삶의 기초는 소유이다. 국가는 개인의 소유를 보장할 수 있을 때에만 정당화될 수 있다. 따라서 국가권력과 법치주의는 개인의 자유와 상호 안전이 보장되는 조건하에서 개인들이 자신의 이익을 추구하는 것을 가능하게 만든다. 소유가 자연권일 뿐만 아니라 도덕적으로 독립적일 수 있는 조건이라면, 어떤 시민사회가 바람직한 사회인가를 평가하는 핵심적인 잣대는 결국 경제적 자유이다. 이렇게 발전된 근대 자유주의는 개인을 자유롭고 자기이익에 충실한 소유주로 파악한다.

우리가 도덕적으로 자율적이기 위해서는 어느 정도의 소유가 필수적이라는 사실은 근대 자유주의의 발견이다. 자신의 생계를 보장하고 필연적 욕구를 충족시킬 수 있는 경제적 조건이 되지 않는 상황에서 시민사회는 발전할 수 없다. 근대사회에서 이런 욕구를 충족시키는 곳은 두말할 나위 없이 시장이다. 1776년 『국부론(The Wealth of Nations)』을 출간한 아담

---

18 John Locke, "Second Treatise on Government," in *Two Treatises on Government*, ed. Peter Laslett (New York: Cambridge University Press, 1960), p.350.

19 John Locke, "Second Treatise on Government," 같은 책, 289쪽.

스미스는 시장과 경제적 활동을 분석함으로써 근대적 시민사회 이론을 제시한다. 아담 스미스에 의하면 시민사회는 국가와는 분리된, 시장을 통해 조직되는 사적 이익의 영역이다. 시민사회는 결코 개인의 의식, 결정, 선택에 기원을 두고 있지 않다. 시민사회는 시장에서 이루어지는 상호이익을 통해 구성된다.

"우리가 매일 식사를 마련할 수 있는 것은 푸줏간 주인과 양조장 주인, 그리고 빵집 주인의 자비심 때문이 아니라 그들 자신의 이익을 위한 그들의 고려 때문이다. 우리는 그들의 자비심에 호소하지 않고 그들의 자애심(self-love)에 호소하며, 그들에게 우리 자신의 필요를 말하지 않고 그들 자신에게 유리함(advantage)을 말한다. 거지 이외에는 아무도 전적으로 동포들의 자비심에만 의지해서 살아가려고 하지 않는다."[20] 아담 스미스의 이 말보다 경제인의 자기이익을 더 잘 표현할 수는 없을 것이다. 사람들은 그 효용성을 미처 알지 못하지만 시장에서 교환하려는 경향 때문에 시민사회가 발생한다는 것이다. 아담 스미스는 공공선보다 개인의 이익에 우선성을 부여한다. "개인은 자신의 이익을 추구함으로써 종종 사회의 이익을 실제로 추구하고자 할 때보다 훨씬 더 효과적으로 사회 이익을 증진시킨다."[21] 아담 스미스에게는 사적 이익을 추구하는 것이 바로 공공선을 증진시키는 일이다. 정치보다는 시장에서의 활동이 사람들을 시민사회로 결합시키는 접착제가 된다는 것은 근대 자유주의의 핵심이라고 해도 과언이 아니다. 이런 관점에서 보면 공공의 덕성은 정치로부터 발생하는 것이 아니라 사리사욕을 추구하는 개인 활동의 비의도적 결과에 불과할 뿐이다.

이러한 사실은 오늘날 우리가 시민에 부여하거나 또는 시민으로부터 기

---

20 Adam Smith, *An Inquiry into the Nature and Causes of the Wealth of Nations*, ed. Kathryn Sutherland (Oxfort: Oxford University Press, 1993), p.22. 애덤 스미스, 『국부론』, 상, 김수행 역, 비봉출판사 2013, 19쪽.

21 Adam Smith, An Inquiry into the Nature and Causes of the Wealth of Nations, 292쪽.

대하는 높은 덕성과는 대립한다. 우리는 시민은 자신의 사적 이익보다는 공익을 존중하는 사회의 구성원으로 이해하는 경향을 갖고 있지만, 시민사회의 생성과정에서 알 수 있는 것처럼 시민은 본래 자기 자신의 권리와 사적 이익을 철저하게 의식하고 있는 개인이었다. 이런 사실로부터 우리는 시민사회에 관한 두 가지 편견을 수정할 필요가 있다. 하나는 시민사회가 천부적 인권을 부여받은 시민들의 자발적인 참여로 형성되기보다는 권리와 권력을 둘러싼 투쟁을 통해 이루어진다는 점이다. 다른 하나는 시민사회의 토대와 출발점은 타인을 존중하고 배려하는 시민의식을 가진 시민이 아니라 철저하게 사익을 추구하는 합리적 개인이라는 사실이다. 시민사회에 관한 이러한 인식의 변화는 사실 시장의 발전과 함께 이루어졌다. 시장의 고유한 경제적 논리는 점차 인간 삶의 다른 영역에까지 침식하게 되었으며, 이 과정에서 시장은 국가와 긴장, 대립 및 협력관계를 이루게 되었다. 이처럼 시민사회는 국가와 시장의 역동적 관계 속에서 발전한 것이다.

2.2. 한국 시민사회의 기형적 이중성: '시민 없는 국민국가'와 '개인 없는 시민사회'

식민지 지배를 경험한 나라 중에서 선진국 대열에 합류한 나라는 대한민국뿐이라고 해도 지나친 말이 아니다. 한국전쟁 직후 1953년 일인당 국민소득이 67달러에 불과했던 대한민국의 경제력은 2017년 2만 9,115달러로 증가하였다. 우리나라는 이제 국민총생산액이 1조 4,981억 달러에 이르는 세계 12위의 경제대국으로 발전하였다. 우리는 이러한 압축 성장 덕택에 한편으로는 물질적으로 풍요로운 삶을 누리고 있지만, 다른 한편으로는 압축 성장에서 기인하는 온갖 사회적 병리현상을 겪고 있는 것도 사실이다.

여기서 성숙한 시민사회는 압축적 성장과정에서 파생된 병폐와 문제점을 해결하기 위해 요청된다. 우리는 어떻게 성장과정에서 축적된 "해방적 가치"(emancipative values)와 민주적 역량을 활용하여 성숙한 시민사회를 발전시킬 수 있는가? 경제적 '압축 성장'에 호응하는 민주적·문화적 '압축 성숙'은 과연 가능한가? 2016년 최순실 국정농단 사건을 돌이켜보면 우리사회는 아직도 부정부패, 정경유착 및 권위주의적 통치와 같은 비민주적 관행이 만연해 있을 뿐만 아니라 타인에 대한 배려 및 연대심의 부족, 극단적 이기주의처럼 극단적 경쟁으로 인한 병리적 현상들이 심화되고 있다. 양극화, 사회적 불평등, 불공정이 당연한 것으로 받아들여지는 사회에서 공익과 공동선을 실현하기 위한 시민들의 자발적 참여를 기대하는 것은 어불성설일 것이다. 여전히 1997년 IMF사태의 트라우마를 겪고 있는 대한민국 국민은 물질적 가치를 최고의 가치로 설정하고, 경제성장만이 개인과 국가를 부유하게 만들 수 있다고 생각하는 것처럼 보인다. 경제행위의 동기인 '이기심'과 경제의 논리인 계산적 '효율성'은 우리의 삶과 사회를 전체적으로 지배하고 있다. 국민이 국가에게 오직 경제성장만을 기대하고 또 국가는 경제성장을 빌미로 국민을 동원한다면, 공익과 공동선을 자유롭게 논의할 시민사회가 성숙할 수 있는 토양은 척박할 수밖에 없다. 그뿐만 아니라 시민사회가 오로지 경제논리에 의해 지배받는다면 건강한 '개인'이 발전하기도 힘들다. 개인이 자신의 권리만 주장하는 것이 아니라 공동체에 대한 의무도 성실히 이행함으로써 공동선에 기여한다면, 시장에서 경쟁하는 사람들은 자기이익의 극대화만을 추구하는 이기적인 대중일 뿐이다. 압축 성장과정을 통해 탄생한 한국사회의 기형적 특성은 '시민 없는 국민국가'와 '개인 없는 시민사회'라고 할 수 있다.

우리는 한국 시민사회의 이러한 기형적 이중성을 직시할 때에만 성숙한 시민사회의 방향을 올바로 설정할 수 있다. 대한민국은 왜 시민이 없는 국민국가와 개인이 없는 시민사회로 발전하였는가? 1945년 일본 제국주의로부터 해방되었을 때 우리나라는 엄밀한 의미에서 '국가'도 없고 '시민사회'도 없었다. 국가는 만들어져야 하는 지상의 과제였고, 다양한 경제적 욕구를 충족시킬 수 있는 시장은 발전되어야만 했다. 경제적 필연성이 해결되지 않은 상태에서 정치적 자유는 발전하지 않는다. 국민소득이 증가할수록 민주적 가치는 증대하고, 민주주의의 지속가능성은 높아진다. 일인당 국민소득이 1,000달러에서 6,000달러에 달하는 국가에서 민주체제가 붕괴할 가능성은 5%밖에 안 되지만, 일인당 국민소득이 1,000달러가 안 되는 나라에서는 그 가능성이 22%까지 올라간다고 하지 않는가.[22] 이런 관점에서 보면 국가 주도에 의해 짧은 시간 내에 급속한 경제발전을 이룬 압축적 산업화는 현대적 의미의 시민이 발전할 수 있는 토대를 마련했다고 할 수 있다. 한국 시민사회의 발전과 특성을 이해하려면 우리는 우선 현대적 의미의 시민과 시민사회가 부재한 상태에서 해방 이후 국가를 건설할 수밖에 없었다는 점을 직시할 필요가 있다. 우리가 설령 갑오개혁(1894)에서 한일합방(1910)에 이른 전환기에서 근대적 의미의 '시민'과 '사회'의 씨앗을 발견한다 하더라도, 그것은 공적 책무와 시민 윤리를 내면화하기는커녕 자신의 권리를 의식하고 있는 자율적 개인과는 거리가 멀었다. 1900년까지 개인과 사회라는 낱말은 이따금 사용되었을 뿐 현대적 의미와는 연관이 없었고, 일본 식민지 시대를 경유하면서 근대 서구를 특징짓는 번역어로서 새로운 의미를 가지게 되었지만 현실적 구체성이 결여되어 있었다. "근대 이행기 조선에서 태어난 개인, 결사체, 사회는 국가와 대결 구도를 경험하지 못한 채 소멸하는 국가를 회복해야 하는 태생적 운명을 부여받았다"[23]는 송호근의 지적은 정확하다.

---

22 이에 관해서는 A. Przeworski, M. Alvarez, J.A. Cheibub and F. Limongi, "What Makes Democracies Endure?" *Journal of Democracy*, Vol. 7, No. 1(1996), pp.39-55.
23 송호근, 『시민의 탄생. 조선의 근대와 공론장의 지각변동』, 민음사, 2013, 18/9쪽.

시민은 국가권력 또는 귀족계급과의 투쟁을 통해 자신의 권리를 확보하고 국가에 대해 독자적이고 배타적인 이해관계와 계급적 이익을 추구해야 하는데, 시민의 주체적 권리를 확보하기 위해 필연적 조건인 국가는 존재하지 않았던 것이다. 해방 직후 개인과 사회는 국가 건설을 최고의 목표로 탄생한 것이다. "개인이 태어났으나 권리를 충분히 향유할 정치 경제적 환경이 아니었고, 사회가 출현했으나 국가와 이해 관심을 다툴 상황이 아니었다." 송호근은 이렇게 시대적 상황을 정확하게 분석하면서 그 결과가 "시민성의 결핍"[24]이라고 주장한다. 시민과 시민사회가 발전하지 않은 상태에서 시민성의 결핍은 당연한 결과이기 때문에 이는 우리가 한탄할 일이 아니다. 우리는 오히려 해방 이후 국민국가가 수립되고 국가 주도의 경제 성장을 이루는 과정에서 시민과 시민사회가 어떻게 발전되는가에 주목할 필요가 있다.

앞서 살펴본 것처럼 서구에서는 중세의 봉건제가 붕괴되고 근대적 자본주의가 발전되는 과정에서 자기 이익을 추구하는 합리적 '개인'이 먼저 발생하고, 이 과정에서 발생한 문제를 공동으로 해결하기 위해 자율적 '시민'들이 발전하고, 이들이 폭력을 독점하는 국가와의 긴장과 갈등 관계에서 권력의 주체로서 자신의 권리를 확보하는 주권적 '국민'이 비로소 정립되었다. 서구 시민사회가 개인-시민-국민의 경로를 따라 발전하였다면, 한국에서는 서양적 모델의 역행적 경로를 따라서 시민사회가 발전되었다. 한국 시민사회의 발전과정을 국가형성기(1945~60), 산업화기(1961~86), 민주화기(1987~2017)로 구분한다면,[25] 국가 형성기에는 국민국가를 정당화하고 국가체제를 공고화하기 위해 우선 국민이 호명되고 동원되었으며, 산업화기에는 개인의 이익에 관심을 가진 경제적 시민이 그리고 민주화

---

24   송호근, 『시민의 탄생. 조선의 근대와 공론장의 지각변동』, 같은 책, 365쪽.
25   이에 관해서는 정상호, 『한국시민사회사. 산업화기 1961~1986』, 학민사, 2017, 13쪽을 참조할 것.

기에는 수많은 민주화 운동을 통해 개인의 권리를 의식하는 정치적 시민이 발전되었다. 우리 사회는 2016/17 촛불혁명을 계기로 사회의 구성원으로서의 자율적 주체의식과 권리 및 자유의식을 가진 개인으로 발전하려 하고 있다.

서구 시민사회의 발전모델과는 역행하는 국민-시민-개인의 경로로 발전한 한국 시민사회는 대체로 세 가지 특징을 갖고 있다. 첫째는 '과잉 국가중심주의'이다. 시민과 시민사회가 발전되지 못한 상태에서 국가 체제를 수립하고 정비하는 것이 급선무였던 한국에서 국가중심주의는 당연한 결과였다. 근대화의 주체는 국가였으며, 국가는 경제성장을 이루기 위해 끊임없이 국민을 동원하였다. 국가는 효율적인 엘리트 관료체제를 정비하고, 관료가 주도권을 갖고 경제 및 산업정책을 효과적으로 추진하고 통제할 수 있는 권위주의적 개발독재 체제를 구축하였다. 개발독재와 관료적 권위주의가 자율적 시민의 발전을 억제하였다는 것은 주지의 사실이다.

국가형성기에는 사회경제적 조건과는 관계없이 국가체제의 정립을 최우선 목표로 설정하였기 때문에 국가는 시민사회와는 비대칭적으로 과잉 발전할 수밖에 없었다. 이런 상황에서 국가는 체제를 정당화하고 동시에 국가가 정한 목표와 과제를 성취하기 위해 국민을 동원하였다. 이러한 점은 '국민'이라는 낱말의 사용 빈도가 1960년까지 '시민'의 사용빈도보다 훨씬 더 높았다는 사실에서도 잘 드러난다.[26] 이 시기에 국민은 빈곤으로부터의 탈출이라는 자기 이익을 위해서도 국가의 억압적인 폭력에 대항하기보다는 자발적으로 순응하는 태도를 취했다. 이런 관점에서 보면 '개발독재'는 대중의 자발적 동의에 바탕을 둔 '대중독재'와 다를 바 없었다. 그렇지만 국민국가는 자신의 권력을 정당화하기 위해서도 경제발전을 담당할 수 있는 자본가 계급을 육성하고 이익집단을 적극 양성할 수밖에 없었

---

26 송호근, 『나는 시민인가』, 같은 책, 355쪽.

다. 국민으로 하여금 경제적 이익과 성장에 관심을 갖게 만들고 다양한 이익집단을 양성함으로써 사회를 만든 것은 바로 국가였다.

둘째는 국가 주도하에 경제적 이익만을 절대시하는 저급한 시장논리에 매몰된 '천박한 자본주의'이다. 산업화 시기의 박정희 정권은 지배에 대한 동의를 확보하기 위해 근대적 개발주의를 적극 활용하였다. 근대적 국민의식이 태동하는 시기에 국가를 상실한 경험을 가진 한국사회의 최대목표는 독립국가 체제의 공고화뿐만 아니라 부국강병이었다. 경제성장은 한편으로 시장에서 자기이익의 최대화를 위해 노력하는 이기적 경제시민을 양성하였을 뿐만 아니라 교육의 확대로 서구적 자유의식과 권리의식에 눈을 뜬 교양시민을 확대하였다. 그렇지만 이 과정에서 비정상적으로 비대해진 국가와 시장의 기형적 발전이라는 이중적 압박으로 인해 '계몽된 개인'과 '시민사회'가 정상적으로 발전할 수 없었다. 아담 스미스가 서구 시민사회의 출발점은 자기 이익을 합리적으로 추구하는 '이기적 개인'으로 설정하고 개인의 사적 이익 추구가 결국 공적 이익의 확대로 귀결된다고 주장한 데는 시민사회의 기능을 믿었기 때문이었다. 모든 사람이 자신의 근시안적인 이기심에 따라 행동하면 집단과 공동체는 사회를 붕괴시켜 결국은 자기 이익의 보존을 위한 비용이 증대할 수밖에 없다. 이러한 '계몽되지 않은 자기 이익'(unenlightened self-interest)에 대한 인식과 통찰은 결국 자기 이익의 증대를 위해서는 타인의 이익과 권리를 존중하고 배려할 수밖에 없다는 '계몽된 자기 이익'(enlightened self-interst)를 발전시키게 된다. 우리는 국가와 시장의 이상 비대증으로 인해 타인의 이익을 배려하고 장려하는 것이 결국 자기 이익에 기여한다는 계몽된 개인을 발전시킬 수 없었다.

셋째는 압축적 경제성장을 토대로 진행된 급속한 압축적 민주화 과정에서 파생된 '공공성의 실종'과 이로 인한 이기적이면서 동시에 집단지향적인 왜곡된 가치관의 고착화이다. 급속한 경제성장은 비로소 권위주의적인 관료체제의 정립과 함께 비로소 시민들이 자신의 권리를 확보하기 위해 싸워야 할 대상인 '국가 계급'을 발전시켰다. 권위주의적 정권은 취약한 자본가 계급을 양성하기 위해 재벌 위주의 경제성장 정책을 발전시켰으며, 이 과정에서 필연적으로 나타날 수밖에 없는 정경유착은 일반 국민의 비판과 투쟁 대상인 정치적-경제적 엘리트를 형성하였다. 그들이 설령 국가 발전이라는 공공의 책무를 가지지 않은 것은 아니라고 할지라도 과도한 부의 독점과 이로 인한 사회의 양극화는 결국 국가 계급에게서 '노블레스 오블리주'(noblesse oblige)가 발전할 공간을 허용하지 않았다. 국가의 의사결정 과정에 참여할 수 있는 기회를 독점한 국가 계급, 즉 정치적-경제적 엘리트들은 높은 사회적 권력과 영향력에 상응하는 공공정신을 가지기는커녕 자기 이익의 극대화를 위해 자신의 지위를 이용하는 것처럼 보였다.

그 결과는 공공성의 실종과 가치관의 왜곡이다. 여기서 우리는 다음과 같은 질문을 던지지 않을 수 없다. 왜 짧은 시간에 급속도로 진행된 압축 성장과 압축 민주화는 '계몽된 개인'을 발전시키지 못한 것일까? 사회경제적 발전은 정치적 생활에서 뿐만 아니라 문화에서도 정합적이고, 어느 정도 예측할 수 있는 변화와 연계되어 있다는 것은 주지의 사실이다.[27] 사회가 경제적으로 성장하고 발전하면 문화적 변동을 야기하고, 특정한 임계점을 넘어서면 민주주의가 나타날 개연성을 증대시킨다. 민주주의를 발전시킨 나라들은 전통적 가치에서 세속 합리적 가치로, 그리고 생존적 가치에서 자기표현적 가치에로의 변동 과정을 보여준다는 것이다.

---

27 이에 관해서는 근대화 이론을 정교하게 다듬어서 사회경제 발전과 가치관의 변동의 연관관계를 분석한 잉글하르트와 벨첼의 작업을 참고할 것. Ronald Inglehart and Christian Welzel, *Modernization, Cultural Change, and Democracy: The Human Development Sequence*, New York: Cambirdge University Press, 2005, 15쪽과 19쪽.

이런 관점에서 보면 "민주주의는 단순히 영리한 엘리트의 협상과 헌법적 공학의 결과가 아니다. 민주주의는 국민들 사이의 뿌리 깊은 방향설정에 의존한다. 이러한 방향설정은 그들로 하여금 자유와 이에 호응하는 정보를 요구하도록, 또 통치하는 엘리트들이 국민들에게 계속해서 호응적이게 만들 수 있도록 행위하는 동기를 부여한다. 진정한 민주주의는 단순히 한 번 설립되면 그 자체적으로 기능하는 기계가 아니다. 민주주의는 국민에 의존한다."[28]

우리 국민이 민주화 운동을 통해 형식적 의미의 민주주의를 쟁취하였지만 이를 지속 가능하게 만들기 위해서는 국민들의 가치관 변화와 문화 변동이 일어나야 한다. 문제는 이러한 문화 변동의 방향이다. 잉글하르트와 벨쩰의 연구에 의하면 민주적 문화변동의 핵심은 자기표현의 가치이다. "자기-표현 가치는 형식적 민주주의와 실질적 민주주의 사이의 간극을 좁히는 사회적 힘으로 작동한다. 자기-표현 가치들이 약하면, 형식적 민주주의와 실질적 민주주의 사이에 커다란 불일치가 있을 수 있다."[29] 이에 반해 자기표현적 가치들이 사회에 정착하여 뿌리를 내리면 실질적 민주주의의 수준이 형식적 민주주의 수준에 더욱 가까워진다.

장덕진의 연구에 의하면 우리사회는 "강한 세속합리성과 강한 생존적 가치의 조합(혹은 강한 세속합리성과 낮은 자기표현적 가치의 조합)이라는 특징"[30]을 갖고 있다. 경제적 수준이 낮은 가난한 나라일수록 전통적이고 생존적인 가치관이 강하고, 경제적으로 부유한 나라들은 대체로 세속합리적이고 자기표현적인 가치관을 갖는다. 그렇다면 우리는 압축 성장 덕택에

28 Ronald Inglehart and Christian Welzel, *Modernization, Cultural Change, and Democracy*, 같은 책, 2쪽.
29 Ronald Inglehart and Christian Welzel, *Modernization, Cultural Change, and Democracy*, 같은 책, 10쪽.
30 장덕진, "데이터로 본 한국인의 가치관 변동: 김우창, 송복, 송호근의 양적 변주", 『한국사회, 어디로?』, 같은 책, 298-350쪽 중에서 305쪽.

높은 경제적 수준을 달성하였음에도 불구하고 여전히 자기표현적 가치보다는 생존적 가치를 우선시하는 까닭은 무엇인가? 잉글하르트와 벨쩰의 이론은 우리의 가치관의 현주소를 냉철하게 바라볼 수 있는 관점을 제시한다. 우리가 전통적 가치관으로부터 탈피하여 세속합리적 가치를 중시한다는 것은 경제 성장을 통해 물질적 가치관이 우세해지고, 이를 실현하기 위해 합리적 수단을 동원하는 이기적 개인이 발생했다는 것을 의미한다. 우리는 물질적 가치관에서 탈물질주의적 가치관으로 이행해갈 수 있는 순간에 1996/7년의 IMF 경제 위기를 경험하였다. 우리 사회가 여전히 고통을 받고 있는 IMF 트라우마는 물질적 토대가 무너지면 모든 것이 한꺼번에 무너질 수 있다는 인식에 기인한다. 이로 인해 물질중심적 생존 가치는 더욱 강화되었다.

한국사회에서 자기표현적 가치의 성장을 방해하는 것은 물론 압축적 경제성장 과정에서 강하게 형성된 물질중심주의 뿐만은 아니다. 공동체중심적인 전통적 가치관은 자본주의의 세속적-합리적 가치관의 증대에도 불구하고 여전히 우리사회를 지배하고 있다. 경제성장이라는 이름으로 국민을 동원한 권위주의적 국가체제는 유가적 전통 윤리에 내재한 사회적 책임의식은 제거하고 가족과 국가를 중시하는 집단주의(collectivism)만을 강화하였다. 이렇게 전근대적인 유가적, 전통적 가치관과 경제적 이윤을 절대시하는 자본주의적 가치관의 기형적 결합은 현실 순응적이고 체제 순종적인 의식을 확대하였다. 경제적 이기주의와 전통적 집단주의의 혼용은 결국 '개인 없는 시민사회'라는 기형적 결과를 초래하였다.

이기주의가 우리사회 전체를 지배하고 있음에도 불구하고 자기 자신의 의견을 자유롭게 표현하고, 자기 권리를 의식하고, 동시에 자기 이익을 추구하기 위해서 타인의 자유와 권리를 인정하고 존중하는 '개인'은 발전하지 못한 것이다. 물론 다양한 이념과 이해관계를 가진 시민들이 자발적으로 참여한 2016/17년의 촛불혁명은 우리 사회에도 권위로부터 해방되어 자기 자신의 권리와 책임을 의식한 개인들의 해방적, 자기표현적 가치가 증대하고 있음을 보여준다. "근대화의 산업화 단계는 권위의 '세속화'(secularization)를 가져오는 반면 후기 산업적 단계는 권위로부터의 '해방'(emancipation)을 가져온다."[31] 그러므로 우리가 점차적으로 확대되고 있는 자기표현적 가치를 활용하여 실질적 민주주의를 실현하려면 비정상적으로 비대 발전한 국가와 시장의 이중 압박 속에서 왜곡된 시민사회의 구조를 살펴볼 필요가 있다. 이기적 개인들이 모인 곳이 시장이라면, 물질적 가치보다는 자기표현적 가치를 중시하고 공동선에 기여하는 시민들이 모여 있는 공간이 시민사회이다. 그렇다면 국가와 시장을 견제할 수 있는 시민사회의 구조는 어떤 모습을 띠어야 하는가?

3. 시민권과 공론영역의 사회적 구조

3.1. 사적 개인의 공적 성격과 시민권

산업화와 민주화의 이중적 경로로 발전한 한국 시민사회의 특징은 시민 없는 국민국가와 개인 없는 시민사회로 표현될 수 있을 만큼 기형적이다. 권위주의적 군사정권이 태생적으로 결여된 정당성을 확보하기 위하여 국가 주도적 경제성장 정책을 최우선 목표로 설정하였기 때문에 국가와 시장은 비정상적으로 비대해졌다고 할 수 있다. 이 과정에서 국가와 시장을 견제할 수 있는 공론 영역이 균형 있게 발전할 수 없었음은 당연한 일이다.

---

31 Ronald Inglehart and Christian Welzel, *Modernization, Cultural Change, and Democracy*, 같은 책, 25쪽.

그러나 강력한 권위주의적 국가의 등장은 경제 성장 덕택에 자신의 권리를 인식하게 된 시민들이 대항할 수 있는 대상과 계기를 제공하였다. 시민사회를 구성하는 사람들은 근본적으로 사적인 개인들이다. 한국사회에서는 사적인 개인들이 아직 성숙하지 못하였기 때문에 국가의 독재권력과 싸우는 과정에서 조금씩 시민권 의식이 발전하기 시작하였다. 다시 말해 자신의 경제적 이익과 법적 권리에 눈을 뜨기 시작한 사회의 구성원들, 즉 시민들이 출현하기 시작한 것이다.

　시민의 권리는 국가 권력과의 투쟁에서 성장한다. 시민들은 자신의 이성을 사적인 이익을 추구하는 데만 사용하는 것이 아니라 권리 확대라는 공적 관심사를 위해서도 사용한다. 독일의 철학자 칸트가 이해한 것처럼 자신의 이성을 공적으로 사용하는 사람은 단순한 시민을 넘어선 '공중'이 된다. 독일어로 공중을 뜻하는 낱말 '푸블리쿰'(Publikim)은 공적인 관심을 가진 시민들의 집합으로서 '공적 시민' 또는 '공민'(公民)을 의미한다. 공민은 정치적 공동체의 구성원으로서 일정한 자격 요건을 구비하고 자치단체의 공무에 참여할 권리와 의무를 가진 사람이다.

　시민사회를 구성하는 기본단위는 두말할 나위도 없이 사적인 개인이지만, 이 개인들은 동시에 정치적 공동체에 관여한다는 점에서 공적인 성격을 갖고 있다. 이 점에서 시민은 사적이고 동시에 공적이다. 시민사회가 기형적으로 발전하고 사회 병리적으로 왜곡되었다는 것은 개인의 공적 측면은 축소되고 사적 측면만 비대해졌다는 것을 의미한다. 이에 반해 시민사회가 성숙한다는 것은 개인의 사적 욕구에 비례하여 공익의 관점에서 이를 견제할 수 있는 공적 능력이 발전하였다는 것을 의미한다.

　이런 관점에서 보면 하버마스가 "공중으로 결집한 사적 개인들의 영역으로 파악한 시민적 공론영역"[32]은 성숙한 시민사회의 필수조건이다. "이들은 곧 당국으로부터 규제받는 공론영역을 공권력 자체에 대항하여 요구하며, 그 결과 기본적으로는 사적인 것으로 되었지만 공적으로 중요한 상품교환과 사회적 노동의 영역에서 교류의 일반규칙에 관해 공권력과 대결한다. 이 정치적 대결의 매체는 특유하며 역사상 유례가 없는 것, 바로 공적 논의이다."[33]

자신의 권리와 공적 역할에 관해 눈을 뜨기 시작한 사람들이 국가에 의해 지시된 것을 단순히 수행하지 않고 공적인 관심사에 관하여 서로 의견을 내고 토의하기 시작한 것이다. 전통 사회에서 신분계급은 군주들과의 갈등과 계약을 통해 자신의 권리를 확보하고, 또 그렇게 신분계급의 자유권과 군주의 통치권의 경계를 확정해왔다. 권력이 군주와 신분계급으로 이원화된 상태에서는 국가의 대표권을 둘러싸고 경쟁이 이루어질 수밖에 없었다. 그 결과는 의회에 의한 왕권의 상대화이거나 왕권에 의한 신분계급의 예속화였다. 여기서 개인의 이익과 권리에 눈을 뜬 공중의 출현은 권력관계를 근본적으로 바꿔놓는다. "사적 개인으로서 시민들은 지배하지 않는다. 그렇기 때문에 공권력에 대항한 그들의 권력요구는 '분할'되어야 할 지배의 집중에 대항한 것이 아니다. 그들의 권력요구는 기존의 지배원칙을 무력하게 하는 것이었다. 시민적 공중이 이 원칙에 대항해 내세운 감독의 원칙, 바로 공개성은 지배 자체를 변화시키려 한다. 당연히 지배요구의 형태를 포기하는, 공적 논의로 나타나는 권력의 요구는, 만약 그것이 관철된다면, 원칙적으로 유지되는 지배에 대한 정당화의 기초를 대체하는

---

32 Jürgen Habermas, *Strukturwandel der Öffentlichkeit. Untersuchungen zu einer Kategorie der bürgerlichen Gesellschaft* (Frankfurt am Main: Suhrkamp, 1990), 86. 한국어판: 위르겐 하버마스/한승완 역, 『공론장의 구조변동. 부르주아 사회의 한 범주에 관한 연구』, 나남출판, 2001, 95쪽. 역자는 독일어 낱말 bürgerlich를 "부르주아"로 옮기고 있으나 본래의 뜻대로 '시민적'으로 번역하는 것이 시민사회의 논의에 더 부합한다고 여겨진다.

33 Jürgen Habermas, *Strukturwandel der Öffentlichkeit*, 같은 책, 같은 곳.

것 이상의 결과를 가져올 것이다."[34] 공적인 시민들이 기존의 지배원칙에 대항하여 새롭게 내세운 원칙은 '공개성'이며, 이를 토대로 한 지배 권력의 정당화는 민주주의라는 것이다.

우리가 현대적 의미의 권리를 보유하게 된 것은 두말할 나위 없이 민주화 과정에서 전개된 권력투쟁 덕택이다. 민주화는 공개성을 토대로 한 권력 투쟁이다. 이 투쟁은 경제성장을 통해 물질적 토대를 확보한 시민들의 시민권 의식을 강화하였다. 우리는 비로소 시민권과 시민의 자격에 관해 깊이 생각하고, 공적으로 논의하기 시작한 것이다. 그러나 권위주의적 국가 중심주의라는 한국 시민사회의 기형적 요소로 인해 공중의 공적 논의는 국가권력에 대한 저항과 이를 통해 확보할 수 있는 시민권에 집중되었다.

시민권이란 무엇인가? 우리사회에서 시민보다는 여전히 국민이라는 낱말이 널리 사용되고 있지만, 성숙한 시민사회에서 시민권이라는 낱말은 사회화 과정에서 자연스럽게 익히는 공통어이다. 사람들은 사회의 구성원으로서 자연스럽게 주어질 뿐만 아니라 법적으로 보장되는 권리를 시민권이라고 생각한다. 대한민국 국민으로서 한국이라는 나라에서 살아간다면, 우리는 헌법에서 보장된 시민권의 당연한 주체이다. 그렇다면 우리는 민주화 과정에서 시민권에 대한 어떤 의식을 갖게 된 것일까? 시민권은 일반적으로 "명시적인 평등 수준에서 특정한 보편적 권리와 의무를 지닌 개인들이 특정한 국민국가에서 누리는 수동적이고 능동적인 구성원 자격 또는 권리"[35]로 규정될 수 있다. 달리 표현하면 시민권은 국민국가의 평등한 구성원에게 수동적 또는 능동적으로 주어지는 보편적 권리와 의무이다. 민주화는 시장에서 자신의 필연적 욕구를 충족시킬 수 있는 개인들이 이러한 권리와 의무를 의식해가는 과정이라고 할 수 있다.

---

34 Jürgen Habermas, *Strukturwandel der Öffentlichkeit.* 같은 책, 87. 한국어판 96/7쪽.

35 Thomas Janoski, *Citizenship and Civil Society. A Framework of Rghts & Obligations in Liberal, Traditional, And Social Democratic Regimes* (Cambridge: Cambridge University Press, 1998), 9쪽.

첫째, 시민권은 특정한 국민국가의 구성원의 자격을 결정한다. 대한민국의 국적을 갖고 있는 사람들은 '시민'이다. 이들에게는 특정한 권리가 주어진다. 역사적 경험에 의하면 아주 제한된 집단에게만 시민권이 부여되었다. 고대 그리스의 도시국가에서는 소수의 부유한 시민들에게만 주어졌으며 중세의 봉건사회에서는 귀족들에게만 주어졌던 시민권은 오늘날 점차 특정 국민국가에서 살아가는 대부분의 거주민을 포괄할 정도로 확대되었다. 국가가 시민들로 구성될 뿐만 아니라 국민주권 이론이 분명히 말해주는 것처럼 국가권력이 그 정당성을 위해 국민의 동의와 지지를 필요로 한다면, "우리가 서로에게 분배할 수 있는 주요 선(善)은 어떤 인간 공동체의 구성원자격(membership)이다."[36] 사실 누가 어떤 공동체에 속하는가는 인류 역사상 정치권력의 핵심적 문제였다고 할 수 있다. 비(非)시민에 대한 시민의, 이방인에 대한 구성원의 지배와 통치는 인류 역사에서 전제정치의 가장 공통적인 형식이었다. 국민국가의 모든 구성원들이 '국민'으로 호명되고 동원되는 역사적 경험을 한 우리에게 시민권 또는 시민자격은 아주 당연한 것처럼 보이지만 사실 그렇게 간단하지 않다. 특정한 국민국가 안에서 형식적으로는 시민권을 갖고 있지만 실질적으로는 권리를 향유하지 못하고 있는 — 소수인종, 장애인, 젠더와 같은 — 사람들이 어떻게 시민으로서 실질적인 권리를 갖게 되는가는 여전히 중요한 문제이다.

둘째, 시민권은 특정한 공동체의 구성원으로서 갖게 되는 능동적이고 수동적인 권리와 의무를 포괄한다. 수동적 권리가 거주민으로 갖게 되는 최소한의 실존 권리라고 한다면, 능동적 권리는 공동체에 참여하여 정치에 영향을 줄 수 있는 현재와 미래의 능력을 포함한다. 우리가 국가형성기와 산업화 과정에서는 수동적 시민권에만 관심을 가졌다면, 민주화 과정을 거

---

36 Michael Walzer, "Membership," Shlomo Avineri and Avner de-Shalit(eds.), *Communitarianism and Individualism* (Oxford: Oxford University Press, 1992), pp.65-84 중에서 65쪽,.

치면서 점차 우리의 관심은 능동적 시민권으로 확대되었다고 할 수 있다.

셋째, 시민권은 모든 시민을 위해 법으로 제정되고 실행되는 보편적 권리이다. 따라서 국민국가 구성원의 자격을 결정하는 시민권은 비공식적이거나 특수적일 수 없다. 국가 내의 다양한 집단들은 법으로 보장되지 않은 권리를 주장 또는 제안의 형식으로 제기할 수 있다. 이 경우 특정한 집단의 특정한 규범으로부터 나온 이 권리들은 다른 집단의 규범 및 권리주장과 갈등을 일으킬 수 있다. 그러므로 시민권은 보편적으로 정당화될 수 있는 권리여야 한다. 어떤 권리가 보편적 타당성을 가지기 위해서는 앞서 언급한 것처럼 공론영역에서의 공적 논의가 이루어져야 한다. 이런 관점에서 보면 시민사회는 시민권을 정당화하는 과정이라고 할 수 있다.

넷째, 시민권은 특정한 수준의 평등에 관한 진술이어야 한다. 국가 권력과 지배계급과의 투쟁으로 확보된 시민권은 모든 시민이 자유롭고 평등하다는 전제로부터 도출된다. 여기서 평등이 완전할 수 없는 것처럼, 시민권이 규정하는 권리와 의무는 한계를 갖고 있다. 그렇기 때문에 평등은 대체로 절차적 의미에서 이해된다. 무엇보다 중요한 것은 공적인 문제에 관한 의사결정과정에 참여할 수 있는 기회와 능력이다. 그렇지만 시민들에 의해 사용되는 권리의 정도는 실제로는 그들이 갖고 있는 권력과 영향력에 따라 달라진다.[37] 시민사회가 참여의 기회를 둘러싼 권력 투쟁의 형식을 가질 수밖에 없는 이유가 여기에 있다.

시민권이 규정하는 권리와 의무는 국가가 시민으로서의 구성원 자격에 관한 규범을 공식적으로 법적으로 인정하고 그것을 실현하려는 조치를 취할 때에만 존립한다. 시민권은 권력 투쟁을 하는 시민사회 내의 다양한 계급과 집단 사이에서 공적 논의를 통해 형성된다. 시민들은 본래 사적인 개

---

37 이에 관해서는 Margaret Somers, "Citizenship and the Place of the Public Sphere," *American Sociological Review* 58(1993), pp.587-620 중에서 602~6쪽을 참조할 것.

인들이지만 공적 관심사에 참여하는 공중으로 조직되지 않는다면 공적 논의는 이루어지지 않는다. 이런 의미에서 시민권은 사적 개인들의 공적 성격을 표현한다. 그러므로 시민들이 국가 권력과의 갈등과 투쟁을 통해 어떻게 국가 권력에 의해 영향을 받지 않는 공론 영역을 형성할 것인가는 건강한 시민사회의 핵심적 문제이다. 사적 개인들이 활동하는 모든 영역은 넓은 의미에서 시민사회라고 할 수 있지만, 이 경우 시민사회는 오늘날 독자적인 논리에 따라 움직이는 시장을 포함하게 된다. 그렇기 때문에 협의의 공적 영역, 즉 공적 논의를 통해 시민권을 확보하고 확대하는 공론 영역을 진정한 의미의 시민사회라 할 수 있다.

3.2. 균형 잡힌 건강한 시민사회의 구조

시민이 국가와의 관계에서 탄생한다면, 시민사회는 필연적으로 국가와 시민을 매개한다. 근대화 과정을 통해 '사회'(Society)와 '사회적인 것'(The Social)이 발전하기 이전에는 개인과 국가의 관계는 비교적 단순하였다. 고대 그리스의 도시국가 모델이 말해주는 것처럼 시민들은 한편으로는 번식과 생산 활동이 이루어지는 가정에서는 '가장'이었으며, 다른 한편으로는 자유롭고 평등한 다른 시민들과 함께 공익과 공무를 논의하는 공론 영역에서 '시민'이었다. 국가와 정치가 동일시되었을 뿐만 아니라 시장이 독립적인 영역으로 발전할 정도로 크지 않았을 때에는 국가 영역과 공적 영역은 대부분 중첩되었다.

한나 아렌트가 정확하게 지적한 것처럼 고대의 시민들은 동시에 두 질서에 소속되었다. "도시국가의 발생은 인간이 '사적 생활' 외에 두 번째 삶이라 할 수 있는 정치적 삶을 부여받았음을 의미한다. 이제 모든 시민은 두 가지 존재 질서에 속하게 되고, 그의 삶에 자신의 것과 공동의 것은 분명하게 구분된다."[38] 설령 고대의 모델을 따르지 않는다고 하더라도 우리의 행위가 사적인 것과 공적인 것의 이중적 성격을 갖고 있음은 부인할 수 없다. 우리가 사랑하여 가족을 형성하고 친밀한 가정을 돌보는 것은 사적인 일이지만, 다른 사람들과 함께 공공의 관심사를 논의하는 것은 공적인 일이다.

그러나 근대화 과정에서 시장과 자본주의가 발전하면서 사적 영역도 공론 영역도 아닌 사회적 영역이 출현하였다. 사회의 출현은 과거에는 가정에서 이루어졌던 경제적 생산 활동이 독립되었다는 것을 의미한다. 근대에서 사회의 출현은 시장과 국민 국가의 형성과 일치한다. 시장이 발전함으로써 과거에는 가정의 사적 영역에 속했던 경제활동은 독립되고, 사적 영역에는 오직 친밀성만 남게 되었다. 아렌트는 이로 말미암아 "사적인 것과 공적인 것을 구분하던 옛 경계선은 불분명해졌고, 두 용어의 의미와 이것이 개인과 시민의 삶에 대해 지녔던 중요성도 거의 식별할 수 없을 정도로 변했다"[39]고 말한다.

오늘날 사적 개인은 특정한 국민국가의 구성원으로서 생존을 위해 시장에서 상호 경쟁하며 자신의 권리를 확보하기 위해 독자적인 공론 영역을 구성한다. 이런 맥락에서 우리는 사회가 가정의 사적 영역, 시장 영역, 공적 영역, 그리고 국가 영역의 네 영역으로 구성되어 있다고 본다.[40] 여기서 사적 개인들이 가정, 시장, 국가와는 독립되어 공적인 문제를 논의하는 공적 영역이 바로 시민사회이다. 시민사회는 한편으로 자본주의와 산업화 덕택에 발전하여 독자적인 영향력을 발휘할 수 있게 되었지만, 다른 한편으로 국가와 시장을 견제하여 개인의 권리를 보장하고자 한다. 이런 맥락에서 우리는 시민사회를 "국가와 자발적인 조직으로 구성된 공적 영역,

---

38   한나 아렌트 지음·이진우 옮김, 『인간의 조건』, 한길사, 2017, 93/4쪽.
39   한나 아렌트 지음·이진우 옮김, 『인간의 조건』, 같은 책, 109쪽.
40   이에 관해서는 Thomas Janoski, *Citizenship and Civil Society*, 같은 책, 12-17쪽을 볼 것.

그리고 사기업과 노동조합과 관련된 시장 영역 사이의 역동적이고 호응적인 공적 담론의 영역"[41]으로 정의할 수 있다.

　국가와 가정 사이에 시장이 존재한다면, 이 모델은 거의 모든 현대국가에 적용될 수 있다. 이 모델은 사회를 잘 알려진 것처럼 상호 작용하는 네 영역으로 구분한다. 국가 영역, 사적 영역, 시장 영역 그리고 공적 영역이 그것이다. 이 네 영역들은 한편으로는 '상호 의존적'이고 다른 한편으로는 '상호 적대적'이다. 한 영역은 다른 세 영역이 제대로 기능할 때 비로소 작동하지만, 이 영역들 중 어느 하나가 지나치게 지배적이면 다른 영역들의 생존 능력을 훼손하기 때문이다.

도표: 시민사회의 구조

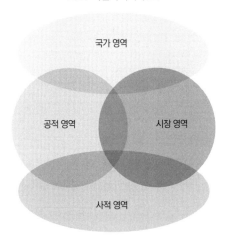

　첫 번째 두 영역, 즉 국가 영역과 가정의 사적 영역은 그렇게 복잡하지 않다. 국가 영역은 입법, 행적, 사법부의 조직들을 포괄한다. 국민국가로서의 정당성을 확보할 뿐만 아니라 국가 조직을 유지 및 관리하기 위하여

41　Thomas Janoski, *Citizenship and Civil Society*, 같은 책, 12쪽.

이루어지는 모든 활동들이 국가 영역에 속한다. 국가가 시장과 공적 영역에만 영향력을 미치는 것은 아니다. 오늘날 복지 국가는 인구 및 가족 정책뿐만 아니라 다양한 종류의 복지 정책을 통해 가정의 사적 영역에 지속적으로 간섭하고 있다. 사적 영역은 가정생활, 친구와 친지의 네트워크와 같이 친밀성(intimacy)과 관련된 영역이다. 사적 영역의 존립은 사유재산권과 사생활 권리에 의존하지만, 현대사회에서는 국가와 시장에 의해 다양한 형태의 영향을 받고 있다. 국가 체제와 경제 체제에 타당한 논리가 가정 영역에까지 침투해 들어갈 때에는 하버마스가 "생활세계의 식민지화"[42]라고 명명한 병리적 현상이 야기될 수 있다.

세 번째로 시장 영역은 재화와 서비스의 생산을 통해 소득과 부를 창조하는 일에 종사하는 사적 또는 몇몇의 공적 기구로 구성되어 있다. 모든 경제 활동을 포괄하는 이 영역은 증권시장, 노동조합, 상공연합, 소비자단체 등을 포함한다. 물론 노동자와 소비자의 권익을 증진시키기 위해 자발적으로 조직된 시민단체 및 조직들은 시장 영역에 영향을 주는 공적 영역으로 볼 수도 있다.

마지막으로 공적 영역은 시민사회에 관한 우리의 논의와 관련하여 가장 복합적인 영역이다. 그것은 사회의 구성원들이 보다 좋은 삶에 관한 공적 논의와 관련되어 있다는 점에서 매우 중요하지만, 그 영역을 구분하고 규정하는 것은 몹시 어렵다. 공적 영역은 사적인 개인들이 공적 논의를 하는 모든 활동을 포괄하지만 대체로 정당, 이해단체, 복지 연합, 사회 운동, 종교 단체 등을 포함한다. 비정부 기구로서 사적 개인들이 공적 논의를 하는 모든 조직은 공적 영역의 행위자라고 할 수 있다. 시민사회는 이렇게 공익에 관한 논의와 토론에 종사하는 공적 영역의 기구들로 구성되어 있다.

---

42 Jürgen Habermas, *Theorie des kommunikativen Handelns. Bd.2: Zur Kritik der funktionalistischen Vernunft* (Frankfurt am Main: Suhrkamp,1981), p.478.

    건강한 시민사회는 네 영역이 균형을 이루고 상호 견제하고 협력할 때 비로소 발전한다. 약한 시민사회는 대체로 우월한 국가 및 시장 영역의 지배를 받는다. 국가의 형성 자체를 최고 목표로 설정한 해방 이후 국가형성기와 산업화 단계를 거치면서 우리 사회는 국가와 시장이 과도하게 발전하였다. 국가 중심주의는 유가적 전통의 잔재인 체제 순응적 덕성과 맞물려 공적 논의를 활성화시킬 수 있는 공간을 확보하지 못하였으며, 급속도로 발전한 자본주의적 시장 논리는 사적 영역과 융합되어 '가족 이기주의'를 강화하였다. 공론 영역은 민주화 과정을 거치면서 비로소 국가와의 투쟁을 통해 점차 성장 발전하기 시작하였다. 그렇지만 우리의 시민사회는 여전히 체제 순응적 국가중심주의와 이기적 성장지향주의의 이중적 압박에 의해 왜곡되고 침식된 상태이다.

도표: 왜곡된 한국 시민사회의 구조

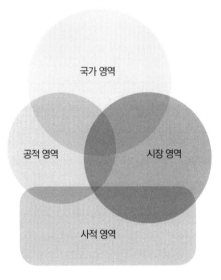

    성숙한 시민사회를 발전시키려면 결국 국가, 시장, 공동체의 관계를 균

형 있게 구성해야 한다. 개인들의 사적 영역은 사회의 토대일 뿐만 아니라 나머지 세 영역에 의해 영향을 받기 때문에 문제는 결국 국가, 시장, 공동체의 세 영역으로 좁혀진다. 성숙한 시민사회의 이 세 영역 또는 세 힘의 균형이라고 할 수 있다. 건강한 사회 질서를 구축하고 이 질서를 여러 제도들을 통해 안정화시키려면 이들 세 영역 중 어느 하나에만 의존할 수 없다. 국가, 시장 및 공동체 중 어느 하나만을 절대시하는 일원론적 사회구상은 다른 두 힘과 영역이 수행할 수 있는 사회적 기여를 무시하거나 파괴할 수 있다. 그뿐만 아니라 건강한 사회는 '시장-국가', '국가-공동체' 또는 '공동체-시장'처럼 세 영역 중에서 하나를 배제하고 나머지 두 영역의 결합만으로는 실행될 수 없다. 건강한 사회는 사회적 질서의 세 힘 모두를 필요로 하고, 이 세 힘들은 서로를 약화시키지 않는 방식으로 결합되어야 한다.

사회가 위기에 처하거나 그 토대가 취약할 때에는 세 힘들 중에서 어느 하나를 선택하여 집중 강화함으로써 당면 문제를 해결하려는 경향이 있다. 그러나 이러한 시도는 건강한 사회를 구성하는 세 축을 균형 있게 발전시키지 못하기 때문에 결국 자기 파괴적인 결과를 초래한다. 그러므로 건강한 사회는 사회적 질서의 세 요소들을 민주적으로 구성하고, 그 결합을 균형 있게 조율하는 것이다. 성숙한 시민사회의 과제는 바로 국가, 시장, 공동체를 균형 있게 조절하는 것이다.[43]

3.3. 혼합 시민사회의 건강과 병리적 현상

국가, 시장, 공동체의 조화로운 발전이 건강한 시민사회를 가져온다면, 세 힘의 불균형과 부조화는 사회병리적 현상을 야기한다. 문제는 시민사

---

43 이에 관해서는 Claus Offe, *Herausforderungen der Demokratie. Zur Integrations- und Leistungsfähigkeit politischer Institutionen* (Frankfurt/New York: Campus, 2003), 283쪽을 볼 것.

회의 세 축인 국가, 시장 및 공동체를 어떻게 혼합할 것인가로 압축된다. 시민사회는 시민의 힘을 통한 세 힘의 혼합(civic mix)이라고 할 수 있다. 시민사회의 기형과 왜곡은 세 힘의 불균형에서 초래되고, 이러한 불균형은 어느 힘을 과도하게 또는 과소하게 사용하기 때문에 일어난다. 시민사회의 오류는 여섯 가지 방향에서 이루어질 수 있다. 과도한 국가주의와 최소 정부주의, 과도한 시장 의존과 과도한 시장 억제, 과도한 공동체주의와 과도한 공동체 부정.[44]

첫째, 과도한 국가주의는 사회를 국가 중심으로 운영하는 패턴이다. 국가가 시장을 관리하고, 공동체를 지배한다. 소비에트 연방 시기에 실험되었던 국가사회주의는 과도한 국가주의의 전형적인 사례라고 할 수 있다. 현존 사회주의가 붕괴되고 1980년대 지배적이었던 케인즈주의의 쇠퇴로 인해 과도한 국가주의는 오늘날 개연성이 없는 것처럼 보인다. 그렇지만 건강한 시민사회의 발전을 위해서 우리는 과도한 국가주의에 내재한 경향을 파악할 필요가 있다. 과도한 국가주의는 거대 국가(big state)와 강한 국가(strong state)를 지향한다. 거대 국가는 예산 규모와 공무원 숫자로 볼 때 커다란 국가이다. 국가는 지나치게 클 수 있으며 동시에 비효율적일 수 있다. 과도하게 큰 국가가 생산하는 재화는 공공재이기보다는 오히려 국가 발전과정에서 형성된 정치 엘리트들의 국가계급이 독점적으로 향유하는 재화일 수 있다.

이에 반해 강한 국가는 시민사회 내에서 시민들의 삶과 기회에 중요한 영향을 미칠 수 있는 국가이다. 어떤 국가가 단지 거대국가인지 아니면 강한 국가인지를 평가할 수 있는 기준은 국가의 행정과 통치가 법적으로 보장된 시민들의 자유와 평등한 기회를 얼마나 보장하느냐에 달려 있다. 정의로운 시민사회의 발전에 기여하지 않는 강한 국가는 결국 시민사회를

---

44 이에 관해서는 Claus Offe, *Herausforderungen der Demokratie*. 같은 책, 285-293쪽을 참조할 것.

과두제적으로 통제함으로써 자신의 정당성을 스스로 파괴하는 병리적 결과를 초래한다.

둘째, 신자유주의의 과도한 공세와 국가 재정의 위기에 따른 국가의 통치역량의 쇠퇴 역시 사회병리적 현상을 야기한다. 근대 자유주의의 발전 과정에서 분명히 드러난 것처럼 국가는 시민들의 생명, 재산, 자유를 보장하기 위해 필연적으로 요청된다. 자본주의가 보편화된 오늘날 시장에서 활동하는 대부분의 시민들은 국가가 제공하는 학교 교육, 직업 훈련, 주택 정책, 사회적 안전 없이는 자신의 재산과 자유를 보존할 수 없다. 우리가 현대의 복지국가에서 기대하는 이런 서비스와 안전 보장이 존재하지 않는다면, 노동시장은 그야말로 폴라니가 말한 것처럼 사람들을 갈아 대중으로 만드는 "악마의 방앗간"(satanic mill)[45]으로 변한다. 이런 점에서 심각한 국가의 부재에서 기인하는 병리현상은 과도한 국가주의의 폐해만큼이나 위협적일 수 있다.

셋째, 과도한 시장 의존에 따른 오류. 가격을 통해 생산의 요소와 결과가 경쟁적으로 재분배되는 곳인 시장은 수요와 공급의 원칙에 따라 개인들의 욕망과 욕구에 호응한다. 헤겔이 시장을 "욕구의 체계"라고 간단히 정의한 것처럼 다양한 개인들은 시장에 경쟁적 경제행위를 통해 자신의 욕구를 충족시킨다. 그러나 시장의 논리라고 할 수 있는 효율성이 절대화되어 다른 영역까지 지배하면 상이한 목적과 논리를 갖고 있는 다른 영역들은 축소되거나 왜곡된다.

우리의 역사적 경험이 말해주는 것처럼 완전한 순수 시장은 결코 존재하지 않는다. 사회가 양극화 되면 될수록 많은 사람들이 시장의 이점을 향유할 수 없게 된다. 높은 실업률은 많은 사람들이 노동시장에서 배제되어

---

45 Karl Polanyi, *The Great Transformation. The Political and Economic Origins of Our Time* (New York: Farrar & Rinehart, 1944), "Part I: Satanic Mill".

쓸모없는 잉여존재가 될 수 있다는 것을 말해준다. 이러한 경향은 노동력을 대체하는 첨단 과학과 기술의 발전으로 더욱 더 심화되고 있다. 오늘날 우리가 목도하고 있는 많은 문제점들을 볼 때 시장은 자기 파괴적인 성향을 함축하고 있다. 정부가 간섭하지 않고 시장을 있는 그대로 내버려 두면, 시장에서 활동하는 합리적 행위자들은 다른 행위자들로부터 오는 경쟁적 위협을 피하기 위하여 카르텔과 독점을 추구한다. 이러한 현상들은 시장의 이상이라고 할 수 있는 선택의 자유를 파괴한다. 경쟁시장이 일단 작동하면, 역설적이게도 자유경쟁을 강요하는 국가와 같은 비(非)시장적 행위자가 존재하지 않고서는 시장은 계속 경쟁적일 수 없다. 그뿐만 아니라 시장은 환경비용처럼 시장이 야기하는 장기적 외부효과에 대해 눈을 감기 때문에 시장의 논리를 절대화하면 이런 결과를 해결할 수 있는 시민사회의 잠재력을 훼손하게 된다.

넷째, 시장의 힘을 과도하게 제한하면 사회는 점차 정체되고, 개인의 자유를 발전시킬 가능성을 수축시킨다. 근대 시민사회가 시장과 함께 발전했다는 역사적 사실에서 알 수 있듯이 시장은 여러 가지 유익한 기능을 갖고 있다. 우선, 시장에서 이루어지는 경제 행위는 대체로 비폭력적이고 평화적이다. 시장에서 서로를 실질적이고 잠재적인 교환의 파트너로 생각하는 사람들은 장기적인 관점에서 자기 이익을 추구하려면 결국 상대방을 배려할 수밖에 없다는 '계몽된 이기심'을 발전시킨다. 그뿐만 아니라 시장은 합리적인 개인들에게 욕구를 충족시킬 수 있는 다양한 기회를 제공하기 때문에 국가와 공동체의 통제로부터 벗어날 수 있는 해방의 잠재력을 갖고 있다. 이러한 시장 기능을 과도하게 축소한다면, 시민사회의 근본 전제조건인 자유와 평등이 심각하게 훼손될 수 있는 것이다.

다섯째, 공동체는 구성원들에게 공유된 가치를 통해 정체성을 부여하는 긍정적 기능을 갖고 있지만 과도한 공동체주의는 개인의 발전 기회를 박탈할 수 있다. 공동체주의는 일반적으로 개인의 권리보다는 공동체의 공공선에 우선성을 부여한다. 그러나 특정한 공동체에 대한 소속 여부를 통해 사회적 재화를 배분하는 과도한 공동체주의는 건강한 시민사회의 특징인 평등주의를 침해한다. 왜냐하면 공동체적 가치관은 대체로 특정한 집단의 특권을 정당화하는 경향을 갖고 있기 때문이다. 한국의 경우 근대화 과정을 통해 시장이 급속도로 발전했음에도 불구하고 전통적 가치관에 입각한 집단주의가 여전히 맹위를 떨치고 있는 것은 국가가 국민을 동원하기 위해 집단주의적 전통 가치를 강화하였기 때문이다.

여섯째, 공동체를 지나치게 부정하면 개인들이 정체성을 확보할 수 있는 자원을 박탈당하게 된다. 언어와 역사, 문화와 전통을 공유하는 공동체는 구성원들이 자신의 삶에 의미를 부여할 수 있는 자원을 제공한다. 가족, 종교 연합, 지역 공동체는 개인들이 공공선을 논의할 수 있는 공론 영역을 제공하고, 동시에 여기서 논의되고 형성된 공동선을 통해 개인들은 국가와 시장을 견제할 수 있는 힘을 얻게 된다. 오늘날 시민사회를 구성하는 공동체가 전통적으로 주어진 가치관을 단순히 수동적으로 수용하는 '장소의 공동체'에서 가치의 자율적 공유를 중시하는 '선택의 공동체'로 변하기는 하였지만, 시민사회에서 공동체의 의미는 결코 약화되지 않았다.

사회를 구성하는 국가, 시장 및 공동체의 관점에서 일어날 수 있는 여섯 가지의 오류와 사회 병리적 현상들은 오직 균형 잡힌 시민사회를 통해서만 해결될 수 있다. 우리는 어떻게 국가와 시장, 그리고 공동체를 균형 있게 조화시킬 수 있는가? 시민사회는 근본적으로 이 세 가지로 구성된 혼합 사회이다. 이런 관점에서 보면 한국의 시민사회는 과도한 국가주의와 시장의 급속한 팽창, 그리고 왜곡된 공동체주의가 결합하여 독특한 병리적 현상을 나타내고 있다. 국가 주도적 경제성장 정책은 경쟁적 효율성으로 대변되는 시장의 논리를 다른 영역에까지 확대하였다. 국가가 발전할 수 있다면 국민의 권리와 복지는 일정 정도 희생될 수 있다고 생각한 권위주의적 정권은 경제적-물질적 가치에 과도한 우선성을 부여함으로써 이기주의를 확대재생산하였다. 이러한 이기주의는 전통적 집단주의와 결합함으로써 공동선을 사회적으로 논의할 수 있는 공론 영역의 발전을 저해하였다. 과도한 국가주의이면서 국민의 생명과 안전이 달려 있는 위기의 상황에는 국가가 부재하는 모순, 시장은 급속도로 발전하였음에도 자신의 행위에 책임을 지는 개인주의보다는 물질적 성공과 사회적 상승만을 최고의 목표로 삼는 이기주의의 확산이라는 모순, 전통 유가적 가치에 토대를 둔 공동체주의를 지향하면서도 정작 공동선에 관한 논의는 회피하는 이기적 집단주의의 지배라는 모순. 성숙한 시민사회를 위해서 우리는 이 세 가지 모순을 극복하고 국가와 시장, 그리고 공동체를 균형 있게 결합해야 한다.

4. 성숙한 시민사회의 실천전략

우리는 최근 한국사회의 발전과정에서 축적되고 잠복해 있던 사회적 모순과 병리적 현상들이 한꺼번에 노출된 '사건'을 경험하였다. 2014년 4월 16일 세월호가 침몰하면서 476명 중 304명이 사망한 세월호 사건과 2016/17년 촛불혁명을 촉발한 최순실/박근혜에 의한 국정농단 사건이 그것이다. 많은 사람들이 한국사회는 세월호 사건 이전과 이후로 나뉠 것이라고 주장할 정도로 세월호 사건과 최순실 국정농단 사건은 한국사회의 온갖 모순을 표출하였을 뿐만 아니라 기형적으로 발전한 한국 시민사회를

성찰할 계기를 제공하였다.[46]

그렇다면 두 사건은 어떤 점에서 한국의 모순을 적나라하게 드러낸 것인가? 두 사건의 원인과 연관성에 관해서는 다양한 논의가 있을 수 있지만 한국사회의 발전과정에서 누적된 적폐의 노출이라는 점에서는 공통적이다. 두 사건은 한편으로는 경제성장을 최우선 목표로 설정한 신자유주의의 온갖 문제점을 드러냈으며, 다른 한편으로는 과도한 국가중심주의에도 불구하고 위기의 상황에서 정작 국가가 부재하였다는 역설적 모순을 폭로하였다.[47] 경제성장이라는 이름으로 지배적 독점자본과 가진 자들의 이익을 노골적으로 옹호하는 천박한 자본주의의 가장 극단적인 형태라고 할 수 있는 신자유주의는 경제적 성장과정에서 발생하는 모순과 문제점을 논의하고 해결할 수 있는 최소한의 공공성과 공론 영역마저 해체하였다.

우리가 최순실/박근혜 국정농단 사건을 접하면서 내뱉은 "이게 국가인가?"라는 한탄 속에는 세월호 사건을 통해 겪은 "국가의 부재"[48]의 경험이 짙게 배어 있다. 국가의 부재, 난파하는 대한민국, 멈춰진 국가, 국가의 실종과 같은 표현들은 예외 없이 '국가란 무엇인가?'를 성찰한다. 국가는 국민의 생명과 자유와 재산을 보호해야할 의무를 가지고 있음에도 국가가 위기의 상황에서 국민을 구조하지 않은 세월호 사건과 국가의 의사결정을 담당하는 최고위 정치 지도자들이 국가와 사회에 대한 책임감 없이 정치를 사유화한 최순실/박근혜 국정농단 사건은 이렇게 서로 연결되어 있다.

우리는 여기서 한국사회의 압축 성장 과정에서 누적된 적폐가 한꺼번에

---

46 김명희, 김왕배 엮음/ 김종엽 외 지음, 『세월호 이후의 사회과학』, 그린비, 2016, 5쪽.

47 이에 관해서는 서재정 외 지음, 『침몰한 세월호, 난파하는 대한민국. 압축적 근대화와 복합적 리스크』, 한울아카데미, 2017; 이재열 외 지음, 『세월호가 묻고 사회과학이 답하다』, 도서출판 오름, 2017; 민주화를 위한 전국교수협의회 엮음, 『신자유주의와 세월호 이후 가야할 나라』, 앨피, 206; 서울대학교 사회발전연구소 기획/장덕진 외 지음, 『세월호가 우리에게 묻다』, 한울아카데미, 2015; 인문학협동조합 기획/노명우 외 지음, 『팽목항에서 불어오는 바람』, 현실문화연구, 2015를 참조할 것.

48 김동춘, "국가부재와 감정정치. 세월호 참사 이후의 한국사회", 인문학협동조합 기획/노명우 외 지음, 『팽목항에서 불어오는 바람』, 현실문화연구, 2015, 155-190쪽.

드러난 두 사건의 원인을 직시할 필요가 있다. "압축적 근대화와 복합적 리스크"[49]라는 말은 이 사건의 특징을 잘 말해준다. 압축적 근대화 과정에서 경시되거나 무시된 공공성과 사회적 책임은 효율성 향상과 이윤 극대화라는 신자유주의와 접목하면서 심화되고 가속화되었다. 국가는 오로지 경제성장을 통해서만 정당화되었기 때문에 경제성장은 국가 정당성의 도구였다. 이렇게 국가 권력과 경제 권력이 병적으로 결합하여 경제 발전이라는 목표만을 향해 전력 질주하는 과정에서 국민은 언제나 동원의 대상이자 권력에 복종해야 하는 존재였기 때문에 권리의 주체인 시민으로 발전할 수 없었다. 근대화에 대한 맹목적 믿음과 경제 성장 중독증은 결국 압축적 근대화의 여러 모순을 성찰할 수 있는 공론영역의 발전을 저해하였다.

우리는 근대화 과정에서 수많은 사고를 겪었기 때문에 이 두 사건을 발전과정에서 필연적으로 발생할 수밖에 없는 사고로 치부할 수도 있다. 그러나 우리는 이 사고가 결국은 건강한 시민사회의 특성인 자기 성찰의 결여에서 기인한다는 점을 깨닫게 되었다. 이 두 사고가 사건인 것은 한편으로는 압축 성장의 모순들을 폭발적으로 노출시키고, 다른 한편으로는 사회 전반에 관한 심각한 자기 성찰의 계기를 부여하였기 때문이다. 이렇게 두 사건은 공통적으로 사회적 자기성찰과 공론영역의 중요성을 부각시킨다.

그렇다면 우리는 어떻게 무너진 공공성을 회복하고, 병적으로 비대해진 국가 권력과 시장 권력에 대항하여 사회를 성찰할 수 있는 공론 영역을 균형 있게 구성할 수 있는가? 요건은 공론 영역을 활성화함으로써 성숙한 시민사회를 구성하는 것이다. 압축 성장으로 야기된 한국 시민사회의 문제점이 '시민이 없는 국민국가'와 '개인이 없는 시민사회'로 압축된다면, 우리는 자신의 권리와 의무를 의식하고 공동의 관심사에 적극 참여하는

---

49   서재정, "세월호의 침몰, 한국의 침몰: 압축적 근대화와 복합적 리스크", 서재정 외 지음, 『침몰한 세월호, 난파하는 대한민국. 압축적 근대화와 복합적 리스크』, 한울아카데미, 2017, 11-54.

진정한 개인을 양성함으로써 비로소 성숙한 시민사회를 발전시킬 수 있다. 전통 유가적 가치관이 지배적인 한국사회에서 개인 또는 개인주의는 여전히 이기주의와 혼동되거나 반사회적인 태도로 오해받고 있지만, 서구의 시민사회가 그런 것처럼 건강한 시민사회는 자율권과 사회적 책무로 무장한 성숙한 개인들로 구성되어 있다고 해도 과언이 아니다. 자유 민주주의가 전제하고 또 추구하는 해방적 가치가 비이기적 행위의 동기가 된다는 것은 이미 잘 알려진 사실이다.[50]

그렇다면 우리는 어떻게 개인의 이익을 추구하면서도 동시에 공공성을 지향하는 성숙한 개인이 될 수 있는가? 성숙한 시민사회의 특징은 무엇인가? 사회를 구성하는 네 가지 요소 또는 영역인 국가, 시장, 공동체와 사적 영역을 고려할 때 우리는 건강한 시민사회를 구성하는 성숙한 시민의 조건이 세 가지라고 생각한다. 첫째는 사적인 것과 공적인 것의 구별이며, 둘째는 권리와 의무의 조화이고, 그리고 마지막으로 시장(the market)과 광장(the forum)의 균형이다.

첫째, 건강한 공론영역, 즉 시민사회를 발전시키기 위해서는 공적인 것과 사적인 것을 구별하는 덕성을 함양해야 한다. 세월호 사건과 최순실 국정농단 사건으로 드러난 한국사회의 문제점은 대체로 "공공성을 상실한 한국 자본주의의 위기"[51]로 진단된다. 시민사회의 토양이 약한 한국사회에서는 책임과 권위를 기반으로 한 공론이 형성되기 어렵기 때문에 거의 모든 생활 영역을 지배하는 시장 논리에 대항하기 어렵다는 것이다. 우리가 한국이 심각한 공공성 위기에 직면해 있다는 사실에 대체로 동의한다면, 공공성의 기반을 공고히 하기 위해서는 "실질적인 참여가 가능하도록

---

50 이에 관해서는 Christian Welzel, *Freedom Rising. Human Empowerment and the Quest for Emancipation* (New York: Cambridge University Press, 2013), 11쪽.

51 이종구, "안전 사회와 공론장의 형성", 민주화를 위한 전국교수협의회 엮음, 『신자유주의와 세월호 이후 가야할 나라』, 같은 책, 267-287쪽 중에서 271쪽.

제도를 마련하고, 모든 사람이 접근가능한 공개적이고 투명한 공론장을 구성"[52]해야 한다.

그렇다면 어떻게 공공성을 강화할 수 있는가? 만약 공공성이 우리가 속해 있는 공동체에 대한 집합적 정체성을 갖고 공공성의 문제에 헌신하고자 하는 시민적 덕성이라고 한다면, 우리는 어떻게 이러한 시민적 덕성을 함양할 수 있는가? 우리는 압축 근대화 과정에서 성장, 개인의 성공 및 물질적 부의 축적을 최고의 가치로 설정하였다. 이 과정에서 사회관계는 사적 이익을 극대화할 수 있는 시장으로만 이해되었다. 견제 없는 사적 이익의 추구는 공동체적 사회관계를 단순한 경제적 교환관계로 축소시킨 것이다. 이러한 시장중심주의는 공동의 문제 역시 효율성과 이윤추구라는 경제적 관점에서 해결하려는 경향을 강화하였고, 이는 결국 '무엇이 공동의 문제인가?'라는 공공성의 인식을 저해하고 문제 해결 방식마저 왜곡시켰다.

공공성의 회복을 위해서 무엇보다 필요한 것은 시장 논리로 해결될 수 없는 공동의 문제가 있다는 것을 인식하고, 사적인 것과 공적인 것을 구별하는 것이다. 우리는 우선 공적인 영역이 경제적 필요 욕구를 충족시키는 시장 영역과는 근본적으로 다른 자유의 영역이라는 점을 인식할 필요가 있다. 우리가 공적 영역에서 사회관계를 맺는 것은 시민으로서 자유와 평등을 실현하기 위해서이다. 자유와 평등은 사람들을 결집시키고 관계를 맺어주는 민주적 공동선이다. 이윤을 자유롭게 추구하려는 시장논리는 사람들의 관계를 분리시킨다면, 자유와 평등의 공동선은 사람들이 자신의 정체성을 유지하면서도 함께 살아갈 수 있는 공동세계를 구성한다. 이런 점에서 공공성은 시장의 영향력에 대한 사회적 견제력이다.

둘째, 성숙한 시민사회의 구성원인 시민은 권리와 의무를 조화시켜야

---

52 구혜란, "문제는 공공성이야", 서울대학교 사회발전연구소 기획/장덕진 외 지음, 『세월호가 우리에게 묻다』, 같은 책, 83-108쪽 중에서 106쪽.

한다. 특정한 공동체에서 시민들이 누리는 권리는 대체로 저항과 투쟁의 산물이다. 시민권은 근본적으로 특정한 국가 공동체에 대한 소속의 권한이며, 이로 인해 주어지는 권리들을 포괄한다. 그러므로 시민권은 특정한 정치적 공동체에 대한 참여를 전제한다. 시민권이 확대되는 과정을 살펴보면, 공동체에 대한 참여로부터 배제된 사람과 집단들이 공동체에 포함되는 과정으로 이해된다. 군주와 귀족만 참여하였던 정치적 공동체에 새롭게 부상한 시민들이 참여하고, 시민 자격이 주어지지 않았던 여성과 소수 집단이 참여하게 된다. 이러한 사실로부터 우리는 형식적으로는 모든 시민에게 동일한 권리가 주어졌다고 할지라도 실제로는 정치적 참여로부터 배제되어 시민권을 보장받지 못하는 사람과 집단이 있을 수 있다는 것을 미루어 짐작할 수 있다.

권리는 항상 권리 주장의 형식으로 확보되기 때문에 사람들이 과도하게 권리만을 주장한다고 생각할 수 있다. 한국사회에서 시민들의 권리 주장이 과격한 시위와 사회 운동과 연결되는 것은 이 때문이다. 압축적 경제성장만큼이나 짧은 시간 안에 이루어진 압축적 민주화 과정은 공동체에 대한 의무를 배제한 권리 의식을 강화한 측면이 없지 않다. 이런 측면에서 사람들은 '탐욕스러운 시민'과 권리 주장의 과잉을 한탄할 수 있다. 몇몇 보수적 정치인은 과잉 민주주의가 문제라고 지적함으로써 과도한 권리주장이 민주주의의 폐해라고 노골적으로 불만을 토로한다. 이렇게 주장하는 사람들이 과연 공동체에 대한 책무를 성실히 수행하고 있는지도 의문이지만, 이는 역설적으로 우리가 정치적, 도덕적 의무를 갖고 기여해야 할 공동체가 제대로 수립되지 않았다는 것을 보여준다.

물론 권리는 그것이 실제로 존립할 수 있도록 해야 할 의무를 전제한다. 모든 사람들이 권리만을 주장할 뿐 권리를 가능하게 하는 정치적 공동체에 대한 의무를 갖지 않는다면, 권리는 제대로 실현되지 않는다. "시민권은 권리를 보호한다는 이유로 언급되지만, 시민권에 상응하는 의무들 역시 무시될 수 없다."[53] 권리는 실제로 국가가 지원하는 의무를 통해 장려되고 유지된다. 복지국가가 구성원들에게 기초적인 삶을 보장해준다면, 복지의 수혜자는 스스로 일을 찾아야 할 의무를 지닌다. 자유 시장으로부터 많은 혜택을 받는 사람들은 지속가능한 시장 질서를 위해서도 이로부터 배제된 사람들을 배려할 의무가 있다.

여기서 우리는 권리에 대한 두 가지 태도를 구별할 수 있다. 하나는 권리에 대한 능동적 수락(accepting)이다. 권리를 획득하기 위해 노력한 사람은 한편으로 권리의 혜택을 누리면서도 다른 한편으로는 이에 따른 의무를 인정한다. 다른 하나는 권리에 대한 수동적 수용(receiving)이다.[54] 권리의 이익을 인정하지 않고 단지 수동적으로 받아들이는 사람들은 이에 따른 의무를 수행하지 않는다. 우리가 오늘날 누리고 있는 대부분의 권리들은 민주화 투쟁의 산물임에도 불구하고 민주화 운동을 한 사람들을 폄훼한다면, 그것은 권리라는 민주화에 기여하지 않으면서 공공선의 혜택은 누리는 무임승객과 같다고 할 수 있다. 이런 태도는 결국 건강한 공동체의 형성을 방해한다. 그러므로 성숙한 시민사회를 발전시키려면 권리와 의무를 조화시킬 수 있는 시민의 덕성을 장려해야 한다.

끝으로, 성숙한 시민사회를 발전시키려면 '시장'(the market)과 '광장'(the forum)의 균형을 이루어야 한다.[55] 견제 없는 사적 이익의 추구에 중독되어 있는 한국사회의 시민들은 대체로 스스로를 시장의 구성원으로 생각하는 경향이 있는 것처럼 보인다. 많은 사람들은 다른 사람들과의 경제적 교환 행위를 통해 사적 이익을 추구하는 곳이 사회라고 생각한다. 이

---

53 T.H. Marshall, *Class, Citizenship and Social Development* (Chicago: University of Chicago Press, 1964), 123쪽.

54 Thomas Janoski, *Citizenship and Civil Society*, 같은 책, 59쪽.

55 이에 관해서는 Richard Dagger, *Civic Virtues. Rights, Citizenship, and Republican Liberalism* (New York, Oxford: Oxford University Press, 1997), 104-108쪽을 참조할 것.

처럼 사회가 시장으로 인식된다면, 공동체가 들어설 자리는 없다. 자유 민주주의와 신자유주의가 지배적인 상황에서 공동체에 대한 참여와 시민의 덕성을 강조하는 공화주의적 전통은 약화될 수밖에 없다.

만약 우리가 공동체를 시장으로 축소시켜 이해하면, 시민은 단순한 소비자로 이해될 수 있다. 시민들은 법으로 보장된 권리들의 소비자가 된다. 국가는 사적 영역에서 뿐만 아니라 공적 영역에서 자신의 이익을 추구할 개인의 권리를 보장한다. 이런 관점에서 보면 공동체의 윤리적, 통합적 성격과 시민의 덕성은 무의미해진다. 시민들이 어떤 삶을 좋은 삶으로 생각하든, 어떤 가치관과 선호체계를 가지고 있든, 국가는 시민들의 권리만 보장하면 되기 때문이다. 이처럼 사회를 시장으로 보는 관점을 따르면 정치의 목적은 개인의 선호체계를 조정하는 것이다.

이에 반해 정치적 공동체는 시민들의 적극적인 참여를 통해 비로소 올바른 사회의 목적과 방향을 결정해야 한다는 입장은 사회를 일종의 '광장'(the forum)으로 파악한다. 이 입장에 따르면 정치의 목적은 시장의 논리를 견제함으로써 시민들의 선호체계를 변화시키는 것이다. 간단히 말해 광장은 시민들의 참여를 통해 비로소 사회에 관한 올바른 가치관을 정립하고 이에 따라 정의로운 사회를 구현하려고 노력한다.

이런 관점은 몇 가지 이유에서 설득력을 가진다. 사회를 시장으로 파악하는 정치-경제적 관점은 시민들의 선호체계가 주어졌다고 판단하지만, 시민들의 선호체계는 실제로는 다양하다. 경제적으로 궁핍했을 때는 많은 사람들의 가치관은 생존에 초점이 맞춰져 있을 수 있다. 그렇지만 경제적 빈곤으로부터 해방되어 어느 정도의 물질적 풍요를 이루면 사람들의 가치관은 변화한다. 축구보다 야구를 더 좋아할 수 있고, 맥주보다 포도주를 더 좋아할 수 있다. 이처럼 사람들은 바람직한 사회에 관한 자신들의 가치관과 선호체계를 바꿀 수 있다. 그뿐만 아니라 시장은 사실 다양한 개인들을 결집시키지 못한다. 우리는 시장이 요구하는 것처럼 결코 우리의 욕구와 선호체계에 중립적일 수 없기 때문이다. 끝으로, 시장은 시민들을 통합할 수 있는 어떤 자원도 제공하지 못한다. 결국, 시장은 우리를 사적 이익을 추구하는 합리적 행위자로 축소하여 공동체에 기여할 수 있는 기회를 박탈한다. 이에 반해 광장은 개인들을 시장에서 활동할 뿐만 아니라 이를 넘어서 자신의 가치를 추구하고 동시에 공동체에 기여할 수 있는 시민으로 파악한다. 한국사회의 기형성이 광장에 비해 시장의 과도한 성장에서 기인한다면, 우리는 이를 견제할 수 있는 민주적 광장을 발전시켜야 한다.

우리가 2016/17년 경험한 촛불혁명은 우리 사회의 발전에 획기적인 전환을 가져올 것이다. 그것은 압축적 근대화와 민주화 과정에서 누적된 모순과 문제점들을 일거에 드러내고 동시에 이를 성찰할 수 있는 기회를 제공하였기 때문이다. '광장 민주주의'는 결코 대의 민주주의의 한계를 보완하는 것만은 아니다. 여기서 광장은 반드시 수백만 또는 수천만 명의 시민이 모이는 광화문 또는 시청 앞 광장만을 의미하는 것은 아니다. 고대 그리스의 아고라나 로마의 포럼처럼 다양한 사람들이 자신의 의견과 입장을 표명할 수 있는 곳이면 어디든 광장이 된다. 그것은 시민단체의 토론장일 수도 있고, 인터넷의 사이버 공간일 수도 있다.

광장은 시민들이 공동선과 공동체의 문제점에 관한 자신의 의견을 공개적으로 표명하고 또 이러한 담론을 통해 공공성을 강화한다는 점에서 민주주의의 전제조건이다. 그러므로 광장의 진정한 의미는 자유로운 의사 표현과 토의를 가능케 하는 공론영역의 지속적인 재생산에 있다.[56] 우리는 2016/17년의 촛불시위가 공론영역의 민주적 의미와 기능을 다시 한 번 성찰하게 된 계기였다고 생각한다. 공공의 문제를 논의할 수 있는 언로가 막히거나 권력에 의해 왜곡되면, 광장은 언제든지 공론영역을 회복하

---

56 이에 관해서는 이진우, 『이성정치와 문화민주주의』, 한길사, 2000, 172-179쪽을 참조할 것.

고 활성화하려는 시민들에 의해 재구성되어야 한다. 이러한 시민혁명은 공과 사를 구별하고, 권리와 의무를 조화시키고, 시장과 광장을 균형 있게 발전시킴으로써 성숙한 시민사회를 실현하는 민주적 시민의식을 폭발적으로 확장할 것이다. 국가가 형성되고 시장이 활성화됨으로써 탄생하기 시작한 시민들이 공동체의 구성원으로서 자신의 권리와 의무에 눈을 뜰 때 비로소 책임 있는 개인으로 발전하기 시작할 것이다. 성숙한 개인들만이 건강한 시민사회를 만든다.

참고문헌

Dagger, Richard, *Civic Virtues. Rights, Citizenship, and Republican Liberalism* (New York, Oxford: Oxford University Press, 1997).

Ehrenberg, John, *Civil Society. The Critical History of an Idea* (New York and London: New York University Press, 1999), 234.

Habermas, Jürgen, *Strukturwandel der Öffentlichkeit. Untersuchungen zu einer Kategorie der bürgerlichen Gesellschaft* (Frankfurt am Main: Suhrkamp, 1990).

Habermas, Jürgen, *Theorie des kommunikativen Handelns. Bd.2: Zur Kritik der funktionalistischen Vernunft* (Frankfurt am Main: Suhrkamp,1981).

Inglehart, Ronald and Christian Welzel, *Modernization, Cultural Change, and Democracy: The Human Development Sequence*, New York: Cambirdge University Press, 2005.

Janoski, Thomas, *Citizenship and Civil Society. A Framework of Rghts & Obligations in Liberal, Traditional, And Social Democratic Regimes* (Cambridge: Cambridge University Press, 1998).

Locke, John, "Second Treatise on Government," in *Two Treatises on Government*, ed. Peter Laslett (New York: Cambridge University Press, 1960).

Luther, Martin, "The Freedom of a Christian," in Martin Luther: *Selections from His Writings*, ed. John Dillenberger (New York: Doubleday, 1962).

Machiavelli, Niccolò, *The Doscourses*, trans. Leslie J. Walker, ed. Bernard Crick (New York: Penguin, 1970).

Marshall, T.H., *Class, Citizenship and Social Development* (Chicago: University of Chicago Press, 1964).

Offe, Claus, *Herausforderungen der Demokratie. Zur Integrations- und Leistungsfähigkeit politischer Institutionen* (Frankfurt/New York: Campus, 2003).

Polanyi, Karl, *The Great Transformation. The Political and Economic Origins of Our Time* (New York: Farrar & Rinehart, 1944).

Przeworski, A., M. Alvarez, J.A. Cheibub and F. Limongi, "What Makes Democracies Endure?" *Journal of Democracy*, Vol. 7, No. 1(1996), pp.39-55.

Smith, Adam, *An Inquiry into the Nature and Causes of the Wealth of Nations*, ed. Kathryn Sutherland (Oxfort: Oxford University Press, 1993).

Somers, Margaret, "Citizenship and the Place of the Public Sphere," *American*

Sociological Review 58(1993), pp.587-620.

Tocqueville, Alexis de, Democracy in America (New York: Random House, 1990), 1:40 을 참조할 것.

Walzer, Michael, "Membership," Shlomo Avineri and Avner de-Shalit(eds.), Communitarianism and Individualism (Oxford: Oxford University Press, 1992), pp.65-84.

Welzel, Christian, Freedom Rising. Human Empowerment and the Quest for Emancipation (New York: Cambridge University Press, 2013).

구혜란, "문제는 공공성이야", 서울대학교 사회발전연구소 기획/장덕진 외 지음, 『세월호가 우리에게 묻다』, 한울아카데미, 2015, 83-108쪽.

김동춘, "국가부재와 감정정치. 세월호 참사 이후의 한국사회", 인문학협동조합 기획/노명우 외 지음, 『팽목항에서 불어오는 바람』, 현실문화연구, 2015, 155-190쪽.

김명희, 김왕배 엮음/ 김종엽 외 지음, 『세월호 이후의 사회과학』, 그린비, 2016.

민주화를 위한 전국교수협의회 엮음, 『신자유주의와 세월호 이후 가야할 나라』, 앨피, 206.

서울대학교 사회발전연구소 기획/장덕진 외 지음, 『세월호가 우리에게 묻다』, 한울아카데미, 2015.

서재정 외 지음, 『침몰한 세월호, 난파하는 대한민국. 압축적 근대화와 복합적 리스크』, 한울아카데미, 2017.

서재정, "세월호의 침몰, 한국의 침몰: 압축적 근대화와 복합적 리스크", 서재정 외 지음, 『침몰한 세월호, 난파하는 대한민국. 압축적 근대화와 복합적 리스크』, 한울아카데미, 2017, 11-54쪽.

송호근, "시민민주주의의 미시적 기초 — 시민성, 공민, 그리고 복지", 김우창, 송복, 송호근, 장덕진, 『한국사회, 어디로?』, 박태준미래전략연구총서 6, 아시아, 2017, 7~95쪽.

송호근, 『나는 시민인가. 사회학자 송호근, 시민의 길을 묻다』, 문학동네, 2015, 396쪽.

송호근, 『시민의 탄생. 조선의 근대와 공론장의 지각변동』, 민음사, 2013.

애덤 스미스, 『국부론』, 상, 김수행 역, 비봉출판사 2013.

위르겐 하버마스/한승완 역, 『공론장의 구조변동. 부르주아 사회의 한 범주에 관한 연구』, 나남출판, 2001.

이재열 외 지음, 『세월호가 묻고 사회과학이 답하다』, 도서출판 오름, 2017.

이종구, "안전 사회와 공론장의 형성", 민주화를 위한 전국교수협의회 엮음, 『신자유주의와 세월호 이후 가야할 나라』, 같은 책, 267-287쪽.

이진우, "시민사회와 사회국가. 헤겔의 사회계약론 비판을 중심으로", 한국사회·윤리연구회 편, 『사회계약론 연구』, 철학과현실사, 1993, 139-169쪽.

이진우, 『이성정치와 문화민주주의』, 한길사, 2000, 172-179쪽.

인문학협동조합 기획/노명우 외 지음, 『팽목항에서 불어오는 바람』, 현실문화연구, 2015.

장덕진, "데이터로 본 한국인의 가치관 변동: 김우창, 송복, 송호근의 양적 변주", 『한국사회, 어디로?』, 같은 책, 298-350쪽.

전상훈, 『촛불시민혁명 승리의 기록』, 깊은샘미디어, 2017.

정상호, 『한국시민사회사. 산업화기 1961~1986』, 학민사, 2017.

주성수, 『한국시민사회사. 민주화기 1987~2017』, 학민사, 2017.

한나 아렌트 지음·이진우 옮김, 『인간의 조건』, 한길사, 2017.

한홍구, 『광장, 민주주의를 외치다』, 창비, 2017.

전상인(서울대학교 환경대학원 교수, 사회학)

1958년 생. 미국 브라운대학에서 사회학 박사학위를 받음. 한림대 사회학과 교수,
워싱턴주립대 방문교수, 한국미래학회 회장 역임. 현재 서울대 환경대학원 교수.
저서로 『공간으로 세상읽기: 집, 터, 길의 인문사회학』『편의점 사회학』『아파트에
미치다: 현대한국의 주거사회학』『우리 시대의 지식인을 말한다』『고개 숙인 수정
주의: 한국현대사의 역사사회학』『세상과 사람 사이』등이 있음.

'마음의 습관'과 한국의 민주주의

'마음의 습관'과 한국의 민주주의

1. 민주주의 코스프레

박근혜 대통령을 탄핵으로 이끈 2016~17년 이른바 광화문 촛불시위는 한국의 민주주의에 대해 많은 생각을 하게 만든다. 탄핵을 통해 소기의 목적을 달성한 쪽의 입장은 물론 광장민주주의를 예찬하고 촛불민주주의를 찬미하는 것이다. 대표적으로 문재인 대통령은 2017년 8월 20일에 열린 신정부 출범 100일 기념 국민인수위원회 대국민보고에서 "국민은 간접민주주의로는 만족하지 못한다"면서 "직접 촛불을 들어 정치적 표시를 하고 댓글을 통해 직접 제안하는 등 직접민주주의를 국민이 요구하고 있다"고 말했다. 광화문 촛불시위야말로 한국 민주주의의 새로운 희망이라는 취지다.

명망 높은 학자들 가운데 이와 같은 논리에 동조하는 경우가 적지 않다. 예컨대 임혁백 교수는 이렇게 말한다. "촛불혁명은 참여민주주의의 승리다. 촛불혁명은 동아시아 최초의 명예혁명이다...시민 1700만 명이 거리에 나와 (박근혜 대통령에 대한) 탄핵을 요구했고, 의회가 시민의 요구를 수용했다....광장민주주의와 대의민주주의가 조화를 이룬 결과로, 나는 '융합(Heterarchy) 민주주의'라 부른다. 참여민주주의의 승리이자 법치주의 승리였다."[1] 다음과 같이 말하는 송호근 교수의 평가도 이와 비슷하다. "시민들은 민주주의의 문법에 무지했던 대통령의 '군주의 시간'을 중단시켰다...'국가의 시대'가 마감되고 '시민의 시대가 열렸다'(송호근, 2017). 박명림 교수에 의하면 촛불혁명은 6월항쟁 이후에 가장 큰 정치적 격변이고 역사적 사건이다. 그는 4.19혁명, 광주민주화운동, 6월항쟁이 밑으로부터의 저항을 통해 민주주의를 복원했다면, 이번 촛불혁명은 민주주의 체제하에서 길을 잃었던 공화국의 가치를 복원시킨 사건이었다고 평가한다.[2]

하지만 한국의 촛불민주주의에 대한 외부적 시선 가운데는 이와 사뭇 다른 관점을 취하는 경우가 많다. 대표적으로 35년 동안 한국에 생활했다는 어떤 외신 기자는 광화문 촛불집회를 직접 경험한 다음, 국민이 '분노한 신'(Wrathful God)이 되어버린 한국의 현실이 민주주의를 오히려 위태롭게 할지 모른다고 진단했다. 한국인들이 '우리 국민'(We the People)의 이름으로 '민심'(public sentiment)을 말하는 것은 사실상 '대중감정'(emotion of the masses)이나 '군중 열정'(mob passion)에 가깝다는 것이다.[3] 세계적으로 명성이 높은 민주주의 이론가 필립 슈미터(Philippe Schmitter) 유럽대학연구소 교수는 "대규모 군중의 참여가 바로 참여민주주의를 의미하지는 않는다"고 진단하면서, 참여민주주의가 승리한 것이 아니라 또 다른 정치세력이 권력을 잡았을 뿐이라고 평가했다.[4] 스탠퍼드대학의 래리 다이어몬드(Larry Diamond) 교수 역시 "가장 목소리 큰 세력, 가장 잘 조직화된 세력"에 의해 민의가 왜곡되는 경향에 따라 상시적인

1   임혁백, 필립 슈미터 대담, 《중앙일보》, 2017.6.30.
2   윤여준, 박명림 대담, 《프레시안》, 2017. 2016.6.12.
3   Michael Breen, "In Korean Democracy, the People are a Wrathful God," Foreign Policy, Dec, 2016
4   임혁백, 필립 슈미터 대담, 《중앙일보》, 2017.6.30.

시위는 한국 민주주의에 독이 될지도 모른다고 경고했다.[5]

　이와 같은 외부 평가보다 훨씬 더 충격적인 것은 촛불혁명 이면에 드러나고 있는 우리사회의 실제 민낯과 속살이다. 오늘날 우리가 하루하루 살아가는 모습은 촛불혁명이 벌어졌던 당시 우리들의 무용담과 너무나 딴판이다. 아래는 이와 관련된 최근에 눈에 띤 몇몇 언론기사들이다.

　장애인 엄마인 장민희(46·여)씨는 지난 5일 서울 강서구 한 초등학교에서 열린 '강서지역 공립 특수학교 신설 주민토론회'에서 학교를 짓게 해달라고 호소하며 지역민들 앞에 무릎을 꿇었다. 이에 지역주민 일부는 "쇼하지 마라" "짜고 치는 고스톱"이라고 야유했다....반대 이유는 지역 땅값에 대한 우려와 관련되어 있다... 비영리단체인 '강서장애인 가족지원센터'에서 활동 중인 장씨의 딸은 이미 일반고를 졸업한 후라 특수학교가 생겨도 다니지 않는다...서울에선 지난 15년간 공립 특수학교가 한 곳도 신설되지 못했다"
　　　　　　　　　　　　　　　　　　　　　　(중앙일보 2017.9.9. 기사 재구성)

　4~5년 전 가수 싸이가 부른 '강남 스타일'이 크게 유행했다. 뮤직비디오에 나와 춤을 추던 여덟 살 소년이 '리틀 싸이'로 불리며 인기를 끌었다. 그런데 아이 엄마가 동남아인이라는게 알려지자 고약한 댓글이 돌았다. '열등 인종 잡종,' '뿌리부터 쓰레기,' '다문화 XX'...아이와 부모가 받았을 상처를 생각하면 억장이 눌린다
　　　　　　　　　　　　　　　(안석배 "한국인의 인종차별" 조선일보, 2017.4.5.)

　서울의 한 명문 사립대에서 학교 측이 '장애인 접근이 어려운 강의실' 리스트를 실수로 잘못 만들었다... 휠체어를 탄 장애인 학생 A씨는 계단이

5　《조선일보》, 2017.8.16.

설치된 일반 강의실에서 수업을 받을 수밖에 없는 상황이 되었다... 장애
인 학생이 학교 장애학생지원센터에 강의실 변경을 요청하였지만 일부
수강생들이 강의실 거리가 멀어졌다며 이를 거부했기 때문이다....이에
담당교수가 "장애학생이 이동 시간 때문에 수업 앞뒤로 빼먹는 부분에
대해 따로 보충수업을 해 주겠다"는 절충안을 내놓았다... 그러나 며칠
뒤 A씨는 학교 온라인 커뮤니티에서 '비양심 민폐 장애인'이라는 오명을
뒤집어썼다....미리 강의실 확인도 하지 않고 수강신청을 한 주제에 교수
로부터 1:1 보충수업을 받는 것은 불공평하다는 이유였다

(조선일보 2017.4.5. 기사 재구성)

서울 영등포구 여의도한강공원에서 열린 '2017 세계불꽃축제'가 화려
하게 막을 내렸다. 그러나 일부 시민들이 공원에 쓰레기를 버리고 가는
비양심 행위는 올해도 반복됐다. 행사 주최측과 서울시, 대학생 봉사단
원까지 쓰레기 봉투를 나눠주고, 지정된 장소에 쓰레기를 버려 달라고
호소했으나 '귀를 막은' 시민들에게는 소용없었다...축제가 끝난 뒤 시
민들이 떠난 자리엔 쓰레기만 나뒹굴었다. 공원 잔디에는 시민들이 '일
회용'으로 쓰고 간 돗자리와 텐트, 비닐봉투, 과자봉지, 음료수병 등이
어지럽게 널려있었다. 치킨, 컵라면, 마시다 만 맥주 등 음식물도 방치
하고 가 잔디가 훼손됐다. 계단이나 통행로에도 쓰레기들이 떨어져 있
긴 마찬가지였다. 특히 가로등이나 가로수 등 '기둥'이 될 만한 곳 주변
엔 어김없이 쓰레기로 '산'을 이뤘다....1Km를 걷는 30분 동안 '쓰레기
산' 30여 개를 목격했다

(아시아경제, 2017.9.30.).

바로 이것이 촛불민주주의를 전 세계에 과시한 대한민국 민주주의의
'불편한 진실'이다. 이를 두고 '광장 민주주의'와 '일상 민주주의' 사이의

괴리라고 말해도 좋을 것이고, '큰 민주주의'와 '작은 민주주의' 사이의 간극이라고 불러도 무방할 것이다. 한국인들이 민주주의라는 말을 처음 접한 지 한 세기가 넘었고, 민주주의를 국시(國是)로 도입한 것도 70년째다. 촛불민주주의가 한국을 대표하는 민주주의 브랜드로 자리 잡게 된 역사도 결코 짧지 않다. 그럼에도 우리에게 민주주의란 여전히 "가까이 하기에 너무나 먼 당신"이다. 열망과 실천이 별도이고 언술과 행동이 별개이기 때문이다.

이는 비단 일반 국민들 사이의 문제만이 아니다. 정치권에서도 사정은 마찬가지다. 외형적으로 보면 선거제도가 있고 삼권분립이 있으며 지방자치도 있고 권력교체도 있다. 하지만 질적인 측면에서 보면 선진국 민주주의와는 거리가 멀다. 정당은 한해가 멀다 하고 이합집산을 거듭하고 있으며, 의회정치는 '동물국회' 아니면 '식물국회'다. 민주주의가 '제왕적 대통령'과 공존하는가 하면 정권이 바뀔 때마다 정치보복이 되풀이된다. 민주주의를 걸고 대통령을 탄핵시키기도 하고 민주주의의 이름으로 대통령 탄핵을 반대하기도 하지만, 법치주의나 절차적 정당성은 항상 뒷전으로 밀리는 경향이 있다. 집권세력이 바뀔 때마다 정치개혁이나 새정치를 다짐하지만 국민이 체감하는 한국정치는 '언제나 그 자리' 혹은 이른바 '내로남불'이다.

이제 우리들은 민주주의 앞에서 보다 정직해지고 솔직해져야 한다. 특히 우리들이 민주주의를 말할 자격과 능력을 과연 갖추고 있는지를 근본적으로 되돌아보아야 한다. 어쩌면 오늘날 우리는 민주주의의 명실상부한 향유나 실천이라기보다 일종의 민주주의 '코스프레'(Cosplay)에 빠져있는지도 모른다. '코스프레'는 만화, 영화, 게임 등에 나오는 주인공과 똑같이 분장하여 따라 하는 '분장놀이'를 의미한다. 대한민국 민주주의에 있어서

'공식 대본(臺本)'과 '숨은 대본' 사이에는 적잖은 차이가 있다[6]. 민주주의는 본심이 아니라 겉치레에 가깝다는 뜻이다. 왜 그럴까? 그렇다면 어떻게 해야 하나? 이 글의 목적은 이러한 질문에 대한 몇 가지 대답을 '마음의 사회학' 관점에서 시도하는 것이다.

2. 민주주의를 생각한다

한국인들에게 민주주의는 숭배와 경외의 대상이다. 민주주의가 대한민국을 위해 존재하는지, 아니면 대한민국이 민주주의를 위해 존재하는지 분별이 가지 않을 정도다. 그리스 신화에 나오는 시지프스(Sysiphus)가 끝없이 계속되는 인간적 고통의 상징이라면, 이 땅의 민주주의는 끝없이 계속되는 사회적 고통의 상징이 아닐까 싶다. 어떤 의미에서 민주주의는 우리 시대의 주자학이다. 유학이 조선에 들어와 중국에서보다 훨씬 더 교조적으로 된 것처럼, 대한민국 사회에서 민주주의는 그 자체로서 지고의 선이자 절대적 가치다. 매사가 민주화의 문제로 수렴되고 만사가 민주주의의 문제로 귀결되는 것이 우리의 현실이다. 2017년 9월 유엔총회 연설에서 문재인 대통령이 "촛불혁명을 통해 대한민국이 유엔정신을 성취했다"고 텅 빈 객석을 향해 주장할 정도다.

물론 최근 몇 백 년 동안 민주주의는 세계적으로 인기다. 지금의 북한처럼 전혀 민주주의적이지 않은 나라의 국호에서조차 민주주의라는 말이 들어가 있을 정도다. 이른바 '형용사 민주주의'가 범람하고 있는 현상은 전

---

6   공식 대본(official transcript)과 숨은 대본(hidden transcript)의 개념에 대해서는 James C. Scott, Domination and the Arts of Resistance, Hidden Scripts, (Yale Univ. Press, 1992) 참조.

혀 놀라운 일이 아니다. 그럼에도 현대 한국인의 민주주의 사랑에는 유별난 측면이 있다. 조선시대가 묻지도 따지지도 않고 주자학을 신봉했듯이 오늘날 한국인들은 민주주의가 무엇이고, 그것이 왜 필요하며, 어떻게 그것이 가능한지를 성찰하지 않은 채, 민주주의는 스스로 옳고 마땅히 정당한 것으로 여기고 있다.

바로 이러한 민주주의에 대한 맹목적 예찬과 신앙적 숭배가 역설적으로 민주주의 코스프레를 더 부추기는지도 모른다. 실제 내면이나 내용이야 어떻든 상관없이 모두가 민주주의자로 '분장'한 채 민주주의를 '연기' 하는 것이 훨씬 더 중요해진 것이다. 하지만 민주주의는 모든 사회, 모든 시대가 선험적으로 요구하는 정치적 필수품이 아니다. 또한 모든 사회, 모든 시대가 민주주의를 위해 미리 준비되어 있는 것도 아니다. 무엇보다 민주주의는 인류 역사에 명멸했던 수많은 정치제도 가운데 하나일 뿐이다. 그리고 민주주의가 앞으로 어떤 미래를 맞게 될지는 아무도 장담할 수 없다.

물론 민주주의의 미덕은 이루 열거할 수 없을 정도다. 하지만 민주주의의 약점 또한 결코 적은 것이 아니다. 2017년 10월 22일, 문재인 대통령은 "우리의 민주주의는 북의 미사일보다 백배 천배 강하다"라고 말했지만, 현실적으로 그럴 수도 있고 그렇지 않을 수도 있다. 우리나라에서만큼은 민주주의 그 자체에 대한 문제 제기가 일종의 금기처럼 되어 있지만, 민주주의에 대한 회의론과 비판론은 오래되고도 많았다. 철인정치(哲人政治)를 주장한 플라톤(Platon)이 가장 대표적이다. 그는 '다중(多衆)의 지배' 원리가 스승 소크라테스(Socrates)를 사형시키는 것을 보았다. 플라톤의 제자 아리스토텔레스(Aristotle)는 덕성과 능력을 갖춘 사람만이 시민의 자격을 가져야 한다고 주장했다. '다수의 전횡(專橫)'이라는 말을 유행시킨 19세기 영국의 사상가 존 스튜어트 밀(John S. Mill)도 비합리적이고 이기적인 다수의 사람들이 민주적 절차를 통해 타인을 억압하고 나쁜 정책을 추진하는 쪽으로 권력을 행사할까봐 우려했다. 니체(Friedrich W. Nietzsche)도 무조건 평준화와 안전함을 추구하려는 민주주의에 반대하면서 '권력의지'에 의거한 '위대한 정치'를 옹호하였다. 20세기 미국의 언론학자 월터 리프만(Walter Lippmann)은 언론을 통해 대중이 공유하는 여론이 건강한 민주주의로 이어지지 않을 수 있다고 경고했다.

세계정상급 민주주의를 자랑하는 미국과 영국의 최고 정치인들이 민주주의의 한계를 구체적으로 토로한 것도 이런 맥락에서다. 미국의 제2대 대통령 존 아담스(John Adams)는 퇴임 후인 1814년, 지인에게 보낸 편지에서 다음과 같이 썼다. "기억하라, 민주주의는 결코 오래가지 않는다. 낭비하고 탈진해서 스스로를 죽인다. 지금까지 자살하지 않은 민주주의는 그 어디에도 없다. 민주주의가 귀족정이나 군주정에 비해 덜 무익하고 덜 오만하고 덜 이기적이고 덜 야심적이고 덜 탐욕적일 것이라고 말하는 것은 헛소리일 뿐이다." 영국의 윈스턴 처칠(Winston Churchill) 수상은 자리에서 물러난 직후인 1947년 11월, 하원에서 다음과 같은 내용으로 연설을 했다. "죄와 고난의 이 세상에서 수많은 형태의 정부가 시도되었고 앞으로도 그러할 것이다. 어떤 이도 민주주의는 완벽하고 전능하다고 말하지 않는다. 누군가가 말했듯이 시시때때 시도되었던 다른 형태의 정부들을 제외한다면, 과연 민주주의는 가장 나쁜 형태의 정부다."

이에 반해 우리나라에서 민주주의는 불가침의 성역이다. 경제학자 호페(2001)는 민주주의를 일종의 '성우'(聖牛, sacred cow)처럼 대하는 세간의 정서를 비판한다. 그는 1980년대 말 사회주의권의 붕괴 이후 등장한 소위 '역사의 종언'(End of History) 명제를 반박하면서, 현재 서구의 자유민주주의 국가 또한 조만간 붕괴의 전철을 밟을 것이라고 전망했다(호페, 2001:138, 185). 그가 제시하는 근거는 세 가지이다. 첫째 민주적 통치도 지역적 독점자 개념에 입각해 있어서 사법과 징세를 통한 착취는 전반적으로 증가하나 정책의 질은 궁극적으로 하락할 수밖에 없다(호페, 2001:61, 76). 둘째 민주주의 정부는 태생적으로 시한적 임시관리인으로서 미래의 재화를 보존하기보다 현재의 소비를 더 중시한다. 이른바 '시간선호'(time preference) 현상이다(호페, 2001:41). 셋째는 문명의 퇴행이다. 곧, 옳고 그름에 대한 절대적 판단기준이 부재하게 되면 미래가 어떻게 될지는 우연적 상황에 놓일 수밖에 없고, 그 결과 죄악과 태만, 무례, 쾌락주의가 점점 더 늘어나게 된다는 것이다(호페, 2001:84, 185).

최근 서구에서는 선거민주주의 제도에 대한 믿음이 흔들리면서 정치적 대안을 찾는 일이 점차 확산되고 있다. 또한 오늘날 비서구 지역에 있어서 서구식 민주주의 제도가 긍정적 모델의 역할을 명확하게 못하고 있다는 사실도 점차 분명해지고 있다. 예컨대 지난 30년간 중국에서 형성된 '현능주의'(賢能主義, meritocracy) 정치체제가 주목받고 있는 것에는 이와 같은 시대적 배경이 깔려있다(벨, 2017). 벨은 중국이 그나마 뛰어난 능력과 덕성을 갖춘 정치지도자를 계속 유지하는 것은 바닥에서는 민주주의, 꼭대기에서는 현능주의가 작동하기 때문이라고 본다. 중국 정치체제의 확실한 장점은 수십 년간 단련을 받은 지도자들에게 미숙성의 문제가 없다는 것, 그리고 정책결정에 장기적 관점을 취할 수 있다는 것이다(벨, 2017:381). 서구 민주주의의 대안이라기보다 보완으로서 중국식 현능주의는 충분히 주목할 만한 가치가 있다는 것이 벨의 주장이다.

그러나 우리에게는 이와 같은 '차이나 모델'을 언급하는 것조차도 금기의 영역에 속한다. 현재와 같은 모습의 민주주의를 걱정하고 우려하는 이들도 민주주의의 대안을 말하기보다는 민주주의 자체에 대한 희망을 결코 포기하는 법이 없다. 민주주의에 대한 이러한 절대적 신념에는 한국 특유의 역사적 및 사회적 맥락이 있을 것이다. 우선 조선시대 주자학이 그랬던 것처럼, 우리 민족의 DNA 속에는 모종의 근본주의적 전통이 남아 있는지 모른다. 또한 투표행위를 통해 심리적으로 권력을 경험하는 기분 자체는 만국 공통이라 하더라도, 우리의 경우는 투쟁과 운동을 통해 민주주의를 쟁취한 성격이 강한 만큼 민주주의와의 투사적(投射的) 자기동일시 경향이 농후하다.

문제는 신념이나 목표로서의 민주주의와 실천이나 행동으로서의 민주주의 사이에 드러나는 괴리와 격차다. 민주주의의 사회적 선행조건과 관련하여 한국은 대부분 다 갖춘 나라다. 경제적인 측면에서는 중진국을 넘어 선진국의 문턱에 와 있다. 중산층이 민주주의의 계급적 기반으로 성장해 있는 가운데, 교육수준은 세계 그 어느 나라에 비해서도 뒤지지 않는다. 매스 미디어든 소셜 미디어든 할 것 없이 사회적 커뮤니케이션을 위한 인프라 구축도 세계 최고 수준이다. 하지만 민주주의를 위한 '마음의 습관'은 아직도 갈 길이 멀다. 관습이나 규범, 문화 등 비공식제도들이 민주주의의 공식제도를 뒷받침하지 못하고 있는 것이다. 바로 이것이 민주주의를 논하는 데 있어서 마음의 문제에 보다 더 많은 관심을 할애해야만 하는 본질적 이유다.

3. 마음의 사회학

흔히 인간은 몸과 마음의 합성체로 인식된다. 그 가운데 인간의 마음에 대한 관심은 종교나 철학, 심리학 분야에서 오랫동안 진행되어 왔다. 사회학도 여기에 가담했다. 하지만 사회학은 개인의 마음이 아닌 사회의 마음에 더 큰 흥미를 느낀다. 각 사회마다 혹은 시대마다 서로 구분되는 마음을 갖고 있다는 것이다. 그 결과, '마음'이라는 개념을 명시적으로 사용하지 않으면서도 사회학 안팎에서는 마음과 관련된 연구의 오랜 전통을 쌓아왔다.

예컨대 관념론적 철학자 딜타이(Wilhelm Dilthey)에 의하면 삶의 세계란 '집단정신'이 구체적으로 표출되는 문화의 세계다. 사회학자 뒤르켕(Emile Durkheim)이 사회공동체의 유지에 필요하다고 주장하는 '집합의식'(collective consciousness), 베버(Max Weber)가 말하는 특정 행동의 사회적 유발 요인으로서의 '정신'(spirit), 미셸 푸코(Michell Foucault, 1984: 186-7)가 특정 사회집단이 일정기간 동안 공유하는 삶에 대한 규범적 태도들의 체계를 지칭하기 위해 사용한 '에토스'(ethos) 개념도 맥락은 같다. 아날학파가 어떤 사회를 특징짓는 신념, 관념 그리고 관습의 총체를 가리키기 위해 사용한 '망딸리떼'(mentality) 혹은 '집단심성'도 큰 틀에서는 뜻이 상통한다.

이성, 합리성 혹은 과학이 득세하던 20세기에 들어와 마음은 사회과학 영역에서 외면되거나 망각되는 경향이 많아졌다. 하지만 최근 행동경제학(behavioral economics)의 급부상이 웅변하듯이 경제활동에 임하는 인간의 마음은 결코 간과될 수 없는 중요한 주제다. 신제도주의 경제학이 규정이나 법적 절차와 같은 공식적 제도에 덧붙여 도덕적 및 윤리적 행동규범의 중요성에 주목하는 것도 이유는 비슷하다(North, 1981:201-202). 노스에 의하면 비공식 제도는 100년 혹은 1000년 단위로 바뀐다고 한다. 사회학에서 각광받고 있는 감정의 사회학(sociology of emotion)도 이런 추세에 합류한다(바바렛, 2007 참조). 이는 '합리성의 사회학 넘어서기'를 위한 사회학의 새로운 시도이다(박형신·정수남, 2015:63). 게다가 불안이 점점 더 일상화되고 사사화(私事化)되는 우리 시대에 감정사회학의 위상은 더욱 높아질 전망이다(박형신·정수남, 2015:105).

'마음의 사회학'이 성립되는 근거는 두 가지 측면에서다. 첫째, 마음은 사회적으로 소유된다는 사실이다. 진화심리학의 설명에 따르면 다른 개체의 마음을 읽는 능력은 인간 고유의 것이다. 마음은 타인의 정신 상태와 그것으로부터 야기된 타인의 활동을 이해하는 것으로서, 사회성의 출발 자체가 다름 아닌 마음읽기(mind-reading) 능력이다(장대익, 2017:155-158). '마음의 사회학'에서는 "마음이란 결국 '나'의 것이 아니라 '우리'의 것, 개인의 것이 아니라 사회의 것, 사유하는 물건이 아니라 공유하는 매체"라고 주장한다(김홍중, 2009:5). 이때 사회의 마음은 "사회의 지배적 가치를 구성하는 삶의 태도, 윤리적 지향, 감정의 구조, 미학적 취향"으로 정의되며, "한 사회의 다양한 현상들을 발생시키는 원형적 에너지"로 간주된다(김홍중, 2009:7). 요컨대 "집합체의 '마음'을 하나의 살아있는 구조로 인정"하려는 것이다(김홍중, 2009:6).

마음의 두 번째 사회학적 기반은 그것의 역사성이다. 마음의 사회학이 주목하는 마음은 순간적으로 명멸(明滅)하는 그 무엇이 아니라 습관적으로 지속되는 그 무엇이다. 감정이 일시적이라면 마음은 장기적이다. 감정이 반복되면 마음의 습관이 된다는 감정사회학의 주장도 이런 맥락에서다(바바렛, 2007:29). 민주주의와 마음이 만나는 지점에 관련된 학계의 대표적 논의가 바로 이 대목에서 발견되는 것은 하등 놀라운 일이 아니다. 1829년 토크빌(Alex Tocqueville, 1969)은 민주주의 혁명의 발원지인 프랑스에는 없고 미국에는 존재하는 민주주의의 비결을 미국인 특유의 '마음의 습속'(folklore)에서 찾았다. 1980년대 중반, 벨라(Robert Bellah, 1985)는 미국 중산층의 사고양식이 170년 전과 거의 동일하다고 말하면서 사람들의 사고와 행위 속에 깊숙이 내장된 어떤 믿음과 가치관은 자주 혹은 쉽게 바뀌지 않는다고 주장했다.

4. 마음과 민주주의

인간의 마음은 민주주의 제도의 작동을 위한 목적으로 특별히 창조되지 않았다. 사회적 마음은 특정한 사회의 생존과 발전을 위해 나름 부단히 진화할 따름이다. 진화생물학과 심리학이 결합한 진화심리학(evolutionary psychology)에 의하면 인간은 유전자의 생존기계이며 운반자이다. 따라서 인간의 마음은 수많은 적응들(adaptations)로 구성된다. 인간은 "오랜 진화의 역사를 거치면서 여러 유형의 '적응 문제'에 직면했고 그런 문제를 해결하도록 설계된 마음을 가진 개체만이 진화적으로 성공"했다는 것이다 (장대익, 2017:25, 31). 요컨대 인간의 사회적 마음은 부단한 적응과 성공적 진화의 결과이다.

역사학자 모리스(Ian Morris)에 따르면 가치관은 진화의 산물이다. 사람들의 가치관도 유전자와 비슷한 방식으로 변한다는 것이다(모리스, 2016:208). 특히 그는 진화과정에서 나타난 에너지 획득 방식의 차이가 인구의 규모와 밀도를 결정하고, 이것이 특정 사회체제에 대해 상대적 유용성을 부여하며, 다시 이것이 특정 가치관에게 경쟁력과 비교우위를 제공한다고 주장한다(모리스, 2016:7-8, 205). 그 결과, 수렵채취시대에는 평등주의와 폭력에 대한 관용이, 농경사회에서는 계층주의와 폭력의 억제가, 그리고 화석연료사회에서는 정치사회적인 불평등을 용인하지는 않지만 경제적 불평등에는 상대적으로 관대한 가운데 폭력성을 강력히 통제하려는 가치관이 득세했다고 본다. "그 시대가 필요로 하는 가치관을 정한다"는 것이 가치진화론의 핵심이다(모리스, 2016:8). 근대 이후 화석연료 이용자들이 민주주의를 채택한 것은 그들이 성인군자여서가 아니라, 에너지 폭발로 몰라보게 바뀐 세상에서는 민주주의가 유용했기 때문이라는 것이

다(모리스, 2016: 38).[7]

문명사적 관점에서 볼 때 이른바 근대화 과정은 인류의 마음을 대체로 민주주의에 우호적인 방향으로 진화시킨 측면이 있다. 1981년 이후 세계 100여 개 국가 이상을 대상으로 실시되어 온 '세계가치관조사'(World Value Survey)에 따르면 "사회경제적 발전이 사람들의 가치와 신념을 바꾸는 경향을 보이며, 그 변화는 대개 예측 가능한 방식으로 일어난다"는 것이다. 곧, 전통적(traditional) 가치는 세속적·합리적(secular/rational) 가치로, 생존(survival) 가치는 자기표현(self-expression) 가치로 진화되어 왔다는 것이다. 하지만 이는 거시문명적 차원의 추세일 뿐 결코 보편적 법칙이라고 말할 수 없다. "(종교나 정치, 이념 등에 따라) 역사적으로 사회를 빚어온 문화적 전통들이 해당 사회의 세계관에 새겨놓은 자국 또한 쉽게 사라지지 않는다"는 것이 잉글하트와 벨첼(Ingelhart and Welzel, 2005:5)의 최종 결론이기 때문이다.

그렇다면 민주주의가 필요로 하는 사회적 마음은 과연 어떤 것일까? 이 글에서는 민주주의 마음의 핵심으로서 개인주의와 자유주의를 제시하고자 한다. 토크빌은 미국 민주주의의 작동 비결을 미국인들이 개인의 자유와 권리를 중시하는 점과 결사체를 통해 공동체의 문제를 해결하려는 점에서 찾았다. 벨라(Bellah, 1985) 역시 미국 민주주의의 바탕이 되는 두 개의 언어를 지적했다. 첫 번째 언어는 개인의 자유와 권리, 행복을 중시하는 개인주의(individualism)이며, 또 다른 언어는 자발적 결사체를 통한 공공선의 구현, 곧 공화주의(republicanism)였다.

그런데 토크빌이나 벨라가 강조하는 바, 미국 민주주의에 내재된 마음

---

7 이에 대한 반론도 물론 있다. 우리 시대에 필요한 생각이라는 것은 사실상 "우리 시대 지배층의 이념"일 뿐이라는 것이다(시퍼드:255-256). 모리스가 무의식중에 상정하는 것은 경쟁, 효율 등의 가치인데 이는 자본주의 경제에 익숙해진 우리 시대의 개념으로서, 고대경제에서는 이러한 관념 자체가 존재하지 않았다는 것이다.

의 습속은 미국 역사의 특유한 측면과 함께 고려될 필요가 있다. 소위 '최초의 신생국'(the first New Nation)으로서 미국은 사회공동체의 형성 및 유지를 위한 전통적 기반이 거의 전무한 상태였다. 왕정의 유산도 귀족정치의 경험도 없었기 때문이다. 유럽에서 미국으로 건너온 최초의 미국인들은 개인의 자유와 권리를 무엇보다 소중히 여겼는데, 이것이 초래할 수 있는 사회적 갈등을 미국인들은 국가의 역할 대신 분권형의 자발적 시민참여 방식을 통해 해결하고자 했다. 그런 만큼 미국의 결사체주의나 공동체주의는 기본적으로 개인주의와 자유주의의 연장이라고 말할 수 있다. 요컨대 미국 민주주의의 기초는 '독립적인 자립형 시민'(self-reliant, independent citizen)인 것이다(Bellah, 1985:39-46).

개인주의는 이기주의와 다르다. 개인주의의 타락한 형태인 이기주의는 태고적부터 존재했다. 오늘날 통용되는 개인주의에는 이기주의에는 없는 두 가지 핵심적 성분이 담겨져 있다. 하나는 인간의 존엄이며 또 다른 하나는 자기결정이다. 인간의 존엄이라는 것은 개개의 인간존재는 그 자체로서 절대적인 가치를 가진다는 뜻이고, 자기결정 혹은 자율이라는 것은 개인이 타인에 대한 의존이나 타인으로부터의 강요 없이 혼자서 판단하고 의사를 결정한다는 의미이다.

그런 만큼 개인주의는 자유주의와 불가분의 관계를 맺는다. 자유주의는 개인을 침해하거나 구속하려는 일체의 간섭을 최소화하는 가운데 자유를 존중하는 가치관이다. 자유주의의 기본 단위가 바로 개인인 것이다. 자유주의는 또한 개인 간의 평등을 전제로 한다. 개인의 자유와 타인의 자유가 동일하게 중요하기 때문이며, 이것이 법치주의와 기회균등으로 연결되는 것은 자연스러운 일이다. 경제적 측면에서 자유주의는 자기귀속을 지향한다. 사유재산이 보장되며, 경제활동의 자유를 누리되 이는 자기책임을 전제로 한다. 자유주의에서 말하는 자유인이란 인간이 아닌 신

(神)에게만 무릎을 꿇는 존재로서, 자유를 자신의 존재 이유로 삼고 있는 사람을 말한다.

그렇다면 이와 같은 자유롭고 평등한 개인은 인류 역사에서 언제, 어디서 처음 출현했을까? 이에 대한 통설은 그것이 고대 그리스와 로마시대에 비롯되었고 르네상스 시대가 이를 재발견 내지 복원했다는 것이다. 사실 개인주의는 14세기 르네상스와 16세기 종교개혁을 거쳐 프랑스혁명에 이르는 300년 동안 유럽에서 전성기를 구가했다(박성현, 2011:80-82, 85-99). 이는 그 이전까지 가족이든, 종교이든, 사회이든, 민족이든, 국가이든 사람들이 예외 없이 집단의 성원으로 살았던 것과는 크게 대조적이었다. "유럽에서 자아는 거대한 승리를 거두었다"고 볼 수 있는데, 이때의 개인은 "세상과 영혼 사이에 팽팽히 당겨진 긴장"을 먹고 성장하는 존재이자, 어디에도 "인간을 구원하는 세상은 존재하지 않는다"고 믿는 사람들이었다(박성현, 2011:57, 78-79).

하지만 근세 초엽 유럽이 최초로 경험한 개인의 탄생은 기독교와 긴밀히 연관되어 있다. 시덴톱(2016)에 의하면 '고대의 개인'은 진정한 의미의 개인이 아니었다. 고대 그리스나 로마의 시민은 개인이 아니라 가족의 일원으로서 의미가 있었을 뿐 아니라 당시 시민은 노예제와 양립하기도 했다. 서구에서 개인의 탄생은 '영혼'에 대한 기독교의 도덕적 신념을 반영하는 것으로서, 신 앞에서 모두가 평등하다는 개념을 세속적으로 바꾼 것이 개인의 탄생으로 이어진 것이다. 개인을 가족이나 집단으로부터 독립된 존재로 인정하는 것이 자유주의 전통이라면, 여기에는 기독교의 기여가 결정적이었다.

11~14세기 교황들이 주도한 일련의 혁명적 변화는 영혼 개념을 중심으로 모든 인간이 '도덕적으로 평등하다'는 생각을 만들어냈다. "인간들이 차지하는 사회적 역할과 별도로 인간들의 도덕적 평등을 강조함으

로써, 기독교는 '게임의 이름' 자체를 바꿔놓았다"고 볼 수 있다(시덴톱, 2016:574). 그때 이후 인간은 '도덕적으로 평등한 존재'와 '사회적 규칙에 종속된 존재'라는 '두 도시'에 동시에 살게 되었다(시덴톱, 2016:574). 결국 개인이란 모두에게 '새롭게 주어진' 사회적 역할 내지 도덕적 신분이 되었다. 그만큼 사회는 가족이나 부족, 계급의 연합이 아니라 개인들의 연합으로 인식되었다. 12세기쯤 들어와 유럽에서 이성은 귀족주의적 사회가 허용한 특권의 지위를 상실하기 시작하였고, 점차 "이성의 역할이 민주화되고 있었다"(시덴톱, 2016:398).

넬슨(Nelson, 1969)은 서양의 기독교가 종교개혁 과정에서 개인에 바탕을 둔 새로운 인간관계를 만들었다고 주장한다. 이른바 '부족적 형제애'(tribal brotherhood)로부터 '보편적 타자애'(他者愛, universal otherhood)에로의 진화다. 부족적 형제애는 '우리와 그들' 혹은 '적과 동지'의 세계이다. 이에 비해 보편적 타자애는 '서로서로 남남으로 존재하는 세상'으로 인간세계가 확장된 것을 의미한다. 말하자면 제한적 형제애에서 '하늘은 스스로 돕는 자를 돕는다'는 세계로 바뀐 것이다. 이처럼 모든 인간이 똑같이 '실용적 현실주의자'(hard heads)로 구성된 세상에서는 스스로 선택하고 책임지는 개인이 세상의 중심이 된다. 그리고 세상은 더 이상 형제애로 묶어지는 것이 아니라 상대방에 대한 우리들의 필요성에 의해 묶여진다. 중요한 점은 이와 같은 "우의(友誼)의 디플레이션이 보편적 도덕성의 성장 과정"이라는 사실이다(Nelson, 1969:151). 친구의 가치가 절하되면서 모든 사람은 평등하게 타인이 된다는 사실은 역설적으로 보편적 공동체 형성의 원리가 된다.

박성현에 의하면 "위대한 것은 자유로운 자아가 공동체의 필연을 인정하고 자발적으로 복종하는 일"이다(박성현, 2011:154). 강압이나 통제가 아니라, 또한 노블리스 오블리제나 사회적 환원이 아니라, 공동체에 대한 기여와 봉사 그 자체가 개인의 자긍심이 되어야 한다는 것이다(박성현, 2011:297). 그가 볼 때 우리나라의 경우 민주화 이후 자유는 극대화되었고, 사람들은 모두 개인이 되었다. 앞으로의 과제는 따라서 "성숙한 개인들의 독립적 판단과 행동"이자 "성숙한 개인들의 공동체를 만드는 일"이다(박성현, 2011:170, 175). 한국의 민주주의가 성숙한 참된 개인을 길러낼 수 있는 잠재적 능력을 제대로 발휘하지 않는다면, 현행 민주주의는 최악의 코미디, 최악의 비극으로 전락할지도 모른다는 것이 그의 전망이다(박성현, 2011:170).

민주주의 이론가 로버트 달(Robert Dahl, 1999:58-59)이 민주주의의 운영 원칙 가운데 하나로서 '계몽적 이해'(enlightened understanding)를 강조하는 것도 맥락은 유사하다. 달은 민주주의가 한편으로는 '인민의 지배'이면서도 다른 한편으로는 '자기통치'라고 주장한다. 여기서 자기통치는 통치 받는 사람들이 스스로 통치하는 것을 뜻한다. 그는 민주주의가 작동하는 데 있어서 시민의 도덕적 책임감을 중시하는데, "도덕적으로 책임이 있다는 것은 도덕적으로 관계된 선택의 영역에 있어서 스스로 통치하는 것을 의미"한다(달, 1999:80-81). 달이 볼 때 민주주의 발전과 사회구성원의 수준 및 능력 향상은 호혜적이다. 곧, 시민들의 '계몽적 이해'가 민주주의를 발전시키기도 하지만 "민주주의는 다른 어떤 대안적 체제보다 인격발전을 보다 완전하게 촉진한다"는 것이다(달, 1999:81, 88).

이진우(2009:22)는 "우리 사회처럼 개인의 권리보다는 사회적 의무를 강조하는 사회에서는 민주적 평형관계를 위해서라도 더욱 개인의 원리를 강조해야" 한다고 말한다. 그가 볼 때 서양의 공동체주의는 한국의 어떤 자유주의자보다 더 자유주의적이고, 한국의 자유주의자는 서양의 어떤 공동체주의자보다 더 공동체주의적이다. 특히 그는 자유주의의 기초를 프라이버시(privacy)에서 찾는다. "우리가 민주주의를 원한다면, 그리고 다른 사람과 더불어 개인의 자유를 실현하고자 한다면, 우리는 프라이버시를 진지하게 생각해야 한다. 개인이 없다면, 즉 개인의 삶이 이루어지는 프라이버시가 없다면 자유는 없기 때문이다"(이진우, 2009:24). 이진우에 따르면 "프라이버시의 출발점은 자신의 몸이고, 동시에 자신의 몸을 숨길 수 있는 공간"(이진우, 2009:189)이다. 왜냐하면 공간의 프라이버시는 단순한 공간영역뿐 아니라 공간에서 이루어지는 삶의 형식까지 포괄하기 때문이다.

5. 한국인의 마음: 원형과 진화

이 글에서는 한국인의 마음을 원형과 진화로 구분하여 고찰한다. 원형은 고대사회로부터 19세기 말 전통사회가 해체되는 시기까지 한국인의 마음이다. 진화는 20세기 이후 근대적 경험에 의해 달라진 한국인의 마음이다. 사회의 마음은 원형에서 비롯되어 변화에 변화를 거듭한다. 함재봉(2017:8-22)에 의하면 "'한국사람'은 진행형"이다. 한국사람 이전의 '조선사람'은 14~15세기 초부터 만들어지기 시작했고 19세기에 이르러 급속히 해체되었다. 20세기 후반부터 만들어지기 시작한 새로운 인간형 '한국사람'은 오늘날 다양한 담론의 틀로 규정되고 있다.

1) 원형

원형의 가치는 역사가 아무리 흘러도 근본과 본질은 남아있는 것에서 찾아질 수 있다. 김용운(2002:43, 연도미상)에 의하면 원형은 사회구성원 사이의 공통된 가치관이다. 그것은 "가두어지고(lock-in) 각인(imprinted) 되는 것"으로서 일종의 '집단무의식'에 해당한다. 그런 만큼 달라지는 세월에도 불구하고 불변으로 남아있는 그 무엇이다. 마음의 원형을 논하기 위해서는 '인간존재의 풍토적 규정'으로부터 자유롭기 어렵다. 와쓰지 데쓰로(和辻哲郎)에 의하면 자연은 자연과학의 대상만이 아니다. 기후나 지질, 지형, 경관 등 자연현상을 체험하는 것은 단지 '나'가 아니라 '우리들'이기 때문에, 그것은 풍토현상으로 전환된다(와쓰지, 1993:13-23). 따라서 그는 "풍토현상은 인간의 자기요해(了解) 방식"이라 말한다(와쓰지, 1993:20). 역사와 격리된 풍토도 없고 풍토와 격리된 역사도 없다는 뜻이다. 역사성과 풍토성의 합일이라는 관점에서 볼 때 역사는 풍토적 역사이고, 풍토는 역사적 풍토다(와쓰지, 1993:22-23).

물론 마음을 설명하는 데 있어서 이 글이 환경결정론이나 공간결정론을 추종하는 것은 아니다. 하지만 하이데거가 "실존은 공간적"이라 했듯이, 혹은 김우창(2011)이 "사람의 근본은 지리적 인간"이라 했듯이 자연지리가 사회의 마음을 형성하는 데 미치는 영향은 아무리 강조해도 지나칠 수 없다. 한국인의 마음은 한국의 태생적 자연과 풍토로부터 결코 자유로울 수 없는 것이다. 한국인의 마음을 원형에서부터 추적하기 위해서는 일단 와쓰지가 분류한 지구상 풍토의 세 가지 유형에서 출발하는 게 좋을 것이다(와쓰지, 1993:13-20). 그는 아시아 대륙과 인도양 일대에 걸쳐있는 '몬순' 타입, 중동과 아프리카, 몽골에 걸쳐 있는 '사막' 타입, 그리고 유럽을 중심으로 하는 '목장' 타입을 구분한다. 와쓰지에 의하면 몬순형의 경우에는 수용적이고 참을성이 많으며, 사막형은 투쟁적이고 단결력이 낮은 반면, 목장형은 합리적인 경향이 많다고 한다.

우리나라는 일본과 중국과 더불어 몬순형에 속하지만 중국이나 일본에 비해 적잖은 차이를 드러내는데, 김용운(연도미상)은 이를 주로 하천의 성격에 따라 설명한다. 예컨대 중국은 곧 황화문명인 바, 황하는 중국 농업의 젖줄이자 위협이다. 황하는 중국의 거의 전역을 카버하면서 특히 강바닥이 연안의 평지보다 높은 이른바 천장천(天障川)이기 때문에 중국인들의 삶과 목숨은 전반적으로 황하에 달려있다고 해도 과언이 아니다. 그 결과, 황하를 다스리기 위한 광역화된 권력의 존재가 불가피한 측면이 있다. 하지만 범대륙적 황제의 지배력이 사회구성원 전부에게 미치기에는 역부족이다. 이른바 '천고황제원'(天高皇帝遠), 곧 농민에게 하늘은 너무 높고 황제는 너무 멀리 있는 상황인 것이다. 그 결과, 중국의 농민들은 스스로 밭을 갈고 스스로 우물을 파는 것이 체질화되었다. 국가에 대한 충성심이 부재한 채 의리와 의협이 중시되며, 무리나 패거리를 뜻하는 '방'(幫)이 사회의 핵심조직이 된 것도 이 때문이다.

한편 일본의 자연은 고산(高山)으로 이어지는 산맥에 의해 수백 개의 분지로 분할되어 있다. 농사를 위해 의존해야 하는 강은 대개 짧을 뿐만 아니라 폭포에 가까운 급류다. 따라서 지역 무사단(武士團)과 농민이 서로 힘을 합쳐 수리사업을 하지 않으면 안 되는 상황이다. 그리하여 일본은 수로공사, 방풍림 건설, 암벽굴착 등 치수 및 개척 사업이 일상화 될 수밖에 없었다. 재난은 잦았고 게다가 대부분 천재(天災)였기에 지방의 우두머리를 중심으로 하는 빠른 복구가 절실했다. 이는 그만큼 사회적 단결 및 협동이 필요했다는 의미가 된다. 일본에 신사(神社)가 많은 이유나 마쯔리(祭り)가 발달한 이유도 이와 관련이 있다. 대신 일본은 추상적 가치나 사상에는 관심이 없는 '무사상의 사상'이 보편화되었다. 사회의 핵심조직은 오랫동안 울타리나 영역을 의미하는 '번'(藩)이었다. 하지만 근대화 이후 소국(小國) 상태의 응집력은 국가적 차원으로 승화되어 일본은 강력한 충의 나라가 되었다.

이와 반면에 한국의 경우는 자연환경이 대체로 온화한 편이다. 자연재해는 이따금 지나가는 홍수, 태풍, 가뭄 정도이며, 그나마 복원력이 강하여 심각한 피해를 주는 일은 잦지 않았다. 특히 우리나라 하천은 강바닥과 연안 평지의 높이가 거의 같은 평형천(平衡川)으로서, 평야를 완만하게 사행(蛇行)한다. 이와 같은 강을 중심으로 생활문화권이 형성되었다. 한국은 중국처럼 권력주도의 대규모 수리사업이 필요하지도 않았고 일본처럼 다른 마을과의 협력이나 의존이 절박할 이유도 없었다. 천혜의 강물이나 강우(降雨)만으로 농사짓기는 비교적 충분했기 때문이다.

'괜찮겠지'라는 식의 낙관적 심성 속에 풍류가 발달한 것도 이런 사정으로 설명될 수 있다. 국가는 사람들의 삶과 운명에 결정적으로 큰 도움을 주지 못했고 사람들 역시 권력의 간여나 개입을 별로 기대하지도 않았다. 전통사회의 한국인들에게 국가권력은 일종의 필요악이었다. 보통사람의 힘으로도 좋은 세상을 만드는 일이 가능하다고 믿었기에, 그들은 스스로가 하늘이 될 수 있다는 이른바 '인내천'(人乃天)의 사상을 키웠다. 집단적 에너지를 각자가 스스로 발전(發電)하는 소위 '신바람'의 문화도 이런 맥락에서다. 한국인에게 핵심적 사회조직은 가문이었고, 사회윤리의 근본은 효였다.

김용운(2002:46-49)에 의하면 한민족은 비산비야(非山非野)라는 자연적 조건에 부응하여 같은 혈연끼리 산 밑 골짜기에서 마을단위로 자족적 삶을 영위한 것이 본래의 원형이다. 그리고 각 마을마다 노자(老子)가 말하는 '곡신'(谷神)이 존재했다.[8] 곡신은 골짜기의 신이라는 의미인데, "가운데가 비었기 때문에 곡(谷)이고, 헤아릴 수 없기 때문에 신(神)"이라고 하였다. 노자에 의하면 골짜기의 신은 죽지 않는다[谷神不死]. 바로 이와 같은 상황에서 한국인들은 가문과 혈연을 넘어서는 포괄적 연대나 협력을 기피하면서, 마을 단위로 내 편과 네 편을 가르는 패거리 문화를 발전시켰다. 이

---

[8]   산악국가인 한국에서 광범위하게 나타나는 산신(山神) 숭배사상도 이와 관련이 있다. 한국의 산신은 산 자체에 적용되기도 하지만 각 봉우리와 골짜기, 산비탈, 계곡, 숲과 시냇물을 상징하기도 한다(메이슨, 2003:15-16 볼 것.)

와 같은 풍토적 조건은 유교를 자연스럽게 받아들일 수 있는 분위기를 제공했다(김용운, 2000:25-30). 중국에서는 생활윤리, 일본에서는 교양이었던 유교가 한국에서는 절대화되었다. 그 결과 유교는 공존이나 습합(褶合)의 방편이 되지 못한 채 정통성을 따지는 무기로 주로 활용되었다. 절대적인 신앙도, 절대적인 권력도 거부한 한국인들은 '스스로 신이 되어'[인내천] 신바람을 가슴에 품은 민족이 되었다.

이영훈에 따르면 한국은 원래부터 사회적 신뢰 수준이 낮았다. "19세기까지의 전통사회가 공동체로 조직된 고(高)신뢰사회였다는 주장은 엄밀히 말해 논증된 적이 없는 주관적인 환상"이라는 것이 그의 주장이다(이영훈, 2014:369). 조선시대의 지배계층이었던 양반의 마음속에 사회공동체는 존재하지 않았다. 양반들은 지방에서 중앙의 왕권에 대비되는 세력을 형성하지 않았다. 그들은 농촌사회와 이해를 같이하는 진정한 의미의 지방세력이 아니었다(이영훈, 2014:381). 그들의 신분적 특권은 왕조로부터의 우대에 있었고, 농촌에 정착한 후에도 그들의 시선은 언제나 중앙의 조정을 향하고 있었다. 주변 상민에 대한 그들의 시선은 늘 싸늘하였던 것이다.

양반세력이 농촌사회의 통합과 발전을 위해 교육, 수리, 영림, 도로, 교량, 치안 등에 투자하거나 새로운 규범을 창출한 사례는 없다(이영훈, 2014:383). 양반들끼리는 늘 싸웠다고 보는 게 정확하다. 동리(洞里)가 상부상조하는 공동체로 규정되었지만, 동리 내부의 인간관계는 그렇게 통합적이지 않았다(이영훈, 2014:387-388). 동리는 지속적으로 유동적이었고 불안정했다. 동리 못지않게 동계(洞契) 역시 그 존속이 불안정했다. 두레와 같은 공동노동 역시 공동체의 미담이 아니라 양반세력이 강한 반촌에서 주로 나타난 강제 체제에 불과한 경우가 많았다(이영훈, 2014:390-391).

한국의 전통사회가 모래알의 모습을 하고 있었다는 주장은 핸더슨

(Gregory Henderson, 1968)의 이른바 '소용돌이의 정치'(politics of the vortex) 이론의 핵심이다. 그가 볼 때 한국에서는 촌락과 왕권 사이에 제도적 기구나 자발적 결사체와 같은 중간매개 집단이 일체 형성되지 못했다. 이런 상황에서 사람들은 사회적 연대나 계급적 응집력을 상실한 채 원자화된 개인으로 분리되고 해체되었다. 이러한 개인이나 가문은 과거제라는 흡입구를 거쳐 중앙의 관료제 권력을 향해 거대한 소용돌이를 일으킬 뿐이었다. 그것은 조선시대의 사회질서를 담당했던 '일반적 운영원리'(modus operandi)였을 뿐 아니라 훗날에 이르기까지 한국정치의 밑그림으로 작용하고 있다(Henderson, 1968:46).

서원을 중심으로 지방에도 강력한 사림(士林) 집단이 존재하기는 했다. 그러나 이영훈이 지적한 것처럼 그들도 지역의 문제가 아니라, 중앙의 이슈를 둘러싸고 갑론을박(甲論乙駁)할 따름이었다. 특히 이들의 논쟁에서 근본적인 정책이나 이념의 차이는 거의 없었다. 유교라고 하는 보편적 가치 시스템을 공유하고 있었고, 그 대안은 처음부터 고려되지 않았기 때문이다. 이런 조건에서 사회집단의 형성은 인위적이고 분파적일 수밖에 없었다. 결국 전통사회의 한국정치는 당파적이고, 인물 중심적인 가운데 기회주의의 특성을 띠게 되었으며, 합리적 타협의 정신은 원초적으로 설 땅을 찾지 못했다. 요컨대 한국인의 사회적 마음은 처음부터 민주주의를 담을 만한 그릇이 되지 못했다.

2) 진화

한국인의 정신세계에 주목할 만한 변화가 일어난 것은 조선조를 마지막으로 전통사회가 해체되는 과정에서였다. 가문을 넘어서는 개인, 민족, 국민, 사회, 인류 등의 서구식 집단 개념도 나타났고 유교를 벗어나는 다양한 근대적 이데올로기에 접합되기도 했다. 김현숙(2006)에 의하면 1894년

갑오개혁 이후 '국민'이라는 용어가 등장했고 대한제국이 형해화(形骸化)되어 가던 1905년을 전후하여 '민족'이라는 개념이 전파되기 시작했다. 서세동점 시대 국망(國亡)의 위기 상황을 맞이하여 기존의 문중(門中)과 동리(洞里)를 초월하는 국가공동체가 상상되기 시작한 것이다.

애국과 충성을 강조하는 '상상의 공동체'(imagined community)는[9] 지식인 주도로 만들어졌다. 그리고 이 과정에서 '개인'이라는 관념도 출현했다. 하지만 '국민'이나 '민족'이라는 상상의 공동체가 그려지는 과정에서 '개인'이 발명되고 발견되었던 만큼, 개인은 서구에서처럼 자유와 권리의 주체가 아니라 당장 무너지는 국가를 구제하고 민족을 건조(建造)하는 주역으로 자리매김 될 수밖에 없었다. '사회' 또한 서구에서처럼 국가와 대결구도를 형성하는 시민사회가 아니라, 당시 구체적으로 소멸하고 있던 국가를 대신하여 살아남을 수 있는 추상적 영역이라는 점에서 중요했다. 요컨대 "근대 이행기 조선에서 '개인'은 언제나 국가와 사회를 전제로 성립하는 개념이었다."(송호근, 2013:19).

한국에서 민족은 '민의 무리'가 아니라 '국권회복과 신국가건설의 주체'로 그 위상이 매겨졌다(박찬승, 2008). 민족은 국가를 구성하는 주체로 설명되었고, 남녀노소를 불문하고 신분의 차이를 부정하는 등 민족 내부 구성원들의 평등성이 특히 강조되었다. 일본에게 강제 병합된 이후 겉으로는 민족 개념이 후퇴하였으나 3·1운동과 더불어 민족 개념에서 인류 개념으로 확장되는 조짐이 드러났다(권보드래, 2005). 이는 인류의 보편적 가치 위에 민족의 가치를 주장하는 입장으로서, 한민족에게 있어서 "우주 및 인류에의 개안(開眼)"을 의미하는 것이라 볼 수 있다.

최정운(2013)은 홍길동전과 춘향전, 이인직과 이해조의 신소설, 이광수, 신채호, 김동인, 최서해, 나도향, 박태원, 이상, 홍명희 등의 근대문학에

---

9 '상상의 공동체' 개념에 대해서는 앤더슨(2004) 참조.

서 창조되어 나타난 일련의 인물들에 대한 분석과 해석을 통해 한국인의 정체를 찾는다. 그에 의하면 "한일병합 직전쯤의 시기에 새로운 종류의 한국인들이 등장하기 시작"한다. "홉스적 자연 상태에서 생존을 위해 싸우다 보니 영악하고 강인한 생존의 대가들이 나타났다"는 것이다(최정운, 2013:523). 또한 "이 과정에서 조선인임을 부정하는 사람들의 집단도 생겨났고, 그들을 반역자로 인식하는 집단도 생겨나면서 '근대 민족주의가 창시'되었다"고 한다(최정운, 2013:523).

최정운은 일제시대를 경험하면서 우리 민족의 마음이 국권 상실기에 비해 크게 달라졌다고 주장한다. 그에 따르면 "우리의 민족적 정체성은 구한말 위기의 시대에 응축된 역사의 진행 속에서 다급하게 이루어졌"는데"(2013:523), 3.1운동 이후에는 개인으로나 민족으로나 '강한 조선인'에 대한 기대가 증가했다고 한다(최정운, 2013:533-534). 1930년대는 '강한 한국인의 모델'이 발명되었는데, 춘원은 우파의 입장에서, 그리고 벽초는 좌파의 입장에서 영웅의 모델을 제시했다고 한다(최정운, 2013:538). 그 결과, 해방이 되었을 때 우리 민족의 모습은 더 이상 국망기(國亡期)의 우리의 모습이 아니었다. "우리 민족은 누구와도 싸울 준비가 되어 있었다. 암살도 있었고 테러도 있었고, 가두시위와 투쟁도 있었다"라든가 "싸운다는 일에 이제는 거침이 없었다"는 주장이 이를 뒷받침한다(최정운, 2013:539). 그러나 힘을 강조하고 싸움닭이 되어 가는 과정에서 "우리 사회에 만연하기 시작한 것은 반지성주의"라고 최정운은 말한다(최정운, 2013:539). "해방된 한국인들은 너무나 거칠었고 '힘'에 대한 박탈감에서 '힘'의 추구에 혈안이 되어 있었다"는 것이 그의 결론이다(최정운, 2013:540).

함재봉(2017)은 한말에 이르러 '조선사람'이 해체된 이후 다섯 가지 유형의 '한국사람'이 만들어졌다고 주장한다. 이들은 "온갖 멸시와 차별, 학대와 학살, 투쟁과 전쟁 속에서 다듬어지고 구체화된다. 그는 이를 '친중

위정척사파,' '친일개화파,' '친미기독교파,' '친소공산주의파,' '인종적 민족주의파'로 구분한다. 이들에게 공통적인 것은 "모두 새 나라를 세우고 새 정체성을 정립해 보려는 치열한 문제의식과 '나라'와 '백성,' '민족'에 대한 뜨거운 애정"이었다(함재봉, 2017:13). 그 대신 이 가운데 어디에도 주체적 개인과 근대적 시민은 없었다. 중요한 것은 개인이 아니라 '우리 백성' '우리 나라,' '우리 민족'이었기 때문이다.

해방 이후 한국사회는 전쟁을 거치면서 사회적 연대나 공동체문화로부터 더욱 더 멀어졌다. 이영훈(2014:399)은 "해방과 더불어 한국사회는 조직 면에서 진공상태에 진입했다"고 생각한다. 한편으로 식민지하 전시동원체제의 해체는 강제 편입된 사회조직의 무산을 의미했고, 다른 한편으로 농지개혁 이후 인간들은 법적, 신분적으로 평등해졌음에도 불구하고 자유로운 시민사회가 금방 출현하지는 않았기 때문이다(이영훈, 2014:400). 1958년 무렵에 실시된 경기도 광주군 및 용인군 조사결과가 보여주는 것처럼 신뢰하는 인간과 단체로서 가족과 친족이 우선이었고, 그 다음이 이웃이었다(이영훈, 2014:401). 이웃효과가 빚어내는 협동은 최소한의 수준에 제한되어, 공동체적 관계의 대부분은 사친회, 교회, 4H클럽, 산림조합, 정당 등 관료제적 행정기구에 의한 동원에 불과했다. 사실은 친족집단도 그다지 의미 있는 공동체가 아니었다. 친족집단의 기본기능은 제사의 거행이나 족보의 편찬 등 위선(爲先) 사업이었으며, 가난한 족원(族員)을 위한 공동체적 부조는 거의 없었다.

헨더슨(Gregory Henderson, 1968)은 1947~63년 동안 전국 140개 군 가운데 139개 군을 방문하여 한국사회의 '원자화된 개인'을 확인하였다. "원자화된 개인이 집단연고를 매개로 중앙권력을 경쟁적으로 추구하는 한국사회의 소용돌이 짜임새"가 조선시대 이후 결코 달라지지 않았다는 사실을 발견한 것이다. 직능단체도 부재하고 자발적 결사도 결여된 채, 개체 상호간의 관계는 주로 국가권력에 대한 관계로 규정되었고, 그 결과 한국사회는 비정형과 고립을 특징으로 하는 대중사회(mass society)의 양상을 드러내고 있었다. 1960년대 이후 한국의 도시사회 역시 공동체 형성과는 거리가 멀었다. 동리나 마을은 잘 뭉쳐진 단체라기보다 선량한 이웃관계의 누적으로 존재할 따름이었다(이영훈, 2014:407). 1963년 경 대구의 경우 "너무나 가난했던 나머지 그들은 이웃과 소득을 나눠야 할지 모르는 기회를 꺼렸다. 도시의 빈민가에는 어떠한 공동시설도, 공동사업도, 그것을 관리할 리더십도 없었다"고 한다(이영훈, 2014:409-410 볼 것).

그렇다면 1960년대 근대화 이후 한국인의 마음에는 과연 어떤 습속의 변화가 일어났는가? 송호근(2003:137-149)은 1960년대 이후 1987년까지 30년간의 고도성장이 한국인들에게 선사한 마음의 습관 10가지를 거론한다. 그가 '고도성장의 사회심리'라 부르는 것은 다음과 같다. 평등주의, 의사(擬似)사회주의, 낙관주의, 권위주의, 이기적 자조주의(selfish self-help), 가족주의, 독단주의, 연고주의, 엘리트주의, 그리고 국가중심주의. 그런데 1987년 민주화 이후 10년 동안 이와 같은 열 가지 가운데 강화된 것이 있고 약화된 것이 있다고 말한다(송호근, 2003:150-166). 평등주의, 연고주의, 이기적 자조주의, 가족주의가 전자의 경우이고 의사사회주의, 낙관주의, 권위주의, 독단주의, 엘리트주의가 후자의 경우이다.

한편, 1997년 외환위기 이후 한국사회는 공적 신뢰의 침식과 사적 영역으로의 후퇴가 두드러지고 있다고 한다(송호근, 2003:167-170). 가족주의와 연고주의의 심화되는 가운데 일차집단의 중요성이 증대하였다는 것이다. 그리고 이러한 가치관의 변화에 관련하여 송호근은 세대 간에 차이가 없다고 주장한다. 말하자면 전세대적인 현상이라는 것이다. 미증유의 경제위기를 거치며 사회 전반적으로 "상호합의와 동의의 공간이 넓어졌다"는 입장인데 이를 그는 "세대충돌은 없다"는 말로 요약한다(송호근, 2003:200).

특히 노무현 대통령 당선 이후 젊은 세대(소위 '2002년 세대')의 등장은 해방 이후 50년 동안 지배해 온 '마음의 습관'이 현격하게 바뀌었음을 의미한다는 것이 그의 결론이다(송호근, 2003:20).

결론적으로 우리 시대 한국인의 사회적 마음은 다음 두 가지로 요약될 수 있을 것이다. 첫째는 평등주의적 심성이다. 그런데 한국의 평등주의적 심성은 절대적 평등주의라는 데 특징이 있다. 송호근(2006:27)은 한국의 평등지향적 심성이 불평등의 원인을 따지지 않은 채 현재의 결과에만 민감한 경향이 있다고 주장한다. 곧, 구별(distinction)과 차별(discrimination)을 동일시함으로써 '인정 거부' 혹은 '존경의 철회' 감정이 만연되어 있다는 것이다. 서구에 온존하는 귀족사회 내지 고급문화가 한국에서는 거부되고 배척되는 것은 이 때문이다. 또한 한국의 경우에는 "책임과 의무가 결여된 평등주의," "합리적으로 발화되지 못한 평등주의적 심성", "자아개념에 의해 견제되고 탁마되지 않은 평등개념"이 두드러져 있다(송호근, 2006:67, 72, 93). 이는 서구의 평등주의가 개인주의와 결합하여 자유주의의 생산원료로 작용하는 것과 대조적이다. 한국의 평등주의는 연고주의와 결합하여 사회적 균열과 파행을 초래하는 데 오히려 더 기여한다.

평등주의 심성의 만연과 득세는 그것의 이데올로기적 독재를 통해 강화되고 재생산되는 측면이 있다. 최정호(1989)에 의하면 오늘날 한국에 존재하는 유일한 이념, 사상, 이데올로기는 사회주의나 공산주의 종류의 좌파 사상뿐이다. 일제시대에 소개된 좌파 사상은 해방과 건국 및 분단, 그리고 산업화와 민주화 과정에서 하나의 사상으로서 입지와 위상을 확실히 굳혔다. 그러나 이와 대척점을 이룰 수 있는 우파 사상은 그동안 주류세력으로부터 나오지 않았다. 그 이유에 대해 최정호는 일체의 이단을 용납하지 않는 주자학적 유산, 정신과 권력 혹은 지식과 세도(勢道)의 일원화를 지향하는 역사적 전통, 공공 관념에 무심한 채 사적 세계에 몰두했던 귀복(貴福)추구형 무속(巫俗)사상의 잔영을 지적한다. 그 결과 한국에서 사상은 곧 좌파사상을 의미한다. 결국, 현재와 같은 "사상과 무사상의 대립" 혹은 "이념과 무이념의 대립" 구도에서는 평등주의 심성의 독주로부터 벗어나기 어렵다.

둘째는 각자도생(各自圖生)의 심성이다. 이영훈(2014:403)은 "넓은 아래에서 좁은 위로 말려 올라가는" 한국사회의 모습을 핸더슨의 소용돌이 사회 개념 대신 나선사회 개념으로 표현한다. "사람들은 중앙을 향해 말려 올라가는 나선의 어느 자리에 있다"는 것이다. 위치가 바뀌어 차등이 생기면 인간관계는 끊어지기 쉬워 불안정하며, 장기의 신뢰관계는 좀처럼 관찰되지 않는다고 한다. 이런 상황을 이영훈은 다음과 같이 정리한다. "한국의 집단연고는 협력이나 상호투자를 통해 취득된 것이라기보다 개인의 입장에서는 약간의 우연성과 함께 무임승차로 주어진 것이다. 집단연고의 그러한 속성으로 인간들은 잠재적으로 서로를 불신하며, 나아가 상층으로 향한 더 나은 기회를 찾아 기회주의적으로 행동한다. 현대 한국인들은 이와 같은 사회적 짜임새 속에서 살아남기 위해 악전고투를 하고 있다"(이영훈, 2014:411).

김홍중(2009:19-20)에 의하면 IMF 경제위기를 겪으며 한국인은 '진정한 삶'으로부터 '목숨 그 자체' 즉 '생존'의 문제로 마음이 이동했다고 한다. 그가 볼 때 1980년대에는 민주화 운동과정에서 형성된 386세대의 세대의식을 중심으로 한국사회가 나름의 '공유된 마음'을 가졌다. 87년 체제는 나름의 '마음의 레짐'이었다는 것이다(2009:22). 김홍중이 "자신의 참된 자아를 실현하는 것을 가장 큰 미덕으로 삼는 태도"에 주목하여 1980년대를 "'진정성의 정치'(politics of authenticity)가 꽃 피운 시대"로 규정하는 데는 동의하기 어렵다(김홍중, 2009: 18-19, 29). 그것은 이른바

386세대들의 집권 이후 행태를 보면 간단히 증명된다. 하지만 우리가 어딘가 삶의 진성성으로부터 이탈되어 자신만의 이기적인 삶에 몰두하고 있는 사실만은 '포스트-IMF 시대' 마음의 풍경으로 동의되어도 무방할 것이다.

6. 개인의 탄생과 미생: 아파트와 광장

오늘날 한국사회에서 개인은 존재하면서도 부재한다. 한편으로는 삶의 자유로운 주체로서, 다른 한편으로는 책임 있는 공동체의 일원으로서, 민주주의가 필요로 하는 '마음의 습관'이 있는 듯 하기도 하고 없는 듯 하기도 한 것이 우리의 현실이다. 바로 이 점이 민주주의 앞에서 이상과 현실 사이의 괴리가 형성되는 근본적 이유 가운데 하나가 아닌가 한다. 우리 사회에는 "민주주의 위대함과 위험성이 동시에 존재"한다는 평가도 맥락이 유사하다(박성현, 2011:169). 사회구성원들이 개인의 자격으로 존재하기도 하다가 '떼 혹은 무리'의 모습으로 발현하기도 하기 때문이다.

이 글은 한국사회에서 개인의 탄생과 개인의 미생이 전형적으로 발현되는 삶의 현장으로 아파트와 광장을 논의한다. 의식이나 법제 등의 측면에서 개인의 탄생은 다양하게 논의될 수 있다. 하지만 이 글은 명실상부한 개인의 탄생 조건과 관련하여 공간의 중요성을 강조한다. 아파트 거주공간의 확산과 일반화를 민주주의의 성장에 관련시키는 것은 이 때문이다. 한편, 한국사회가 개인의 미생 혹은 집단주의를 드러내는 공간으로서 광장의 부상에 주목한다.

1)아파트와 개인의 탄생

　오늘날 대한민국은 아파트의 나라다. 아파트는 한편으로 산업화 혁명이 보편적으로 야기하는 주택난을 해결하면서 다른 한편으로는 우리나라 주거생활의 근대화를 이룩할 수 있는 일석이조(一石二鳥)의 주택정책이었다. 우리나라의 주택보급률이 오늘날처럼 높아진 것은 거의 전적으로 아파트 효과다. 정부의 〈인구주택총조사〉에 아파트라는 항목이 처음 포함된 것은 1975년이었다. 당시 우리나라 전체 주택 가운데 아파트의 비율은 불과 1.9%로서 양적으로 매우 미미했다. 하지만 2015년 현재 우리나라에서 아파트의 비율은 59.9%에 이르고 있다. 게다가 아파트에 대한 한국인의 주거만족도는 매우 높은 편이다. 2014년 국토교통부가 4점 척도로 측정한 주택유형별 주택만족도 조사에 의하면 3.04점을 얻은 아파트가 단독주택이나 연립주택, 다세대주택을 제치고 가장 높았다.

　물론 아파트 시대에는 긍정적인 요소만 있는 것이 아니다. 언제부턴가 '아파트 공화국'이라는 말이 우리 주변에서 자연스럽게 들리고 있다. 원래 이는 프랑스의 좌파 지리학자 발레리 줄레조(Valarie Gelezeau, 2007)가 쓰기 시작한 말이다. 『아파트공화국』이라는 책에서 그녀는 이렇게 말했다. 핵심은 한국의 아파트 주거문화가 군사·권위주의 체제 및 집단주의 사회라는 특성과 결합했다는 주장이다.

　"집합주택과 고층주거양식을 선호한 한국 결정권자들의 체계적인 선택
　은.....19세기에서 20세기로의 전환기에 서구에서 탄생한 이론들을 한
　국적인 역사·문화적 상황에 동화·수용했음을 드러낸다.....주택의 대규
　모 건설을 위한 도시의 급성장이라는 맥락 안에서 사용된 이 규범적인
　원리는 권위적인 정부에 이익을 가져다주기에 적합했기 때문에 서울에
　서 적용됐다. 결국 개인주택보다는 아파트가 포드주의적 양산체제에 순

응했고, 이를 기반으로 1960년대부터 1980년대 말까지 한국의 성장이 이루어졌다. 게다가 대규모 집합주택을 선택한 것은 대규모의 인구통제가 용이했기 때문이었다."

하지만 이는 반쪽의 진실이다. 다른 측면에서 보자면 아파트는 한국사회에서 개인의 탄생이나 민주주의 발전에 크게 기여했다(전상인, 2005). 우선 아파트 위주 주택공급 정책은 급속한 산업화 및 도시화 과정에서 나름 주택문제를 해결하거나 해결의 실마리를 제공했다. 아파트 위주의 주택정책은 상대적으로 저렴한 주택의 신속한 대량공급을 통해 서민과 노동자계급의 주거문제에 성공적으로 대처한 것이다. 1960년대 이후 근대화과정에서 한국은 주택문제를 둘러싸고 심각한 사회갈등을 겪지 않은 국가적 행운을 누렸다. 주지하는 것처럼 19세기 서구의 산업화 과정에서 주택문제는 도시문제 혹은 사회문제의 핵심이었다. 이에 르 코르뷔지에(Le Corbusier)는 "건축 아니면 혁명인데, 혁명은 피할 수 있다"고 주장했다. 이때 그가 말한 건축이란 다름 아닌 아파트의 대량생산이었다. 아파트의 대부(代父) 르 코르뷔지에의 혜안은 한국에서도 적중했다.

아파트 공급은 또한 서민들의 주거문제를 해결하면서 궁극적으로 자가(自家) 중산층을 육성하는 데 기여했다. 민간주도 주택시장에 대한 복지적 차원의 정부개입은 '내 집 마련'이라는 꿈의 실현을 가능하게 했고, 결과적으로 주택소유 계층이 크게 늘어나게 되었다. 이는 국가와 국민이 경제적으로 동반성장하는 과정에서 정부의 지원과 개인의 노력이 합쳐진 결과이다. 이러한 사실은 체제 안정이나 민주화 등 정치적 차원에서의 의미가 결코 가볍지 않다. 누구라도 성실히 일하면 자가(自家) 보유 중산층이 될 수 있던 가능성은 민주주의의 물질적 기초를 마련했다. 특히 1980년대 후반 좌경적 체제변혁 운동 앞에서 자유민주주의를 보존하고 지켜낸 사회적 힘의 원천은 흔히 '넥타이 부대'로 표현되는 화이트컬러 아파트 중산계급이었다.

아파트가 한국사회에서 진정한 개인의 탄생에 결정적으로 기여한 대목은 프라이버시(privacy) 영역의 구축에서다. 프라이버시란 자기발견과 자기표현의 자유를 의미하고 이는 반드시 특정한 공간적 조건을 요구한다. 그것은 바로 긍정적인 의미에서의 '고독한' 공간이다. 한나 아렌트(Hannah Arendt)가 말했듯이 이때의 "고독(solitude)은 외로움(loneliness)이 아니다." 대신 그것은 나 자신을 바라보고 나 자신과 관계를 맺을 수 있는 자발성과 자기관계의 가능성을 의미한다. 이는 "나는 외톨이가 되고 싶지는 않지만, 사람들이 나를 혼자 내버려 뒀으면 좋겠다"(I don't want to be alone, I want to be left alone)는 영화배우 오드리 햅번(Audrey Hepburn)의 말과 같은 의미다. 아파트 주거공간은 한국인들에게 역사상 최초로 '고독'이라는 삶의 형식을 선사했다.

근대적 개인은 법적, 제도적 혹은 경제적 측면에서만 의미가 있는 것이 아니다. 대신 그것은 공간이나 주거의 측면에서도 함께 성찰될 필요가 있다. 아파트가 우리나라의 주택공급을 획기적으로 늘이기 이전, 이른바 '셋방살이'는 도시생활에서 매우 일상적인 풍경이었다. 셋방살이는 자기 집을 소유하지 못했다는 점에서가 아니라 여러 가구가 섞여 공동으로 거주했다는 점에서 인권, 자기결정권, 소통, 사생활 등에 걸쳐 불편한 요소가 많았던 주거방식이었다. 소유자이건 세입자이건, 평수가 넓든 작든, 본인과 자신의 가족이 아파트 현관과 벽을 경계로 하여 타인으로부터 완벽히 격리되고 보호되기 시작한 것은 실로 역사적인 사건이 아닐 수 없다. 오늘날 한국인이 보여주고 있는 아파트에 대한 높은 선호는 '마이 카'(my car) 열풍과 함께 과거 비독립적 집단주거로부터 겪었던 집단적 트라우마(trauma)가 일정 부분 반영된 결과일 것이다.

개인의 탄생과 관련하여 아파트가 양성평등이나 가족민주화에 끼친 공헌도 결코 과소평가될 수 없다. 무엇보다 아파트는 단독주택처럼 누군가는 반드시 안에서 집을 지켜야 하는 형태가 아니라, 바깥에서 문을 잠그고 언제라도 외출할 수 있는 구조다. 따라서 아파트는 한국어에서 '안사람'의 개념을 퇴출시키는 결정적 계기가 되었다. 이로써 아파트는 여성 노동력의 사회적 진출을 측면에서 지원할 수 있게 되었다. 또한 아파트라는 주택양식은 실내생활을 좌식으로부터 입식으로 변모시킴으로써 가족 구성원들의 상대적 평등화에도 영향을 끼쳤다. 식탁, 침대, 소파 등과 같은 소위 '신체가구'의 일상화는 여성들을 밥상 나르기나 이부자리 깔기와 같은 가사노동으로부터 해방시키는 전기가 되었다.

이처럼 아파트는 공간적인 차원에서 개인의 탄생과 민주주의의 발전에 긍정적인 효과를 발휘했다. 그럼에도 아파트가 개인 혹은 가족단위의 폐쇄적 공간이라는 점을 부인하기는 어렵다. 아파트 생활을 통해 한국사회는 프라이버시의 세계를 얻게 된 것이 사실이지만, 사회자본과 공동체문화의 측면에서는 적잖은 손실을 겪게 되었다. 다시 말해 아파트는 개인의 탄생을 위한 고립된 무대였지, 개인의 시민적 성숙을 담보하는 공간은 되지 못했다. 또한 한국인들은 아파트라고 하는 밀실의 고독을 한편으로는 반기면서도 다른 한편으로는 그것으로부터의 탈출을 갈망하고 모색했다. 민주주의와 관련하여 그들을 받아준 곳은 다름 아닌 광장이라고 말할 수 있다.

2) 광장과 시민의 미생

언제부턴가 광장은 세계적으로 대한민국을 대표하는 공간이 되었다. 서울 광화문광장 등지에서 벌어지는 촛불집회를 통해서이다. 하지만 동양문화권에서는 광장은 워낙 생소한 공간이었다. 광장은 고대 희랍과 로마

문명에서 발원하여 중세 유럽의 도시에서 발전한 공공공간으로서, 한국의 전래 혹은 전통공간은 결코 아니었다. 우리나라에서 서구의 광장을 닮은 도시 공공공간이 처음 만들어지는 것은 19세기말 서세동점의 절박한 상황에서 나름 근대국가를 지향했던 대한제국기였다. 경운궁이 정궁(正宮)이 되는 과정에서 대한문 앞에 광장과 비슷한 형태의 공간이 들어선 것이다.

그 이후 일제 강점기 동안 근대적 도로체계가 발달하면서 서울 도심부 곳곳에 광장이 형성되었다. 하지만 이들 역시 명칭만 '광장'이었을 뿐 사실은 도로시설의 일부에 가까웠다. 그곳은 시민들의 위락이나 소통공간이 아니라 각종 홍보물이나 광고탑, 분수대와 화단 등이 들어서는 경우가 많았다. 우리나라에서 광장다운 광장이 의도적으로 만들어진 것은 박정희 정부가 여의도 신시가지를 개발할 무렵이었다. 1971년 2월, 여의도에는 면적 4만㎡에 이르는 거대한 아스팔트 광장이 들어섰고 이는 '5·16광장'으로 명명(命名)되었다. 100만 명 이상을 수용할 수 있었던 5·16광장은 종교행사 등 대규모 군중집회를 위해 사용되기도 했지만 군사 퍼레이드와 같은 국가 행사용으로 활용되는 경우가 많았다. 민주화 이후 존폐의 기로에 처했던 5·16광장은 1999년에 '여의도공원'으로 재탄생하였다.

여의도 5·16광장과는 다른 배경과 맥락에서 도시광장의 필요성과 가능성이 제기된 것은 2002년 한일 월드컵 이후라고 볼 수 있다. 월드컵 경기 당시 사람들이 서울시청 앞 빈터에 모여 미증유의 집단 응원전을 펼친 것이다. 이를 계기로 하여 2004년 서울시청 앞에는 1.3㎢ 규모의 서울광장이 급하게 건설되었다. 그 이후 서울 도심은 졸지에 '광장천국'으로 변하기 시작했다. 별로 '광장스럽지' 않아 보이는 공간에 청계광장, 서울역광장, 숭례문광장이라는 명칭이 속속 부여된 것이다. 마치 광장이 없으면 선진국이 아닌 것처럼, 마치 광장이 없으면 민주주의도 없는 것처럼 여겨지던 사회 분위기는 2009년 광화문광장의 탄생으로 이어졌다. 그리고 2016~17년 겨울을 전후하여 광화문광장은 박근혜 대통령의 탄핵을 이끈 촛불시위를 통해 자신의 존재감을 세계만방(世界萬邦)에 과시했다.

그렇다면 촛불시위로 상징되는 한국의 광화문광장은 서구 문명에서 보는 바와 같은 광장 본연의 공공공간인가? 이 글의 주장은 별로 그렇지 않는다는 것이다(전상인, 2017). 그곳은 근대적 개인들의 자발적 시민공간이라기보다는 군중심리와 집단주의의 분출을 위한 무대에 가깝기 때문이다. 2016~17년 촛불집회 기간 동안의 광화문광장 사용법을 보면 그것은 광장이 아니라 극장에 더 가깝다. '극장정치'의 무대로서 그곳에는 광장형 '자발성'과 극장형 '기획성'이 결합되어 있었다. 광장으로 뛰쳐나간 한국인의 마음은 아파트에 갇혀 있던 마음의 반동으로서, 광장민주주의는 개인의 탄생과 시민의 미생(未生)이 공존하는 우리의 현실을 잘 반영하고 있다. 원래 광장이 없던 나라에서 5·16광장이 전통적인 광장이 아니었듯, 광화문광장 역시 전형적인 광장은 아닌 것이다.

광화문광장의 극장성은 그곳이 수많은 출입구를 갖고 있다는 점에서 시작된다. 여기서 출입구는 지하철역을 의미한다. 광화문광장 부근에는 광화문역과 시청역을 비롯하여 모두 12개의 지하철역이 있다. 실제 촛불집회가 있던 시간대에 이들 역의 승하차 승객은 예년의 같은 시각에 대비하여 100만 명 정도 늘어났는데, 이는 집회 주최 측이 발표한 참여인원과 거의 일치한다. 많은 사람들이 지하철역이라는 극장 출입구를 통해 '광화문극장'에 순식간에 출입하게 된 것이다. 수도권에 넓게 퍼져있는 우리나라 전철망은 '철도와 공화정을 융합한 민주주의'라고 불리는 파리 메트로에 필적할 정도로 만인에게 편리하고 평등하다. 특히 서울 메트로는 도심 한복판에 대한 접근성이 이례적으로 뛰어나다.

광화문광장은 공간구조의 측면에서도 극장을 닮았다. 광화문광장은 좌우가 6차선 도로에 접한 사실상의 '섬'이다. 게다가 안에는 작은 상점이나 카페 등이 전무한 상태다. 따라서 평상시의 경우, 한 번 안에 들어오면 그곳에 일단 계속 머무는 것 이외에는 별로 할 거리가 없다. 그리고 광장 내부는 원형이나 정방형이 아니라 가로·세로 비율이 1:22에 이르는 직사각 형태다. 게다가 이 공간은 정부 서울청사, 세종문화회관, 외교부청사, 교보빌딩, KT 사옥, 미국 대사관, 대한민국 역사박물관 등으로 둘러싸인 직방체(直方體) 형태다. 이러한 특성에 따라 광화문광장은 퍼스펙티브(perspective), 곧 특정한 소실점을 갖는다. 시선을 한쪽으로 집중시키기 좋은 구조라는 뜻인데, 시선의 방향은 대개 경복궁 내지 북악산 쪽이다. 더욱이 주변의 고층빌딩들은 광장의 벽이나 담장 역할을 하면서 음향 반사판의 기능을 함께 수행한다.

셋째는 이를 전제로 진행된 무대공연의 기획 및 연출 부분이다. 물론 많은 사람들이 촛불집회에 자발적으로 참여하면서 나름 광장 특유의 축제 분위기를 즐겼을 것이다. 하지만 백만 명 전후의 많은 사람들이 모여 별다른 사고 없이 체계적으로 집회의 목적을 달성한다는 것은 모종의 기획이나 연출 없이는 상식적으로 불가능한 일이다. 과거와는 달리 이른바 '전문 시위꾼'이 확연히 줄어들었다고는 한다. 그럼에도 '박근혜정권 퇴진비상국민행동'(퇴진행동)과 같은 집회 기획 전문단체의 역할은 분명히 있었다. 누군가는 집회신고를 내고, 무대와 천막을 세우고, 의자를 깔았던 것이다. 누군가는 큐시트를 짜고, 연사와 가수를 섭외하고, 선전과 홍보에 나섰던 것이다. 아마도 누군가는 그것에 소요된 엄청난 비용을 지불했을 것이다. 현실적으로 광화문광장은 누군가의 연출과 기획을 기다리는 '미장센'(mise en scene)에 가까웠다. 집회 참가자들은 본인도 모르게 공연의 조연이나 엑스트라가 되기 쉬운 상황이었던 것이다.

광화문광장이 갖고 있는 기억의 장소성도 빠트릴 수 없다. 언제부턴가 광화문광장 일대는 굳이 시간과 장소를 정하지 않더라도 정치적 견해가 비슷한 사람들이 자연스레 만날 수 있는 집회공간으로 자리 잡았다. 말하자면 별다른 사전 커뮤니케이션 없이 성공적인 의사결정에 도달할 수 있는 이른바 '암묵적 조정'(tacit coordination) 이론으로 설명이 가능한 공간이 바로 광화문광장이다(셸링, 2013 참조).[10] 2002년 한일월드컵 당시의 집단응원, 그 뒤를 이은 이른바 효순이·미선이 추모시위, 2004년 노무현 대통령 탄핵 반대시위, 2008년 광우병 파동정국을 거쳐 사람들은 시위라고 하면 광화문일대를 자연스럽게 떠올리게 된 것이다.

게임이론을 통해서도 광화문광장 촛불집회의 성공요인을 설명할 수 있다. 일반적으로 시위 참가자가 많으면 많을수록 불이익이나 위험에 대한 부담은 감소한다. 광화문광장 촛불집회의 경우 시위 참가 현황이 텔레비전이나 SNS 등을 통해 거의 실시간으로 보도, 전파되었고 이는 보다 많은 시민들의 참여를 부추길 수 있었다. 말하자면 수많은 사람들이 시위에 참여할 것이라는 정보가 사회적으로 널리 공유될수록 집합행동의 성공 가능성을 믿고 광화문광장에 모이는 동기부여는 커지는 경향이 있는데, 광화문광장 촛불시위의 경우도 이에 정확하게 해당한다고 말할 수 있다(마이클 최, 2014 참조).

촛불집회로 상징되는 한국의 광장민주주의는 직접민주주의와 간접민주주의의 차이 혹은 대결이라는 관점에서 논의되기 어려운 부분이 많다. 직접민주주의이든 간접민주주의이든 그것은 둘 다 공히 주체적 개인과 성숙한 시민의 존재를 전제로 하는 것이기 때문이다. 이에 비해 광화문광장의 촛불민주주의는 한국인들에게 집단적으로 내장되어 있는 '마음의 습속'을

---

10 셸링은 뉴욕에서 약속장소를 사전에 협의한 바가 없는 사람들이 서로 소통수단도 없는 상태에서 어떻게 서로 만날 수 있을지를 물었다. 놀랍게도 장소로는 절대다수가 그랜드센트럴역 안내소를 택했고, 시간은 그들 중 거의 모두가 정오라고 답했다.

반영하는 측면이 더 크다. "대한민국은 민주공화국"이라 외치며 스스로 세상을 바꾸겠다고 나서는 행태는 모두가 하늘이 될 수 있다고 믿는 소위 '인내천' 사상의 연장이다. 개인이 사회제도나 법치주의의 여과 없이 국가권력으로 곧장 직진하는 모습은 조선조 이래 '소용돌이의 정치'를 방불케 한다. 또한 정보화 강국 대한민국의 커뮤니케이션 방식은 모두가 "끌리고 쏠리고 들끓는"(Here Comes Everybody) 새로운 대중사회의 문을 활짝 열었다(서키, 2008 참조).

7. 마무리

오늘날 한국인들에게는 민주주의가 필요로 하는 마음의 습속이 없거나 적다. 이는 아직 한국사회에서 진정한 개인의 탄생과 개인주의의 발전을 경험하지 못했기 때문이다. 법적으로는 1948년 민주공화국의 출범과 더불어 사회적 주체로서의 개인의 지위가 확립되었다. 공간적으로는 각 개인들에게 예전과는 비교할 수 없을 정도의 사적 프라이버시가 제공되어 있다. 그럼에도 개인의 사회적 내지 문화적 탄생의 측면에서는 아직 갈 길이 멀다. 말하자면 개인의 제도적 및 공간적 탄생과는 대비되는 사회적 및 문화적 미생이다.

민주주의의 양대 기둥은 자유로운 개인과 지속가능한 사회공동체이다. 목하 한국의 민주주의가 불안한 것은 이 둘 사이에 균형이 깨져 있기 때문이다. 민주주의를 말하고 민주공화국을 외치면서도 그것이 일상의 민주주의 공동체로 귀결되지 않고 있다는 뜻인데, 그것은 개인이 제대로 존재하지 않고 있다는 사실에서 출발한다는 것이 이 글의 핵심요지다. 돌이켜보면 한국에서 민주주의가 도입되고 성장하는 과정에서 생략되거나 배제된 것은 명실상부한 개인의 탄생이다. 이때 개인이란 스스로 판단하고 스스로 결정하는 존재, 스스로 일어서고 스스로 살아가는 존재, 스스로 자유롭고 스스로 가치 있는 존재를 의미한다.

이와 같은 주체적이고도 자립적인 개인들이 남들을 위해 자발적으로 양보하고 희생하고 배려하는 결과가 바로 진정한 공동체이다. 시장원리가 제공할 수 없는 공동체적 가치는 공동체의 이름이 아니라 개인의 긍지와 자부심을 통해 공급되어야 한다. 공동체주의를 통해 공동체가 '만들어지는' 것이 아니라 개인주의를 통해 공동체가 '이루어진다는' 발상의 전환이 필요한 것이다. 따라서 지속가능한 한국의 민주주의를 위해서 이제는 공동체의 윤리학을 말하는 대신 개인주의의 경제학을 말해야 한다. 각 개인들이 자발적으로 남들과 협력하는 것이 궁극적으로 자신에게도 이익과 이득이 된다는 마음의 습속이 배양되고 공유될 필요가 있는 것이다. 말하자면 '하늘은 스스로 돕든 자를 돕는다'는 확신 같은 것이다.

그동안 한국인들은 개인으로 성장하거나 개인주의로 단련되어 오지 않았다. 역사적으로 신 앞에서의 도덕적 절대평등이라는 관념부터 존재하지 않았다. 근대적 이행 과정에서 서구나 일본에서와 같은 범국민적 독서운동이나 교양캠페인이 벌어진 적도 없었고, 2015년 기준 봉급생활자의 절반 가까이가 소득세를 납부하지 않는다는 사실을 부끄럽게 여기지 않을 정도로 사회적 일원으로서의 시민적 자부심이나 자긍심도 낮은 편이다. 게다가 최근 복지사회로의 급속한 이동과 정보화 사회로의 전환은 개인주의도 아니고 공동체주의도 아닌 집단주의에의 유혹을 더욱 더 부추기는 경향이 있다.

한국의 민주주의와 관련하여 요컨대 문제는 개인이다. 자주적, 자강적, 자조적, 자립적 개인이 우리들 모두에게 마음의 습속이 되지 않는다면 한국의 민주주의는 앞으로도 주기적인 '민주주의 코스프레'나 간헐적인 '민주화 푸닥거리' 상태로부터 크게 벗어나지 못할 것이다. 그리고 민주주의가 대한민국을 위해 존재하는 것이 아니라 대한민국이 민주주의를 위해 존재하는 정치적 비효율을 앞으로도 운명처럼 안고 살아야 할 것이다. 한국민주주의의 미래는 공동체주의를 신봉하는 것에 있는 것이 아니라 개인주의를 강조하는 것에 있다.

참고문헌

권보드래, 2005. "식민지 지식인의 '민족'과 '인류' - 3·1운동 전후 나혜석과 김기진을 중심
    으로," 정신문화연구 28/3

김용운·진순신, 2000. 한·중·일의 역사와 미래를 말하다, 문학사상사

김용운, 2002. 한민족 르네상스, 한문화

김용운, 연도미상. "풍수화로 상징되는 한·중·일의 문화,"

김우창, 2011. "지리적 인간, 라트비아 주마간산기(記)," 경향신문 2011.11.22

김인춘, 2017. "문화민주주의와 시민민주주의: 스웨덴 민주주의와 대중시민교육
    (Folkbildning)," 스칸디나비아연구 19

김현숙, 2006. "한말 '민족'의 탄생과 민족주의 담론의 창출: 민족주의 역사서술을 중심으
    로," 동양정치사상사연구 5/1

김홍중, 2009. 마음의 사회학, 문학동네

박성현, 2011. 개인이라 불리는 기적, 들녘

박찬승, 2008. "한국에서의 '민족' 개념의 형성," 개념과 소통(한림대) 1

박형신·정수남, 2015. 감정은 사회를 어떻게 움직이는가, 한길사

송호근, 2003. 한국, 무슨 일이 일어나고 있나, 삼성경제연구소

송호근, 2006. 한국의 평등주의, 그 마음의 습관, 삼성경제연구소

송호근, 2013. 시민의 탄생, 민음사

송호근, 2017. "이행기, 무엇을 해야 하나─시민민주주의의 조건," 한국정치학회 한국사회
    학회 주최, 시국대토론회 발표논문, 2017.1.18. 연세대 백양누리

이영훈, 2014. "한국사회의 역사적 특질: 한국형 시장경제체제의 비교제도적 토대," 이영훈(엮
    음), 한국형 시장경제체제, 서울대 출판문화원

유선영, 2009. "근대적 대중의 형성과 문화의 전환" 언론과사회 17/1

이진우, 2009. 프라이버시의 철학─자유의 토대로서의 개인주의, 돌베개

장대익, 2017. 다윈의 정원, 바다출판사

전상인, 2005. 아파트에 미치다, 풀빛

전상인, 2017. "광화문광장의 극장정치," 한국비교사회연구회 전기사회학대회, 고려대
    (2017.6.2.) 발표문

최정운, 2013. 한국인의 탄생: 시대와 대결한 근대 한국인의 진화, 미지북스

최정호, 1989. "무사상의 사회, 그 구조와 내력─현대 한국의 정신적 상황에 관하여," 계간
    사상 창간호

함재봉, 2017. 한국사람 만들기 Ⅰ, 아산서원

대니얼 A. 벨, 김기협(옮김), 2017. 차이나모델: 중국의 정치지도자들은 왜 유능한가, 서해문집
데이비드 메이슨, 신동욱(옮김), 2003. 산신(山神): 한국의 산신과 산악숭배의 전통, 한림출판사
래리 시덴톱, 정명진(옮김), 2016. 개인의 탄생, 부글북스
로버트 달, 김왕식 외(역), 1999. 민주주의, 동명사
리처드 시퍼드, "시대의 필요가 생각을 정한다'는 이데올로기," 모리스, 이재경(옮김), 2016.
　　가치관의 탄생, 반니
마이클 최, 2014. 사람들은 어떻게 광장에 모이는 것일까, 후마니타스
발레리 줄레조, 길혜연(옮김), 2007. 아파트공화국, 후마니타스
베네딕트 앤더슨, 윤현숙(옮김), 2004. 상상의 공동체, 나남
와쓰지 데쓰로우(和辻哲郎), 박건주(옮김), 1993. 풍토와 인간, 장승
이언 모리스, 이재경(옮김), 2016. 가치관의 탄생, 반니
잭 바바렛, 박형신·정수남(옮김), 2007. 감정의 거시사회학: 감정은 사회를 어떻게 움직이는가,
　　일신사
클레이 서키, 송연석(옮김), 2008. 끌리고 쏠리고 들끓다, 갤리온
토머스 셸링, 이경남(옮김), 2013. 갈등의 전략, 한국경제신문사
한스헤르만 호페, 박효종(역), 2004. 민주주의는 실패한 신인가, 나남

Banfield, Edward C. 1974. The Unheavenly City Revisited, Little, Brown
Bellah, Robert N., et. al., 1985. Habits of Hearts, Univ. of California Press
Henderson, Gregory, 1968. Korea: The Politics of the Vortex, Harvard Univ. Press
Inglehart, Ronald and Christian Welzel, 2005. Modernization, Cultural Change, and
　　Democracy: The Human Development Sequence, Cambridge UP
Nelson, Benjamin, 1969. The Idea of Usury, The Univ. of Chicago Press
North, Douglass C. 1981. Structure and Change in Economic History, W. W. Norton
James C. Scott, 1992. Domination and the Arts of Resistance, Hidden Scripts, Yale
　　Univ. Press
Tocqueville, Alex, (trans. George Lawrence, ed. J. P. Mayer), 1969. Democracy in
　　America, Doubleday

임지현(서강대학교 교수, 사학)

1959년 생. 서강대학교에서 역사학과 철학을 전공하고, 동대학원에서 『맑스·
엥겔스와 민족문제』로 박사학위를 받았다. 한양대학교 사학과를 거쳐 현재 서
강대학교 사학과 교수 겸 트랜스내셔널인문학 연구소 소장으로 재직중이다. 지
은 책으로는 『민족주의는 반역이다』 『그대들의 자유, 우리들의 자유-폴란드 민
족운동사』 『세계사편지』 『역사를 어떻게 할 것인가』 『이념의 속살』 등이 있으
며, 팔그레이브 출판사에서 총 6권의 'Mass Dictatorship' 시리즈를 책임 편집
했다. '대중독재', '일상적 파시즘', '변경사', '트랜스내셔널 히스토리' 등의 인
문학적 패러다임 위에서 한국사회에 대한 문제제기를 꾸준히 해왔다. 미국, 독
일, 폴란드, 영국, 일본의 유수한 대학 및 연구기관에서 초청교수와 연구원을 역
임했으며, 현재 '글로벌 히스토리 국제네트워크(NOGWHISTO)' 회장, '토인비
재단', '세계역사학대회' 등 국제학회의 이사로 있다.

'기억': 21세기 한반도의 열려 있는 기억 문화를 위하여

1. '기억론적 전회'(Mnemonic Turn)
2. 국가는 기억을 관리할 수 있는가?
3. 민족주의 서사와 기억의 국민화
4. 희생자의식 민족주의: 기억의 탈역사화와 과잉맥락화
5. 기억의 탈영토화와 초국적 연대
6. 재영토화와 탈영토화의 사이에서

'기억': 21세기 한반도의
열려 있는 기억 문화를 위하여

1. '기억론적 전회'(Mnemonic Turn)

과거를 어떻게 이해하고 기억할 것인가의 문제는 항상 현재의 문제이다. 과거를 어떻게 받아들이는가에 따라 현재를 인식하는 방식이 달라질 뿐 아니라, 지금 이 세상의 문제를 어떻게 인식하는가에 따라 실천의 방향과 방법이 달라진다. 역사 문제가 순수한 학문적 논쟁을 넘어 첨예한 정치적 이슈가 된 것도 그런 이유에서이다. 역사는 '과거와 현재의 대화'라는 카아(Edward H. Carr)의 유명한 명제도 그렇지만, 역사가들은 핵물리학자들만큼이나 인류에게 위험한 존재라는 영국 맑시스트 역사가 홉스봄(Eric J. Hobsbawm)의 비판적 성찰은 과거의 역사와 현재의 정치가 끊임없이 서로를 참조하며 구성해가는 상호의존적 텍스트임을 잘 보여준다. '역사란 무엇인가?'라는 질문을 '누구를 위한 역사인가?'로 바꾸자는 젠킨스(Keith Jenkins)의 제안은 현실정치의 텍스트와 함께 짜여 있는 역사의 구성적 성격을 직시하자는 것이었다.

그런데 21세기 들어 과거를 이해한다는 것은 훨씬 더 복잡해졌다. '누구를 위한 역사인가?'라는 젠킨스의 질문은 여전히 유효하지만, 디지털 기술의 발전은 과거를 보존하고 재현하며 이해하는 방식에 가히 혁신적인 변화를 가져왔다. 주로 전문 역사가들의 저작이나 역사 교과서를 통해서 강의실 등의 제한된 공간에서 생산되고 재현되어 온 역사가 영화, 소설, TV 드라마, 박물관, 미술관, 만화, 웹툰, 게임, 소셜 미디어 등 보통 사람들이 매일매일 접하는 일상의 공간으로 내려온 것이다. 이로써 역사적 지식의 생산-소비-유통의 싸이클이 결정적으로 변화하게 되었다. 소수의 전문 역사가가 생산하여 다수의 독자들에게 역사지식을 전달하는 일방적 소통 구조가 소셜 미디어에 접근할 수 있는 다수의 보통사람들이 역사를 생산·재현하는 다수 생산-다수 소비의 쌍방향적 관계성을 띠게 된 것이다.

과거를 재현하는 중심이 역사로부터 기억으로 이동했음을 의미하는 '기억론적 전회'(mnemonic turn)는 이러한 맥락에서 이해된다. 그것은 재현의 도구와 기술이 아날로그에서 디지털로 바뀌었다는 기술적 차원을 넘어, 과거를 재현하는 중심이 권력이 지배하고 있는 문서와 기록으로부터 힘없는 자들의 경험과 증언으로 이동했음을 의미한다. 기억연구는 이미 그 출발점에서 소소한 역사적 행위자들이 역사적 재현의 주체로 등장하고 날것 그대로 남아있는 희생자의 목소리를 재현함으로써 내러티브와 전거 자료의 민주화를 내장하고 있다. '기억론적 전회'는 위로부터 아래로 역사를 끌어내리는 담론적 민주화의 효과를 갖는 것이다. '풀뿌리 지구화'의 관점에서, 위로부터의 지구화에 대한 대안적 담론 체계로서의 기억연구가 주목되는 것도 이 때문이다. 기억연구는 우선 일국적 차원에서는 공적 기억에서부터 일상적 차원의 풀뿌리 기억에 이르기까지 기억구성체를 구성하는 다양한 층위와 영역에서 기억의 재생산과정에 대한 포괄적인 검토가 요청된다.

1987년 6월 민주화 투쟁 이래 정치적 민주화가 진전되면서 한국 사회의 기억구성체는 이념적 대립에 기초한 기억 투쟁의 성격을 점차 강하게 띄어 왔다. 특히 1989년 베를린 장벽의 붕괴 이래 냉전체제의 이념적 대립구도가 그 설득력을 잃으면서, 냉전의 이념대립에 기대고 있던 한반도의 정치세력들이 견지해온 진영론적 관점은 과거에 대한 기억의 투쟁으로 전이되고 있다. 멀리는 친일파 논쟁에서부터 한국전쟁을 전후한 시기의 양민학살, 베트남전쟁 당시 한국군의 민간인 학살, 이승만·박정희에 대한 역사적 공과와 건국절 논란에 이르기까지 한국사회의 기억 투쟁은 냉전시대의 극단적 이념 대립을 연상케 할 정도로 날카롭게 전개되고 있다. 유감스럽게도 그것은 권력이 주도하는 공적 기억과 밑으로부터의 풀뿌리 기억의 대립이기보다는 누가 '공적 기억'의 담론을 주도하는가를 둘러싼 헤게모니적 힘겨루기 싸움의 양상을 띠는 경우가 많다. 그 결과 풀뿌리 기억은 여전히 주변화 되어 침묵을 강요받고 있는 상황인 것이다.

　이념적 대립이 기억의 투쟁으로 전이되는 이러한 현상은 비단 한반도에만 국한된 것은 아니다. 지구화 담론의 중심축이 상상력으로부터 기억으로 이동한 21세기의 조건 속에서, 집단기억의 정치적 중요성은 지난 세기와 비할 수 없을 정도로 증대했다. '기억론적 전회'는 국가의 경계를 가로지르는 트랜스내셔널한 현상이 된 지 오래이다. 지구적 시민사회·공공영역이 형성되고 탈냉전 이후 아래로부터의 기억을 위에서 억누르는 이념적 금기가 무너지면서 내면적 지구화는 더욱 가속화되었다. 동유럽에서는 프롤레타리아 형제애의 이름 아래 억눌렸던 스탈린주의 테러에 대한 기억이 분출하고, 비서구 자본주의 진영에서는 반공의 진영논리에 갇혀있던 일본군 위안부와 강제징용, 식민주의 제노사이드 등에 대한 기억이 해방되기에 이르렀다. 그것은 지구적 기억구성체의 형성을 향한 첫 걸음이었다.

　그러나 '기억론적 전회'가 반드시 역사적 재현의 민주화나 탈국가주의적 경향을 담보하는 것은 아니다. 지구적 기억 공간의 형성에도 불구하고, 홀로코스트 기억을 중심으로 발전해온 기존의 기억연구는 서

구중심주의에서 크게 벗어나지 못했다. '홀로코스트의 코스모폴리탄
화'(Cosmopolitanization of the Holocaust)라는 용어에서도 잘 드러나듯이,
기억연구에서 홀로코스트의 절대성은 의심의 여지가 없는 부동의 전제였
다. 홀로코스트의 절대성, 중심성, 보편성을 비판적으로 극복하려는 시도
는 때때로 '홀로코스트의 상대화'라는 이름으로 홀로코스트를 부정하는
네오 나치의 논리와 동일시되면서 정치적 의심에서 자유롭지 못했다. 그
결과 홀로코스트의 보편성과 식민지 제노사이드의 특수성이라는 이분법
적 구도가 정당화되면서, 그것은 다시 유럽중심적 기억연구를 정당화하고
비유럽의 기억을 주변화하는 결과를 낳았다.

　동아시아의 기억 공간으로 눈을 돌려보면, 상황은 더 심각하다. 동아시
아의 기억 공간은 일본군 위안부, 강제징용, 식민지 배상, 식민지배/전쟁
협력과 저항, 식민주의 제노사이드, 난징대학살, 아시아태평양 전쟁, 동경
재판, 원폭경험과 탈핵 등 현존하는 국민국가를 경계로 나뉘어 경합하고
적대하는 기억들로 가득 차 있다. 우리에게 익숙한 동아시아의 '역사전쟁'
은 기실 '기억전쟁'이라는 더 큰 담론장의 일부이다. 서로 경합하고 적대
하는 기억들로 가득 찬 동아시아의 기억 공간에서 과거사를 둘러싼 갈등
과 긴장은 역사적 해석의 차이를 극복한다고 해소될 수 있는 것이 아니다.
공적 기억에서 풀뿌리 기억에 이르기까지 동아시아의 기억 공간이 서로
경합하는 기억으로 가득 차 있는 현실 앞에서, 왜곡된 역사적 진실을 복원
하면 동아시아의 평화가 보장될 것이라는 생각은 다소 안일하다.

　과거에 대한 기억이 서로 다르고 적대하는 상황에서 모두가 공감하는
객관적인 역사적 진실에 합의하는 것은 불가능할 뿐 아니라, '국정교과서'
사태에서 드러났듯이 오히려 위험하기까지 하다. 역사전쟁이 뿌리내리고
있는 정치적·사회적·문화적 담론장으로서의 동아시아의 기억 공간에 우
리가 주목하는 것도 이 때문이다. 현재 동아시아 각국을 지배하는 재영토

화된 집단기억은 국민국가의 경계를 넘어 동아시아의 차원에서 얽혀있는 기억이라는 트랜스내셔널한 맥락에서 이해되어야 한다. 이처럼 트랜스내셔널한 차원에서 기억이 생산·유통·소비되는 메커니즘에 대한 이해는 동아시아의 역사 갈등과 기억전쟁을 해결하는 첫걸음이다. 서로 다른 집단적 기억의 차이를 인정하면서도, 그러한 기억의 차이가 갈등과 대립이 아닌 공존과 상생의 동아시아라는 미래로 나아가는 인식론적·실천적 기반을 마련하는 것이다. 이 글은 동아시아의 적대적 기억 공간을 어떻게 평화적 공존의 기억 공간으로 재구성할 것인가라는 문제의식에서 출발한다.

2. 국가는 기억을 관리할 수 있는가?

국가 권력이 기억에 개입한 최초의 사례는 기원전 403년 아테네 민주정에서 발견된다. 당시 아테네는 펠로폰네소스 전쟁 직후 승전국 스파르타의 간섭 아래 수립된 '30인 참주정'을 무너뜨리고 민주정을 막 회복한 터였다. 아테네 민주정의 첫 행보는 뜻밖에도 모든 시민이 참주정의 과거를 기억하지 못하도록 법으로 강제하는 것이었다. 민주화 이후 '이행기 정의'를 실현하기보다는 전쟁의 상처를 보듬고 과두정파와 민주정파로 갈라진 정치적 갈등을 봉합하는 게 더 중요하다는 명분에서였다. 망각을 강제한 이 법은 전쟁의 트라우마, 패배의 수치심, 스파르타 점령당국이나 참주정과 협력했던 부끄러운 기억들을 지워버리고 싶었던 일부 시민들의 욕망과도 부합했을 것이다. 그러나 이후 수십 년간 아테네 민회가 이 시대의 기억을 둘러싼 정치적 다툼과 수사적 갈등으로 얼룩진 것을 보면, 망각을

강제했던 아테네의 정책은 별반 성공적이지 못했던 듯하다.[1]

부정의 방식이긴 하지만, '망각'도 기억의 한 방식이다. 그러니 고대 아테네에서 펼쳐진 '기억의 정치'가 망각을 추구했다고 해서 의아해할 것까지는 없다. 잊고 싶어 하는 기억의 역설은 1648년 베스트팔렌 평화조약에서 다시 발견된다. 30년에 걸친 잔혹한 전쟁을 마무리한 이 조약의 원칙은 '영원한 망각과 사면'(perpetua oblivio et amnestia)이었다. 전쟁 당사자들이 저지른 모든 가학행위는 그 방법과 장소를 막론하고 이제부터 영원히 잊어버리고 모든 행위자의 죄를 사한다는 내용이었다.[2] 그러나 1960년대까지도 많은 독일인은 17세기의 '30년 전쟁'이 20세기에 일어났던 두 차례의 세계대전이나 흑사병보다도 더 끔찍한 역사적 재앙이라고 기억했다. 베스트팔렌 조약이 죄를 사하였는지는 몰라도 잊게 만드는 데는 실패한 것이다. 전쟁의 참혹함이나 병사들의 잔학성, 민간인들이 겪어야 했던 고통의 기억들을 조약문서 한 장으로 지울 수 있다고 생각했다면 순진하기 짝이 없다. 차라리 화해와 평화에 대한 갈망이 그토록 강렬했던 것이라고 해석하는 편이 옳겠다.

이차대전 이후 냉전적 국제관계를 지배한 '기억의 정치' 역시 망각과 침묵의 공조로 요약된다. '냉전'(冷戰, Cold War) 체제의 틀 안에서 국가 권력이 이차대전에 대한 기억을 관리하는 방식은 나치즘과 스탈린주의의 범죄 가운데 하나를 선택하는 것이었다. 나토 동맹국들은 나치 독일의 범죄 행위에 침묵함으로써 서독에 손을 내밀었고, 동유럽의 사회주의 형제 국가들은 사회주의 모국이 저지른 스탈린주의적 테러의 기억을 지워버렸다.

---

1 David Cohen, 'The Rhetoric of Justice: Strategies of Reconciliation and Revenge in the Restoration of Athenian Democracy in 403 BC,' *European Journal of Sociology* vol. 42, no. 2 (2001), pp. 336-342.
2 Aleida Assmann, 'The Transformative Power of Memory,' in Małgorzata Pakier and Joanna Wawrzyniak eds., *Memory and Change in Europe: Eastern Perspectives* (New York: Berghahn, 2016), p. 24.

국가 공식 기념행사에서 동맹국이 저지른 범죄를 기억하는 행위는 금기였고, 적대 진영의 잔학함만 기억되었다. 진영 논리에 따른 이러한 기억 구도 속에서 홀로코스트가 설 땅은 별로 없었다. 설혹 보편주의적 관점에서 홀로코스트의 기억이 호출되는 경우에도, 스탈린의 악마적 반유대주의 또는 독점자본주의 파시즘의 원죄라는 진영 논리로 회귀되었다. 1989년 베를린 장벽이 붕괴될 때까지 이차대전의 역사는 이처럼 구멍이 숭숭 뚫린 채로 남아 있었다.

탈냉전 이후 진영논리에서 해방된 기억의 역사는 '민족적 기억'(national memory)에서 벗어나 '초국적 기억'(transnational memory)으로 발전해왔다. 특히 지구화의 방점이 상상력에서 기억으로 이동한 21세기에 들어서는 기억의 탈영토화가 급격히 진전되었다.[3] 기억이 국경을 넘어 자유롭게 이동하기 시작한 것이다. 그러나 기억의 탈영토화 이면에서는 기억의 재영토화 흐름이 나타났다. 스탈린주의 테러와 나치의 범죄를 등가로 놓는 '프라하 선언Prague Declaration'(2008.06.03)과 홀로코스트의 상대화에 반대하는 '70주년 선언Seventy Years Declaration'(2012.01.20)의 대립에서 보듯이, 트랜스내셔널한 기억 공간에서 탈영토화된 기억들이 다시 경합하고 재영토화되기 시작한 것도 지구화 시대의 일이다. 재영토화되고 재국민화되는 기억의 정점에는 '희생자의식 민족주의'가 자리 잡고 있다. 나치의 홀로코스트와 스탈린주의 테러 중에 어느 것이 더 끔찍했고 또 어느 민족이 더 고통을 받았는가 하는 식의 고통의 경주가 시작된 것이다.[4]

이 과정에서 국가가 기억을 생산하고 보관하고 소비하고 유통시키는 역

---

3   Aleida Assmann and Sebastian Conrad, 'Introduction,' in Aleida Assmann and Sebastian Conrad eds. *Memory in a Global Age: Discourses, Practices and Trajectories* (Houndsmill: Palgrave, 2010), pp. 1-10.

4   전지구적 기억 공간에서 구축된 이차대전의 기억에 대해서는 Jie-Hyun Lim, 'Second World War in Global Memory Space,' in Adam Tooze and Michael Geyer eds., *Cambridge History of World War II* (Cambridge: Cambridge University Press, 2015). Vol. III. pp. 698-724.

할을 자임하고 나선 것도 주목할 만한 현상이다. 극우적 민족주의를 지향하는 정치세력의 기억문화를 정당화하는 데 크게 기여한 폴란드의 '민족기억연구소'(Instytut Pamięci Narodowej)나 노무현 정권 당시 출범한 대통령 직속 '과거사청산위원회', 박근혜 정권이 거칠게 몰아 부친 '국정' 국사교과서 프로젝트, 항일투쟁의 기억을 공유하면서 국민당의 역사적 화해를 공식화하고 대만 독립파에 대항하는 민족적 연합전선을 시사하는 중국 공산당의 공적 기억, 식민주의적 야만을 부정하는 아베 수상의 몰염치한 역사정책들, 유럽연합 및 나토의 가입조건으로 동유럽 국가들에게 홀로코스트 교육을 의무화한 스톡홀름 정상회의 선언, 아르메니아 제노사이드의 기억을 국가의 공적 기억에서 지워버린 터키의 역사정책 등 국가권력이 직접 나서 사회적 기억을 관리하는 리스트는 한없이 길다.

　일본군 성노예 문제에 대한 '불가역적 해결'을 표방한 2015년 12월 28일의 한일 합의 역시 그러한 사례로 주목된다. 한국과 일본의 국가 권력이 성급하게 양국 간 기억 전쟁의 '불가역적 해결'을 선언한 배경에는, 탈냉전 시대 미·일·한 신동맹 체제를 통해 중국을 견제하려는 미국 주도의 '량전'(凉戰, Cool War) 체제 전략이 있다.[5] 한국과 일본이 여전히 기억의 전쟁 중에 있고 남북한과 중국이 연대하는 기억의 반일 동맹이 작동하는 한, 동아시아의 '량전 체제'는 성립하기 어려운 것이다. 식민지 시대의 적대적 과거에 대한 기억을 지워버리고 이제 그만 화해하자는 가능하지도 바람직하지도 않은 '불가역적 해결' 방안은 미·일·한 '량전 체제'를 구축하기 위한 고육책이 아닌가 한다. 동아시아라는 기억의 장에서 핵심적인 쟁점으로 부상한 일본군 성노예 문제에 대한 사회적 기억을 국가가 관리하겠다고 나선 것도 그 때문이다.

5　David Rothkopf, 'The Cool War,' http://foreignpolicy.com/2013/02/20/the-cool-war/ Accessed on 23 of January, 2016.

그러나 개개인의 내밀한 기억 행위를 법으로 규제하는 게 얼마나 가능할지는 의문이다. 기억을 금지할수록 사람들은 오히려 더 기억하려 들기 마련이다. 군 위안부 피해자들의 치유하기 힘든 깊은 트라우마, 그리고 그들의 고통에 대한 깊은 정서적 공감과 감정적 연대가 세대와 젠더, 이념과 민족의 경계를 넘어 형성되어 있는 상황을 감안하면 더욱 그러하다. 피해자들의 깊은 내상을 치유하겠다는 노력 없이 외교적 선언만으로 동아시아의 트랜스내셔널한 공간에서 작동하고 있는 밑으로부터의 기억을 불가역적으로 지울 수 있다는 발상은 너무나 안이하다. 외교적 화해가 위안부 할머니들의 트라우마를 치유할 수 있다는 믿음은 그야말로 순진한 생각이다. 자신들과 아무런 상의 없이 자신들에 대해 맺은 협정은 무효라는 위안부 할머니 피해자들의 항의 앞에서 그것은 화해가 아니라 상처를 덧나게 할 뿐이다.

더 근본적으로는 국가가 '기억'을 관리할 수 있다는 터무니없는 무지와 오만이 위안부 문제에 대한 한·일 합의의 밑바닥에 깔려 있다는 점이다. 기억에 대한 박근혜 정부의 무지와 오만은 국사 교과서의 국정화 사업에서 단적으로 드러난다. 기억의 정치라는 관점에서 보면, 국사 교육을 독점해서 '비판적 역사학'을 '기념비적 역사학'으로 대체하려는 시도는 밑으로부터의 '풀뿌리 기억'(vernacular memory)을 국가가 관리하는 '공식 기억'(official memory)으로 대체하겠다는 의지의 표현이다. 기억은 사물이 아니라 과정이며, 과거와 현재를 끊임없이 오가는 매개 행위이다. 기억한다는 행위는 뇌에 저장된 기억을 끄집어내는 단순 작업이 아니라, 매번 기억을 새롭게 재구성하는 수행적인 작업이다. 인간의 기억은 저장고에서 꺼내는 물건이 아니라 기억한다는 행위를 통해 끊임없이 재구성되는 능동적인 과정인 것이다. 때문에 기억은 끊임없이 변한다.

자신이 직접 경험하지 않은 과거를 기억할 때, 그 기억의 방향을 결정짓는 것은 역사적 지식의 프레임이다. 가령 전후 세대가 식민지 시대를 기억할 때, 그들은 학교에서 배운 식민지 역사를 통해 기억을 재현한다. 역사 교육뿐만 아니라 영화, 문학, 만화, 게임 등 대중적 문화공간을 지배하는 역사적 서사는 과거에 대한 개개인의 사유와 기억, 그리고 발화를 유도하고 구성하며 구조화하는 '서사적 틀'(narrative template)로 작동한다.[6] 국정교과서 프로젝트가 문제되는 것도 이 지점에서다. 그 밑에는 국가가 단일한 역사 서사를 통해 기억의 프레임을 독점하여 권력이 선호하는 사회적 기억을 만들겠다는 욕망이 숨어 있다. 그러나 고대 아테네에서부터 오늘날에 이르기까지 그 어떤 권력도 일방적 강제를 통해 사회적 기억을 만들어내는 데 성공하지 못했다. 역사적 서사가 만들어내는 공적 기억은 '지적 기억'(intellectual memory)의 주위만을 맴돌 뿐, 개개인의 아픈 경험이나 트라우마에 뿌리박고 있는 '깊은 기억'(deep memory)의 경지에는 도달하지 못한다. '풀뿌리 기억'은 항상 놀라운 생명력으로 '공식 기억'의 억압을 뚫고 생존해왔다.

'공식 기억'과 '풀뿌리 기억'을 포괄하는 사회적 기억은 서로 갈등하는 기억들 사이에 끊임없는 협상의 산물이다. 그것은 서로 다른 기억들이 부딪히고, 갈등하고, 경쟁하고, 견제하고, 화해하고, 조율하며, 협상하는 복합적이고 역동적인 과정을 통해 끊임없이 재구성되는 것이다. 한 사회를 지배하는 기억의 지형은 이처럼 '공식 기억'과 '풀뿌리 기억', '집단 기억'(collective memory)과 '집합 기억'(collected memories), '사회적 기억'과 '개인적 기억'들이 강제와 설득, 갈등과 화해, 경쟁과 조화 등의 복합적 상호작용을 통해 구축된다. 상상력과 기억의 지구화가 진전되면서부터는 '국경 안에 갇힌 기억'(national memory)과 '국경을 넘는 기

---

6   James V. Wertsch, 'Collective Memory and Narrative Templates,' *Social Research* vol. 75, no. 1
      (2008), pp. 133-56. http://www.jstor.org/stable/40972055.

억'(transnational memory)이라는 대립 항이 더 추가되었다. 이처럼 복잡한 기억의 정치는 결코 권력의 힘으로 관리되거나 국가의 명령 한마디로 정리될 수 없다.[7] 자신 역시 하나의 행위자에 불과한 국가는 계급, 민족, 인종, 젠더, 세대 등의 다양한 층위에서 이합집산과 합종연횡을 거듭하는 여타의 집단적 행위자들의 행위 주체성과 얽혀 '기억의 정치'를 만들어가는 것이다.

국가주의와 기억의 복합적인 관계를 이해하기 위해서는 국가의 의도라는 위로부터의 의도주의적 관점을 넘어설 필요가 있다. 국가가 만든 공식 기억이 사회적 기억으로 연결되어 설득력을 갖기 위해서는 위로부터의 강제가 아니라, 다양한 층위의 사회구성원들이 갖고 있는 경험을 역사적 기억으로 형상화하는 '서사적 틀'을 제시하고 그에 대한 밑으로부터의 동의가 필요한 것이다. '공식 기억'과 '풀뿌리 기억'이 모순적으로 공유하는 기억의 '서사적 틀'이 사회적 기억의 밑바닥에서 작동하는 복합적 움직임에 대한 고찰이 필요한 것도 이 때문이다. 그러나 '풀뿌리 기억'이 '공식 기억'보다 항상 더 윤리적인 것은 아니며, 또 양자가 반드시 대립하는 것만도 아니다. '풀뿌리 기억'이 '공식 기억'의 헤게모니 아래 종속되어 기억의 '재영토화', '재국민화'를 시도하는 경우도 자주 있으며, 또 역으로 동아시아, 유럽 등과 같은 더 넓은 지역적 단위로 기억의 화해를 시도하려는 '공식 기억'이 '풀뿌리 기억'의 완강한 민족주의에 백기를 드는 경우도 종종 있는 것이다. 국경을 넘는 밑으로부터의 기억의 연대는 이처럼 복잡한 기억의 매커니즘을 이해할 때 비로소 그 가능성을 엿볼 수 있다.

---

7   기억의 상호작용에 대한 입문적 논의로는 제프리 올릭, 『기억의 지도』 강경이 옮김 (서울: 옥당, 2011) 참조.

3. 민족주의 서사와 기억의 국민화

사카이 나오키는 '나치즘'(Nationalsozialismus)의 일본어 번역과 관련해서 흥미로운 에피소드를 전한다. 1990년대 초 그는 《주간 아사히》의 청탁으로 전후 일본에 대한 에세이를 기고했는데, 계속 퇴고당했다. 나중에야 그는 나치즘을 '국민사회주의'로 번역한 것이 문제됐음을 알았다. 편집자의 입장은 완강했다. 나치즘은 '국민'사회주의가 아니라 '국가'사회주의로 번역되어야 한다는 것이었다. 일본에서 독일어 'Nation'이 국가로 번역되는 경우는 매우 드물지만, 유독 나치즘의 경우에는 '국가'사회주의로 번역하는 것이 당시 좌파 지식인들의 관례였다. 사카이 나오키는 '국민' 대 '비국민'의 구도 위에서 '국민'을 신성화하는 대표적인 사례로 이 에피소드를 든다. 일본 '국민주의 좌파'의 자민족 중심주의는 이렇게 해서 '비국민'들이 전쟁에 대한 '국민'의 역사적 책임을 물을 가능성을 차단해버렸다는 것이다.[8] 일본의 전후 민주주의는 전전의 '민족'을 문제화하기보다는 '국민'으로 민주화하는 데 급급했다.

대부분이 식민지인이었던 '비국민'과 '제3국인'이 배제됨으로써, 전후 일본의 기억 문화에서 일본의 전쟁 책임을 묻는 것은 철저하게 일본 내부의 문제로 귀결됐다. 소수의 군부 파시스트 지도부 대 선량한 국민이라는 이분법적 구도에서 일본 제국에 대한 기억은 포스트 제국의 기억이 아니라 포스트 식민지의 관점에서 만들어졌다. 일본인은 아시아에 대한 식민주의자들이기보다는 미국의 피식민지인으로 차치되었다. 전후 일본의 포스트콜로니얼적 자기 인식은 페리 제독이 내습한 1853년부터 미 점령군이 일본 본토를 떠난 1952년까지의 백여 년을 서구 제국주의에 저항한

---

8 Naoki Sakai, 'History and Responsibility: On the Debates on the *Shōwa History*,' in Jie-Hyun Lim, Barbara Walker and Peter Lambert eds., *Mass Dictatorship and Memory as Ever Present Past* (Houndsmill: Palgrave, 2014), pp. 120-21.

'백년전쟁'의 틀로 해석하는 관점을 낳았다. '태평양전쟁'은 서구 제국주의에 대항하는 아시아의 반제 투쟁에서 하나의 에피소드였을 뿐이다.[9] 전후 일본의 기억이 이처럼 포스트제국이 아닌 포스트식민지의 위치에 놓이자, 일본의 식민지였던 조선과 타이완은 물론 중국과 인도네시아, 베트남, 필리핀 등 일본에 침략당한 아시아의 고통은 일본의 기억에서 쉽게 지워졌다.

'기억의 국민화'는 전후 유럽에서도 널리 퍼진 현상이었다. 자기 국민이나 민족이 아닌 희생자들에 대한 기억은 어디에도 설 땅이 없었다. 무엇보다 먼저 유대인 희생자들이 전쟁 기억에서 제외되었다. '유대인들은 죽어서만 폴란드 애국자가 된다'는 말에서 보듯이, 유대인 희생자들은 폴란드인이나 프랑스인, 네덜란드 국적의 희생자로 간주될 때가 아니면 기억에서 지워졌다. 1945년 4월 19일 파리 4구에서는 '프랑스를 프랑스인에게'라는 슬로건을 내세운 반유대주의 데모가 있었다. 원주인인 유대계 생존자가 귀환해 자신의 집을 점거하고 있던 프랑스인 이웃에게 퇴거를 요청하자 그에 반발한 프랑스인들이 일으킨 시위였다. 해방된 암스테르담에서 유대인 네티 로젠펠트(Netty Rosenfeld)는 레지스탕스 라디오 '부활 네덜란드'에 입사 원서를 냈지만, 공용방송에 적합하지 않은 이름이라는 이유로 서류가 반환됐다. 벨기에에서는 유대인 희생자들이 '국민배상법'에서 제외되었는데, 그들이 조국을 위해 싸우다 희생된 게 아니라 단지 유대인이라는 이유로 희생되었다는 이유에서였다.[10]

유대인 희생자들은 독일의 전쟁 기억에서도 배제됐다. 1946년 11월의 여론 조사에서 응답자 중 37%는 "유대인과 폴란드인 및 기타 비(非)아리

9   Sebastian Conrad, 'The dialectics of remembrance: memories of empire in Cold War Japan', *Comparative Studies in Society and History* 56 (2014), 13, 17-18.

10 Pieter Lagrou, 'Victims of genocide and national memory: Belgium, France and the Netherlands 1945-65', *Past & Present* 154 (1997), 182, 193, 198-99; Ian Buruma, *Year Zero: A History of 1945* (New York: The Penguin Press, 2013), pp. 134-35.

아인의 절멸은 독일의 안보를 위해 불가피했다"고 답했다. 또 비슷한 비율의 응답자들이 "유대인은 아리아인과 같은 권리를 가져서는 안 된다"고 동의했다. 1952년 서독의 여론 조사도 비슷한 결과를 보여준다. 역시 37%의 응답자가 자국 영토 내에 유대인이 없는 게 독일을 위해서 더 바람직하다고 답했던 것이다. 이스라엘에 대한 아데나워 수상의 배상 계획은 서독 연방의회에서 좌·우 모두의 반대에 부딪혔다. '기독교민주당'(CDU)은 유대인 희생자에 대한 배상이 유대인에 대한 특별대우를 반대하는 사람들 사이에 반유대주의를 일으킬 수 있다는 이유로 회의적인 태도를 보였다. 서독 '공산당'은 배상이 이스라엘 자본가들과 은행가들만 살찌우게 한다는 이유로 반대했다.[11] 1960년대 초까지 서독 법정은 소련의 포로수용소에서 동료를 배반하고 스탈린 비밀경찰에 협조한 귀환 포로들에게 나치 협력자들보다 더 가혹한 처벌을 내렸다. 법정이 강조한 '전우애'는 전선의 병사들을 홀로코스트의 학살에 동참하게 한 '공범 의식'과 다를 바 없었다.[12]

사회주의 동유럽에서 형성된 기억의 지형도 자본주의 서유럽과 크게 다르지 않았다. 두 진영은 정치적 대립에도 불구하고 '기억의 국민화'라는 같은 서사 모델을 채택했다. 소련의 전후 기억을 지배한 노동자들의 영웅적인 반파시즘 투쟁과 대애국전쟁이라는 서사에는 유대인의 고통이 들어설 자리가 없었다. 동유럽의 공산당들은 '뿌리 없는 코스모폴리타니즘'이라는 기치 아래 반유대주의를 숨기지 않았다. 동독에서는 파시스트들, 자본가들과 같이 유대계 코스모폴리탄 공산주의자들을 민족배반자로 숙청

11 Robert G. Moeller, *War Stories: The Search for a Usable Past in the Federal Republic of Germany* (Berkeley: University of California Press, 2001), pp. 26-27; Tony Judt, *Postwar: A History of Europe Since 1945* (New York: The Penguin Press, 2005), pp. 58-59.

12 Frank Biess, 'Between Amnesty and Anti-communism: The West German Kameradenschinder Trials, 1948-1960', in Omer Bartov, Atina Grossmann and Mary Nolan eds., *Crimes of War: Guilt and Denial in the Twentieth Century* (New York: The New Press, 2002), pp. 138-60.

했다. '인민 폴란드'(Polska Ludowa)에서는 1956년 고무카(Wﬁadysﬁaw Gomuﬁka)가 민족허무주의에 대한 투쟁을 선포한 이래 단일민족국가를 향한 행진을 개시했다. 그에 앞서 1946년 키엘체(Kielce)에서 벌어진 포그롬에 대한 당의 단호한 투쟁은 노동자 농민의 풀뿌리 반유대주의에 부딪쳐 좌초했다. 우파 정당의 집회에서 유대인을 제거한 히틀러에게 감사해야 한다는 목소리를 듣는 것은 별반 어려운 일이 아니었다.[13]

미국이나 이스라엘이라고 해서 상황이 크게 다르지는 않았다. 건국 시기의 이스라엘에서조차 홀로코스트는 의도적으로 잊혔다. 순한 양처럼 끌려가 속수무책으로 목숨을 잃은 유대 희생자들의 이미지는 이스라엘 독립과 건국을 주도한 히브리 전사들의 영웅적 이미지와 맞지 않았던 것이다. 또 팔레스타인으로 이주해 이스라엘을 건설하려 한 전간기 시온주의자들의 입장에서 볼 때, 이주를 거부하고 유럽에 남아 나치에 희생된 유대인들은 일종의 '민족배반자'였다. 홀로코스트 생존자는 1960년대까지도 '강제수용소 것들'(K-zetnik)이라 불렸다. 냉전 시기 미국의 유대인들도 유대인=공산주의자라는 매카시즘의 친공 혐의에서 벗어나는 게 급선무였다. 스탈린의 반유대주의가 홀로코스트를 제치고 주요 타깃이 된 이유다. 나치 전범 처벌에는 미온적이지만 반공 동맹의 주축인 '서독'을 배려한 미국의 동맹정책에도 부응해야 했다. 홀로코스트의 기억 여부가 세계시민적

---

13 Jeffrey Herf, *Divided Memory: The Nazi Past in the Two Germanys* (Cambridge, Mass.: Harvard University Press, 1997), pp. 33-36: Robert Cherry, 'Holocaust historiography: the role of the cold war', *Science & Society*, 63 (Winter, 1999-2000), 459-60: Norman Geras, 'Marxists before the Holocaust', *New Left Review* 224 (1997), 37-38: Jie-Hyun Lim, 'The Nationalist Message in Socialist Code: On the Court Historiography in People's Poland and North Korea', in S. Sogner ed., *Making Sense of Global History: The 19th International Congress of Historical Sciences Commemorative Volume* (Oslo: Universitetsforlaget, 2001), pp. 373-88: Jan T. Gross, *Fear: Anti-Semitism in Poland after Auschwitz* (New York: Random House, 2006), pp. 98, 120-22, 225-26.

미덕을 가늠하는 오늘날의 상황과는 사뭇 대조적이다.[14]

민족 서사를 통해 국민화된 전후 유럽 사회의 기억에서 사라진 것은 유대인만이 아니었다. 외국인 강제 노동자들이 독일의 배상법 체계 안에 들어온 것은 겨우 2000년 8월의 일이었다. 신티와 로마 등 집시 부족들은 공공질서를 지킨다는 명분으로 감시와 연금을 허용하는 법률 때문에 배상에서 제외됐다. 공산주의 지지자들은 나치즘과는 다른 전체주의 체제를 지지했다는 이유로 역시 보상받지 못했다. '반사회분자'들을 보호, 관찰, 구금, 거세하는 제3제국의 법률은 사회질서를 유지한다는 명분으로 서독의 사법체계에도 그대로 이어졌다. 남성 동성애자를 처벌하는 나치의 악명 높은 형법 175조 역시 서독의 형법에 그대로 반영됐다. 외국인 강제노동자나 전쟁포로와 성관계를 맺어 나치의 인종주의적 성 규범을 어겼다는 이유로 처벌받은 독일 여성들 역시 배상에서 제외되었다.

마찬가지로 동아시아에서도 인종, 민족, 젠더, 이데올로기 등에 따라 차별적인 기억과 배상이 이루어졌다. 가부장사회에서 가장 먼저 배제된 것은 소수자였던 여성들의 고통에 대한 기억이었다. 종전 직후 네덜란드의 주관 아래 바타비아(오늘날의 자카르타)에서 열린 전범재판에서 네덜란드 여성들을 군 위안부로 만든 일본군 전범에 대한 재판이 이루어졌다고는 하나, 이는 여성의 인권에 대한 존중보다는 동양 남성이 서양 여성을 성적으로 착취함으로써 인종주의적 금기를 무너뜨린 데 대한 처벌의 성격이 더 강했다. 1991년 김학순 할머니의 용기 있는 고발이 있기까지 군 위안부의 고통은 한반도의 식민지 기억에서 철저하게 배제되었다. 한반도 여성들을 성노예로 만든 일본 군국주의에 대한 가부장적이고 민족주의적인 분

14 Dan Diner, "Cumulative Contingency: Historicizing Legitimacy in Israeli Discourse" *History and Memory*, Special Issue: Israel Historiography Revisited vol. 7, No. 1 (1995); Michel Warschawski, *On the Border* Eng. tr. by Levi Laub (Cambridge/MA: South End Press, 2005); Tom Segev, *The Seventh Million: The Israelis and the Holocaust* tr. by Heim Watzman (New York: An Owl Book, 2000).

노와는 별도로, 독립기념관에 군 위안부 기념비를 건립하자는 제안은 공간이 없다는 이유로 기각되었다. 군 위안부에 대한 기억은 독립기념관의 영웅적이고 가부장적인 민족 서사와 맞지 않았을 것이다.

기억의 국민화가 불러온 가장 큰 역설은, 유대인, 식민지 서벌턴(Subaltern), 외국인 강제노동자, 신티와 로마, 동성애자, 사회주의자, 반사회분자 등 다양한 소수자들을 기억에서 지워버리고 그 대신 가해자들을 피해자로 둔갑시켰다는 점이다.[15] '유일한 피폭국'인 일본에서 '절대악'으로서의 히로시마는 항상 아우슈비츠와 비견되어 왔다. 일부 우익 민족주의자들은 심지어 유대인과 일본인을 백인 우월 인종주의의 대표적 희생자로 간주해왔다.[16] 원자폭탄에 더해 연합군의 소이탄 공격, 히키아게라 불리우는 일본인 피난민들이 피난길에서 겪어야 했던 고통, 시베리아 포로수용소에서의 일본군 포로가 겪었던 일 등은 희생자 일본의 기억을 만드는 원천이었다. 히로시마와 나가사키를 기억하는 반대급부는 일본군 성노예와 난징대학살을 비롯해 일본군이 저지른 잔학행위를 잊는 것이었다. 일본군이 중국 등에서 저지른 전쟁 범죄는 히로시마의 종말론적 지옥에 비하면 사소한 것이라는 자기 정당화 논리가 작동한 것이 아닌가 한다. '태평양전쟁'이라는 관용적 용어 또한 아시아의 이차대전을 미국 대 일본의 단선적 대립 구도로 환원시킴으로써 아시아 이웃 국가에 대한 일본의 침략과 잔학 행위를 지우는 데 기여했다.

홀로코스트라는 '절대악'과 정면대결해온 독일의 비판적 기억도 자기변호적 기억에 잠식되기 시작했다. 1989년 베를린 장벽의 붕괴 및 통일

---

15 Jie-Hyun Lim, 'Victimhood Nationalism in Contested Memories: National Mourning and Global Accountability', in Aleida Assmann and Sebstian Conrad eds., *Memory in a Global Age: Discourses, Practices and Trajectories* (Houndsmill: Palgrave Macmillan, 2010), pp. 138-62.

16 Ian Buruma, *The Wages of Guilt: Memories of War in Germany and Japan* Korean Translation (Seoul: Hangyŏreh Shinmusa, 2002), pp. 119-26; John W. Dower, 'An Aptitude for Being Unloved: War and Memory in Japan', in Omer Bartov et. al. eds., *Crimes of War*, p. 226.

과정에서 냉전의 금기가 무너지면서, 억압되었던 희생의 기억이 되살아났다. 연합군 폭격전대를 나치의 살인특무부대와 비교하거나 소이탄으로 불타는 독일 도시들을 강제수용소의 화장장으로 묘사하는 등 홀로코스트의 용어들을 차용해서 연합군의 무차별 폭격으로 인한 독일 민간인들의 희생을 그렸고, 대신 독일 폭격 전대들이 동유럽의 민간인 타깃을 무차별 폭격한 기억은 잊혔다. 독일군 귀환 포로들과 동프로이센 피난민들의 경험이 재현되는 경우, 이들은 공산주의라는 야만과 잔인한 러시아인들의 인종적 증오와 민족적 편견의 끔찍한 피해자로 묘사되었다. 단치히와 같은 동프로이센이나 주데텐란트, 동유럽의 독일 교포들 사이에서 나치에 대한 비할 데 없이 높은 지지도에 대해서는 침묵한 채, 그들을 순진한 피해자로 묘사하는 경우도 적지 않았다. 냉전의 금기가 무너지면서 침묵을 강요당했던 기억들이 그 오랜 침묵을 보상이라도 하듯 더 강한 목소리로 되살아나기 시작한 것이다.[17]

사실상 희생자와 가해자의 경계는 단선적이기보다 복잡한 층위를 가진 불연속선으로 그어진다. 희생자 안에 가해자가 있고, 가해자 안에도 희생자가 있다. 이 불연속선은 국가나 민족의 경계를 넘기도 하고, 한 개인 안에 희생자와 가해자를 나누는 경계가 그어지기도 한다. 그럼에도 잔학한 전쟁의 국가적 행위자였던 일본과 독일이 스스로를 희생자로 규정하는 자기 변호의 기억은 주변국의 정서를 자극하고도 남음이 있다. 재미 한인들로부터 시작해서 태평양을 건너 본국에서 증폭된 『요코이야기』에 대한 한국사회의 분노나 독일의 '추방자 연맹'의 희생자의식에 대한 폴란드나 체코의 분노는 민족 서사에 입각한 기억의 국민화 과정이 국가의 경계를 넘어 트랜스내셔널한 공간에서 작동되고 있음을 잘 보여준다. 국경을 넘어

---

17 Herf, *Divided Memory*, 110; Judt, Postwar, 471; Jan Piskorski, *Vertreibung und Deutsch-Polnische Geschichte* (Osnabrück: fibre Verlag, 2005), pp. 37, 42ff; Aleida Assmann, 'On the (in) compatibility and suffering in German memory', *German Life and Letters* 59 (April, 2006), 194.

이동하는 기억들이 기억의 탈영토화보다는 재영토화로 귀결되면서, '기억의 국민화'는 21세기의 지구화 시대에도 여전히 진행형인 것이다.

4. 희생자의식 민족주의: 기억의 탈역사화와 과잉맥락화

『요코이야기』(So Far from the Bamboo Grove)는 일본인 작가 요코 카와시마 왓킨스(Yoko Kawashima Watkins)의 자전적 이야기이다. 이차대전에서 일본이 패전했을 당시 11세 소녀였던 작가와 그 가족이 생명의 위협, 굶주림, 성 폭행의 공포 등을 겪으면서 한반도 북부의 나남에서 일본으로 귀환하면서 겪은 참혹한 생존의 경험이 잘 녹아 있다. 이차대전이라는 전쟁의 공포와 참상이 가시지 않은 가운데 일본의 식민주의 지배가 막을 내리고 새로운 지배 질서가 구성되는 혼란기 조선에서 패주하는 일본의 거주민들이 겪어야만 했던 고통을 10살 내외의 어린 소년소녀들이 잘 이해할 수 있게 쉬운 언어로 리얼하게 그리고 있는 책이다. 행복했던 '자아'가 일본으로의 귀환과 정착 과정에서 무수한 시련을 겪지만 그 시련을 통해 성장하고 고통을 극복한 결과 적절한 보상을 받는다는 서사구조는 오히려 그 영웅전적 단순함 덕분에 미국의 어린 청소년들에게 더 호소력을 지닐 수도 있겠다.

1986년 미국에서 첫 간행된 이 책은 2005년 4월 한국에서도 『요코이야기』라는 제목으로 번역 발간된 바 있다. 발간 당시 한국에서 이 책은 그리 큰 반응을 얻지는 못했다. "1945년 일제가 패망할 당시 한반도 북단 나남에서부터 일본까지 험난한 피난길에 오른 일본인 일가의 이야기를 어린 소녀의 눈으로 그린 자전적 소설"이라는 《연합통신》의 2005년 5월 13

일자 기사 혹은 "국적을 잠시만 잊는다면, 전쟁이 한 가족의 삶을 어떻게 고난에 빠뜨리는지 담담하게 묘사한 성장소설"이라는 2005년 5월 6일자 《조선일보》 기사는 이 책이 흘려버리기 쉬운 평범한 책으로 대접받았음을 말해준다. 이 책이 새삼 한국 언론에서 뜨거운 논의의 대상으로 떠오른 것은 2007년 1월의 일이다. '얼빠진 한국 일본마저 거부한 『요코이야기』 출간', '일 전범 딸이 쓴 엉터리 조선 회상기', '미국도 속은 일본판 안네의 일기', '요코이야기 왜곡투성이' 등등의 자극적인 기사 제목에서 보듯이, 진보신문과 보수신문을 막론하고 보도의 핵심은 이 책이 역사를 왜곡하고 있다는 것이다.

한국 언론의 경쟁적 보도에 앞서, 논쟁의 불씨는 미국에서 이미 지펴졌다. 2006년 9월 보스턴과 뉴욕의 한국계 미국인들이 미국학제로 6학년 역사과목의 리딩 리스트에 포함된 이 책에 문제를 제기한 것이다. 뉴욕의 한 한국계 여학생은 『요코이야기』를 배울 수 없다며 등교를 거부했고, 보스턴 지역의 한인 학부모들이 지역 교육위원회에 교재 사용 중단을 요청했다. 한국계 미국인들이 제기한 문제의 핵심은 이 책이 식민주의와 전쟁의 피해자인 한국인들을 가해자로 묘사하고, 가해자인 일본인들은 피해자로 묘사하고 있다는 점이다. 동아시아의 역사에 무지한 미국의 학생들에게 식민주의의 희생자인 한국인이 폭력적 가해자로 그리고 일본인이 무고한 피해자로 각인될 수 있다는 그들의 항의는 미국적 맥락에서 일리가 있는 것으로 보인다. 이 책에는 사실상 일본 식민주의의 역사적/도덕적 부당성이나 난징 대학살 등과 같은 일본군이 저지른 범죄나 잔학행위는 생략되어 있다. 단지 "한국인들은 일본 제국의 일부였으며 일본인들을 증오했다"는 지나가는 투의 언급만 있을 뿐이다.

『요코이야기』에서 드러난 저자의 정확하지 않은 기억이나 일본 식민주의와 동아시아에 대한 적절한 역사적 주석이 필요하다는 하버드대 에커트

(Carter Eckert) 교수의 지적도 같은 맥락에서 이해된다. 이와 더불어 일본 식민주의에 의한 한국인 소년의 수난을 그린 김은국(Richard Kim)의 『빼앗긴 이름』(Lost Names)을 미국 학생들에게 같이 읽히자고 그는 제안한다. 특히나 한글 번역본에서 '인민군'으로 번역되고 있는 항일 공산당 군대는 1945년 9월 초에나 한반도에 들어오게 되는데 이 책에서는 '인민군'이 바로 가해의 주체인 것처럼 그려진다. 물론 지방의 토착 공산주의자들이 패전 직후 자신의 손으로 직접 '민족적 정의'를 실현하고자 했을 가능성을 배제할 수는 없다.[18] 그럼에도 피난가는 일본 민간인을 무자비하게 약탈하고 폭행하는 주체를 '인민군'으로 묘사한 것은 항일 공산주의 운동을 '비적'으로 격하시켰던 일본 식민주의의 학습효과가 아닌가 한다. 미국 사회의 뿌리깊은 반공주의적 정서와도 무관하지는 않을 것이다.

『요코이야기』에서 보듯이, 개인적 기억은 공식적 역사 서술보다 생생하고 구체적이다. 폭격이나 강간, 추방 등에 대한 개인적 기억이 전쟁 이야기의 핵심을 이루는 것도 이 때문이다. 개인적 기억은 또한 자주 세대에서 세대로 전승되면서, 가족적 기억을 구성한다. 가족적 기억은 자주 가족 구성원에 대한 엄격한 충성이라는 특징을 지닌다. 가족적 기억의 이러한 특성은 가족 구성원의 누군가가 가해자였다는 사실을 좀처럼 인정하지 않는다. 상상력으로 보충된 대부분의 가족적 기억이 희생자의 기억으로 구성되는 것도 그러한 이유에서이다.[19] 이처럼 기억은 과거 그 자체를 그대로 재현하지 않는다. 개인적 기억이든 가족적 기억이든 그것이 활성화되는 배경에는 '집단기억' 혹은 '문화적 기억'이 자리한다.[20] '집단기억'을 통

18 Carter Eckert, "A matter of context," *The Boston Globe*. December 16, 2006.
19 가해자 의식에 대한 담론이 독일의 공식적 역사의식을 지배하게 된 1960년대 이후에도 독일의 가족적 기억의 대부분은 여전히 희생자의 기억으로 남아있었다는 점에 주목하라. Stefan Berger, "On Taboos, Traumas and Other Myths," in Bill Niven, *Germans as Victims* (New York, 2006), p. 223.
20 집단기억과 문화적 기억에 대해서는 Maurice Halbwachs, *On Collective Memory* eng. tr by Lewis A. Coser (Chicago, 1992); 알라이다 아스만, 『기억의 공간』 변학수 외 옮김 (경북대출판부, 2003) 참조. 국내의 연구로는 전진성, 『역사가 기억을 말하다』 (휴머니스트, 2005) 참조.

해 사회적으로 매개된 개인적 기억의 주체는 자유로운 개별주체이기보다는 국가나 민족과 같은 집단적 행동주체이다. 혹은 개인주체라 해도 집단기억의 매트릭스에 얽매인 주체인 것이다. 정직한 개인의 기억이라고 해서 역사를 객관적으로 복원하는 것은 아니다.

요코 카와시마 왓킨스의 기억도 이 점에서 예외는 아니다. 요코의 사적 기억을 얽어매고 있는 집단기억의 매트릭스는 아마도 '히로시마'로 요약될 수 있지 않을까 한다. '20세기에 자행된 최악의 죄악'이라는 한 일본인 논자의 표현처럼 히로시마는 일본 민족의 모든 고난을 집약한 거의 신성한 단어이다. 뿐만 아니다. 히로시마는 절대악의 상징으로 종종 아우슈비츠와 비교된다. 심지어는 일본인과 유대인을 백인 인종주의의 대표적인 희생자로 제시하는 소설까지 있을 정도이다.[21] 희생자로서의 자기 연민이 주조를 이루는 요코 카와시마 왓킨스의 개인적 기억은 일본 민족 전체를 세계 최초의 원폭 희생자로 간주하는 일본 사회의 지배적인 집단기억에서 크게 자유롭지 않은 것으로 보인다. 일본의 평화주의가 원폭문제를 식민주의적 침략이나 군사도시 혹은 군수산업의 중심이었던 히로시마와 나가사키의 역사적 맥락에서 떼어놓는 것과 같은 탈역사적 맥락화가 요코의 기억에서도 발견된다. '일본 그 자체가 한국과 중국의 내셔널리즘의 피해자라는 자기 이미지 제작'에 열심인 '새 역사교과서 모임'의 움직임까지 감안한다면, 탈역사적 맥락화는 더욱 위험하다. 중국의 공격적 내셔널리즘에 희생되고 있다는 논리가 1930년대 일본의 중국 침략을 정당화한 역사적 경험을 상기하면 더욱 그러하다.[22]

작가가 자신의 개인적 기억을 뒤받치고 있는 일본 제국의 집단기억의 매트릭스를 더 예리하게 의식했다면, 더 성찰적이고 더 설득력 있는 이야

---

21 이안 부루마, 『아우슈비츠와 히로시마』 정용환 옮김 (한겨레신문사.2002), pp. 119-126.
22 테사 모리스-스즈키 지음, 『일본의 아이덴티티를 묻는다』 박광현 옮김 (산처럼, 2005), p. 56.

기가 되지 않았을까 하는 아쉬움이 크다. 동아시아의 역사에 무지한 미국의 학생들에게 식민주의의 희생자인 한국인이 폭력적 가해자로 그리고 일본인이 무고한 피해자로 각인될 수 있다는 한국계 미국인들의 항의가 설득력을 갖는 것도 이 지점에서이다. 그러나 어린 소녀의 시선으로 가해와 희생을 대립시키는 단순 구도 속에서 자신의 생존이야기를 그리는 이 책의 내러티브가 단순하다는 지적은 가능하겠지만, 이 책을 거짓투성이라고 단정하기는 곤란하다. 일본인 희생자에 대한 정확한 통계는 없지만, 기존의 연구를 종합하면 종전 당시 만주와 한반도에 거주하던 90여 만 명의 일본인 중 약 3만에서 9만 명이 귀환과정에서 살해되거나 굶주림 혹은 질병으로 사망했다는 추계가 가능하다.[23] 또 일본인 희생자의 대부분이 노인과 여성, 그리고 어린 아이들이었다는 점에도 의심의 여지는 없다.

물론 이 통계 수치는 잠정적 추계에 불과하고 재조선 일본인들의 역사적 경험도 거주지역이나 계급, 성별에 따라 다를 수밖에 없다. 이 점에 대해서는 면밀한 검토가 필요할 것이다. 이에 대한 면밀한 검토 없이, 일본의 식민주의와 범죄적 전쟁행위에 대한 서술이 없다는 이유만으로 저자가 식민주의의 옹호자라는 식으로 비판하기는 사실상 어렵다. 기억은 생생하지만 부정확하다는 점을 고려한다면, 요코 카와시마 왓킨스의 선의를 의심하거나 그 기억이 정확하지 못하다는 비판도 별로 와 닿지 않는다. 탈역사화된 희생자의식에 기초해 있는 일본의 평화주의가 요코의 개인적 기억의 사회적 매트릭스로 작동하는 메커니즘에 대한 비판적 이해가 요구되는 것은 이 때문이다. 일본 식민주의의 가해라는 담론적 틀 속에서 자신들이 겪어야 했던 희생을 이해하는 역사적 사유방식이 요코에게 요구된다면,

---

23 Allan B. Cole, "Population Changes in Japan," *Far Eastern Survey*, Vol. 15, No. 10 (1946), p.150; 옥한석, "일제시대 한반도에서의 일본인 거주와 그 영향에 관한 연구, 1925~1940." 〈韓國地理·環境教育學會〉 제7권 제2호(1999), pp.860-861; 김기훈, "「滿洲國」史 硏究의 國際的 動向," 《중국사연구》 제16집, (2001.12), p.324.

요코의 비판자들에게는 조선인들이 주로 일본 식민주의의 희생자였지만 특정한 역사적 조건 속에서는 가해자이기도 했다는 역사의 복합성을 이해하는 자세가 요구되는 것이다. 현실 사회주의의 범죄적 과거를 대면하는 과정에서, 가해자와 피해자의 경계는 그들과 우리 사이가 아니라 바로 우리 안에 있다는 하벨(Vaclav Havel)의 성찰이 돋보이는 것도 이러한 맥락에서이다.[24]

『요코이야기』에 대한 한국 언론의 보도를 추적하다 보면, 흥미로운 현상이 하나 발견된다. 정확하게는 2007년 1월 17일 오후부터 저녁에 걸쳐 『요코이야기』에 대한 비판 기사들이 일제히 모든 주요 일간지의 웹사이트에 올려져 18일자 시판 신문에 게재되고 있다.[25] 그런데 《보스턴 글로브》지의 한 기사에 따르면, 뉴튼 소재 한국 영사관이 『요코이야기』가 한국인을 사악한 가해자로 묘사하는 등 뒤틀리고 왜곡된 견해를 제공한다고 비판하는 편지를 메사추세츠 주 교육부에 보낸 것은 동년 1월 16일의 일이다.[26] 미국 동부와 한국의 시차가 14시간이라는 점을 고려하면, 한국 영사관이 편지를 보낸 시점과 한국 언론이 일제히 『요코이야기』에 대한 보도를 내보낸 시점이 절묘하게 일치한다는 사실을 알 수 있다. 우연의 일치라고 치부하기에는 무언가 석연치 않다. 미국의 한인 학부모들이 문제를 제기한 2006년 가을에는 정작 조용했던 한국 언론들이, 약속이라도 한 듯 1월 17일을 『요코이야기』에 대한 비판의 디데이로 삼은 것이다.

물론 우연일 수도 있다. 또 우연이냐 여부가 그리 중요한 문제도 아니다. 중요한 것은 요코의 책이 한국사회에서 읽히는 맥락이 미국 사회의 맥락과는 많이 다르다는 점이다. 한국에서 『요코이야기』는 미국에서처럼 동

24 Vaclav Havel, "The power of the powerless," John Keane ed., *The Power of the Powerless: Citizens against the state in central-eastern Europe* (London, 1985) 참조.
25 이 글에서는 조선, 동아, 중앙, 한겨레신문과 연합통신의 인터넷 판을 참고했다. PDF 파일로 확인하면 1월 18일자 시판용 신문이다.
26 http://www.boston.com/news/globe/west/2007/02/korean_official.html

아시아의 낯선 역사에 대한 이해의 문제가 아니라, 현재 한국 사회에서 작동하는 집단 기억과 기억 정치의 문제를 제기한다. '진보'와 '보수'를 막론하고 언론 보도를 통해 나타난 한국 사회의 독법은 저자의 아버지가 731부대의 간부였다는 마타도어적 의혹을 부풀리고 개인적 기억이 가질 수밖에 없는 역사적 부정확성을 근거로 요코의 고통을 아예 부정하려는 듯한 혐의가 짙다. 요코 카와시마 왓킨스에게서 엿보이는 희생자의식의 탈역사화에 대한 비판이 아니라, 아예 요코의 기억을 역사의 왜곡으로 몰고 간다. '역사의 진실'이라는 이름으로 『요코이야기』에 대해 실증주의의 메스를 들이대고 거짓말로 몰고 가는 논리는 일본 우익의 실증주의적 역사논리와 매우 유사하다. 할머니들의 흐릿하고 자의적인 기억을 사실로 인정할 수 없으며 그 증언을 뒷받침하는 공문서가 없다는 이유로 위안부의 역사를 말소해 버리려는 그들의 논리와 실증주의적 인식론을 공유하는 것이다.[27]

한국 언론의 보도 태도에서 나타나는 이러한 경향은 일본민족=가해자 대 한국민족=희생자라는 이분법이 흔들리는 데 대한 당혹감의 표현이 아닌가 싶다. 피난길에 오른 일본 여성을 위협하고 강간하는 가해자로서의 한국인에 대한 요코의 기억은 피해자로서의 한국민족의 역사적 정당성을 저해한다는 판단이 그 당혹감의 밑에 깔려 있을 것이다. 정확한 사료에 근거하지 않은 떠도는 이야기를 재구성한 것에 불과하다고 『요코이야기』의 신뢰성을 의심하고 심지어는 저자의 아버지가 인간의 생체실험 등 범죄행위로 악명 높은 731부대의 장교였다는 부풀어진 의혹을 통해 요코의 가해자적 위치를 강조하는 것도 같은 맥락에서 이해된다. 그러나 만주와 한반

---

27 다카하시 데츠야, 『일본의 전후책임을 묻는다』 이규수 역 (역사비평사, 2000), 147쪽. 군위안부의 존재를 부정하려는 일본의 우익들은 공식적인 역사기록에 기록되지 않은 사실을 인정할 수는 없다며 확실한 역사적 증거를 요구한 바 있다. 강제연행을 명령한 군의 공문서가 없다는 이유로 피해자의 증언을 말소해 버리려는 전략이 그 밑에는 깔려 있었다.

도에서의 90만 일본 피난민들 중 적게는 3만 명에서 많게는 9만 명이 희생되었다는 통계 앞에서 이러한 비판들은 별로 설 땅이 없다. 한국민족=희생자 대 일본민족=가해자라는 등식은 현실을 대단히 단순화시키고 있다.

한편 언론 보도와 비교하면 소셜 미디어 공간에서 나타나는 부정론은 더 단도직입적이고 더 거칠고 더 단순하다. 이들이 자주 사용하는 단어들은 '거짓말', '혐오스러운 조작', '진실의 왜곡', '사실의 날조', '날조된 역사에 전적으로 의존하고 있는 싸구려 픽션', '각주가 있는 픽션', '수백 가지 거짓말' 등처럼 즉물적이다. 가장 단순한 홀로코스트 부정론자들, 얀 그로스의 『이웃들』에 대한 폴란드 민족주의자들의 비판, 요코 카와시마 왓킨스의 『요코이야기』에 대한 한국 민족주의자들의 비판 등에서 이처럼 즉물적인 부정론의 수사가 자주 발견된다. 이 단순 부정론자들에 따르면 동유럽이나 동아시아의 역사를 모르는 바보 같은 국제 여론이나 순진한 미국 독자들을 속이고 자기 민족의 명예를 훼손시키기 위해 그로스나 왓킨스 같은 음모적 픽션들이 역사책의 위장을 두르고 서점가에 나타났다는 것이다.[28] 그로스의 책이 폴란드 민족을 음해하려는 국제 유대 도당들의 음모라거나 일본군 위안부에 대한 기억은 한국 민족주의자들이 군위안부의 성매매 과거를 감추고 일본 민족의 명예를 더럽히려는 거짓말이라고 보는 일본 극우 민족주의자들의 부정론이 이미 잘 입증하는 바이다.

'혐의'는 부정론의 역사적 진정성을 강화하기 위해 자주 등장하는 담론 장치 중의 하나이다. '혐의'는 굳이 입증될 필요가 없다. 입증된다면, 그것은 더 이상 혐의가 아니라 사실이다. 대부분 소문에 의거해서 퍼뜨리는

---

28 http://www.amazon.com/Neighbors-Destruction-Jewish-Community-Jedwabne/product-reviews/0142002402/ref=cm_cr_pr_viewpnt_rgt?ie=UTF8&showViewpoints=1&sortBy=helpful&filterByStar=critical&pageNumber=1and passim; http://www.amazon.com/Bamboo-Grove-Yoko-Kawashima-Watkins/product-reviews/0688131158/ref=cm_cr_pr_viewpnt_rgt?ie=UTF8&filterBy=addOneStar&showViewpoints=0&filterByStar=critical&pageNumber=1and passim. Accessed on 6 of April, 2015 and 15 of January, 2016.

'혐의'는 대부분 감정을 불러일으키려는 목적으로 유포되는데, 자료로 검증될 수 없는 경우가 대부분이다. 이성적 검증 과정에서 살아남는 경우가 별로 없지만, 부정론에 대한 대항 기억을 격하게 부정하고 비난하는 감정을 불러일으키면 이미 절반의 성공인 것이다. 설혹 사실이 아닌 것으로 밝혀져도 그때는 이미 그 혐의가 불러일으킨 격한 감정들이 기억의 공간과 담론 질서를 지배하는 상황이 되기 쉬우므로 괜찮다. 혐의는 대개 그 대상에 대한 의심과 의혹, 불신을 불러일으킴으로써 그 기억의 역사적 진정성을 무너뜨리고 신뢰성을 뒤흔든다. 실제로 많은 부정론과 자기 변호적 기억들은 소문에 의거한 '혐의'의 담론으로 구성된다. 많은 부정론자들이 채택하고 있는 '혐의'는 자신들의 부정론을 입증할 필요도 없이 비판적 기억의 신뢰성을 무너뜨리고 반박하는 가장 손쉬운 도구이다.

예컨대 예드바브네 논쟁 당시 폴란드 민족주의자들은 그로스가 주로 의존하고 있는 증인인 학살의 생존자 바서쉬타인(Szmuel Wasserstein)이 소련 비밀경찰의 멤버이고 폴란드 안전보위부의 중위였다는 혐의를 걸었는데,[29] 그 혐의만으로도 그로스의 주장은 큰 손상을 입을 수 있다. 예드바브네에 대한 그로스의 논의에서 가장 중요한 증인이 비밀경찰이라는 혐의는, 그의 증언 자체가 소련이나 폴란드 스탈린주의자들의 정치적 각본에 따른 것이며 따라서 그로스의 논의는 스탈린주의자들을 정당화하는 논리가 되는 식이다. 1946년 키엘체 포그롬 당시 경찰복을 입고 군중을 지휘했던 인물을 1960년대 이스라엘의 소련 대사관에서 목격했다는 식의 혐의는 키엘체 포그롬이 소련 비밀경찰의 각본에 따라 움직인 학살극이 되고, 따라서 진범은 소련의 비밀경찰이 되는 것이다. 『요코이야기』 파문 당시 주인공 요코의 아버지가 악명높은 731부대의 장교였다는 혐의는 사실

---

29 http://www.amazon.com/Neighbors-Destruction-Jewish-Community-Jedwabne/product-reviews/0142002402/ref=cm_cr_pr_btm_link_1?ie=UTF8&showViewpoints=1&sortBy=helpful&filterByStar=critical&pageNumber=1Accessed on 15 of January, 2016.

여부와 상관없이 자신과 자기 가족을 희생자로 그리고 있는 요코 카와시마 왓킨스의 진정성을 훼손시키기에 충분하고도 남음이 있다. 일본군 위안부 할머니들에 대해 직업적 창녀였다는 혐의를 거는 일본의 극우 정치가들의 혐의도 악질적이다.[30] 일말의 진실을 일반화된 진리로 부풀림으로써 이 주장은 일본군 위안부 할머니들의 명예를 손상시키고 한국 민족주의의 주구로 전락시킨다.

부정론자들이 사용하는 또 다른 도구는 '실증주의'이다. 실증주의는 '혐의'와는 정반대의 시각에서 부정론자들이 역사적 진정성을 강화하는 방향으로 사용된다. 부정론자들에 대항하는 비판적 기억의 논자들의 텍스트에서 사실 관련 사소한 오류들을 찾아내서 혐의를 강화하고 거짓이라는 인상을 주는 수법이다. 실증주의적 부정론에서 가장 자주 사용하는 것은 수치이다. 예컨대 그로스는 예드바브네의 유대인 희생자 수를 1,600명 가량으로 추산했지만, 책 출간 이후 새로운 자료의 발굴 등으로 희생자 수는 300~400여 명으로 줄었다. 절반으로 줄어든 폴란드 학살자들의 수 등과 더불어 독일 헌병들의 개입문제나 반직업적인 폴란드 범죄자들의 주도와 협박에 못이긴 마을 주민들의 강요된 참여 등의 다른 문제들과 결부되어 그로스의 주장은 '학문적으로 부정직한' 주장이 되고 그의 책은 역사적으로 믿을 수 없는 사실들로 가득 찬 '각주가 달린 소설책'이 되는 것이다. 『요코이야기』에서 나남지역의 대나무 숲이나 한반도가 B-29의 폭격을 받았다는 기억을 전부 거짓말로 몰아가는 주장들도 같은 맥락에서 이해된다. 많은 경우 부정론자들이 거는 결정적인 '혐의'는 입증될 수 없지만, 사소한 사실의 오류를 집어내고 실증주의에 의거함으로써 자신들의 혐의가 근거가 있는 듯한 인상을 주는 것이다.

---

30 http://news.chosun.com/site/data/html_dir/2016/01/15/2016011500441.html Accessed on 15 of January, 2016.

그것은 비단 요코의 경우에만 해당되는 것은 아니다. 민족을 범주로 가해자와 피해자를 나누는 이 단순한 이분법의 문제점은 '만보산사건'의 서술에서도 잘 드러난다. 이 사건은 수로를 둘러싸고 만주에서 벌어진 중국 농민과 한국 농민의 갈등이 조선 내부에서의 중국인 배척폭동으로 이어져, 조선 거주 중국인 142명이 살해되고 91명이 행방불명, 또 546명이 부상당한 비극적 사건이었다. 그러나 진보와 보수를 막론하고 한국사 개설서들의 이 사건에 대한 묘사는 일본의 이간정책을 강조하고 그것이 만주침략에 이용되었다는 추상적 서술에서 그친다. 중국인 희생자 수에 대한 구체적인 언급은 물론 제국의 신민으로서 조선인들이 중국 농민에 비해 만주에서 누렸던 특권적 지위에 대한 고찰도 찾아볼 수 없다. 이는 아우슈비츠 생존자인 프리모 레비(Primo Levi)의 집요한 자기 성찰과는 아주 대조적이다. 프리모 레비는 아우슈비츠와 같은 극한 상황에서도 가해자와 희생자, 선과 악의 경계가 불투명한 대단히 복잡한 내적 구조를 지닌 공간으로서의 '회색지대'가 있었다는 놀라운 사실을 드러낸다.[31] 이는 나치 범죄자들의 잔학행위를 상대화하는 것이 아니라, 희생자라는 자기 규정이 발부한 역사적 면죄부를 찢어버리고 자신을 성찰하는 고도의 도덕적 사유 방식이다.

민족을 범주로 가해자와 희생자를 구분하는 도식적 이분법은 이렇게 이 복잡한 역사공간을 비껴간다. 1941년 7월 10일 폴란드 동부 변경 지역의 예드바브네(Jedwabne)라는 인구 3천의 작은 마을에서 벌어진 유대인 학살의 진실이 60여 년 동안 감추어져 온 사연도 같은 맥락에서이다. 학살의 주역이 나치가 아니라 유대인들의 이웃이었던 폴란드인들이었다는 사실이 얀 그로스(Jan Gross)에 의해 밝혀졌을 때, 폴란드 사회가 겪었던 충격은 상상을 초월한다. 평범한 폴란드인들이 나치의 희생자이자 동시에

31　김용우, "프리모 레비의 회색지대," 비교역사문화연구소 대중독재 국내학술대회 발표문. 2007-02-27.

공범자였다는 이 책의 논지는 대부분의 폴란드인들에게 참으로 받아들이기 어려운 것이었다. 유대인의 음모설을 조작하면서 폴란드인들의 애국심에 호소하는 『얀 그로스의 백 가지 거짓말』과 같은 책들이 쏟아져 나왔고, 예드바브네의 비극을 자기성찰의 계기로 삼으려는 모든 시도는 비애국적인 행위로 폄하되기도 했다. 2001년 4월의 한 여론조사는 폴란드인들의 34%가 여전히 예드바브네의 학살은 나치에 의해 자행된 것이라는 자기기만적 소신을 굳게 지키고 있다는 사실을 보여준다.[32]

희생자 대 가해자의 이분법적 구도로 볼 때, 그로스의 주장은 자칫 폴란드인들의 역사적 희생을 무시하고 가해자로 몰고 가는 논리로 오해되기 쉬운 것도 사실이다. 3백만 유대계를 비롯해 5백만의 폴란드 시민이 목숨을 잃고, 법률가의 반 이상, 의사의 40%, 대학교수와 가톨릭 신부의 삼분의 일에 달하는 막대한 희생을 치른 폴란드인들의 입장에서는 억울하기 짝이 없는 일인지도 모르겠다. 또 목숨을 걸고 유대인들을 숨겨주고 생명을 지켜준 선량한 폴란드인들이 있는 것도 사실이다. 문제는 가해자 민족-희생자 민족의 이분법으로는 역사의 구체적인 행위자들이 희생자이면서 동시에 가해자이기도 한 역사현실의 복합성을 설명할 수 없다는 것이다.

폴란드 학계의 역사서술은 '희생자 민족'이라는 자기 규정에 갇힘으로써, 이러한 역사의 복합적 현실을 파악하는 데 실패했다. 더 중요하게는 '희생자'라는 역사적 위치가 주는 자기 정당성이 자신들의 과거에 대한 비판적 성찰을 가로막았다는 점이다. 1946년의 키엘체 포그롬, 1968년의 공식적 반유대주의, 베를린 장벽 붕괴 이후 일각에 자리 잡은 '유대인 없는 반유대주의'와 같은 부정적 사회현실은 뿌리 깊은 희생자의식의 한 결과인 것이다. 심지어 현실 사회주의 당시 한 역사교과서는 나치 절멸정책

---

32 Jan T. Gross, *Neighbors: The Destruction of the Jewish Community in Jedwabne, Poland* (New York, 2002)와 이 책에 대한 임지현의 서평, 『서양사론』 78호 (2003. 9)를 보라.

의 대상은 폴란드 민족이었으며, 유대인은 단지 추방의 대상이었을 뿐이라고 쓰고 있다.[33] 물론 예드바브네나 키엘체(Kielce)의 포그롬을 근거로 폴란드 민족 전체를 반유대주의로 탄핵하려는 태도는 마땅히 거부되어야 한다.[34] 그것 역시 민족을 축으로 하는 희생자-가해자의 이분법적 구도에 갇혀 있기는 마찬가지이다.

그러나 문제는 다시 역사적 사실의 차원을 넘어선다. 내가 정작 지적하고 싶은 것은 한국민족=희생자라는 집단기억의 정치적 작동방식이다. 해방 이후 이승만과 김일성은 이데올로기적 차이에도 불구하고 '다시는 나라없는 백성의 설움을 겪지 말자'는 정치 담론을 공유했다. 나라 없는 백성의 설움을 겪지 않기 위해서는 국가를 강화해야 하고, 국가를 강화하기 위해서는 모두가 지도자를 중심으로 허리띠를 졸라매고 권력의 명령과 지시에 따라 국가적 프로젝트에 적극적으로 참여해야 할 것이었다. 역사의 희생자의식이 국가적 프로젝트에 민중을 동원하는 민족주의적 권력 논리를 정당화한 것이다. 나는 그것을 '희생자의식 민족주의'(victimhood nationalism)라 부르고자 한다. 이는 사실 한국 민족주의의 특수성만은 아니다. "우리 나라를 건설하기 위해서는 히틀러를 이용하는 것이 우리의 이해에 부합된다"라는 이스라엘 건국의 아버지 벤 구리온(Ben Gurion)의 주장도 같은 맥락에서 이해된다.[35]

권력과 국가주의를 정당화하는 '희생자의식 민족주의'가 일정한 발전단계에 이르면 그 안에 잠재된 공격성과 가학성은 과거의 희생자들을 현실적인 가해자로 만든다. 홀로코스트와 터키인에 의한 인종 학살을 겪은 이스라엘과 아르메니아의 국가권력이 각각 팔레스타인인과 아제르바이잔

---

33 이에 대해서는 임지현, "동양에서 서양으로-폴란드 역사교과서의 민족운동 서사구조," 역사학회 편, 『한국근현대사 교고서의 독립운동사 서술과 쟁점』 (경인문화사, 2007) 참조.

34 키엘체의 포그롬에 대해서는 Jan T. Gross, *Fear: Anti-Semitism in Poland after Auschwitz* (New York, 2006).

35 Peter Novic, *The Holocaust and Collective Memory* (London, 2001), p. 77.

인에 대해 행사하는 폭력을 정당화하는 것도 바로 이러한 역사적 희생자 의식이다. 흥미로운 점은 팔레스타인에 대한 이스라엘의 공격성이 강화될수록, 홀로코스트의 역사의식이 더 강화되고 있다는 점이다. 전후 세대인 사범대학생들을 대상으로 한 1992년의 여론조사에서 80%에 가까운 응답자가 "우리는 모두 홀로코스트의 생존자이다"라고 답했다는 기록은 이스라엘의 '희생자의식 민족주의'의 뿌리를 잘 보여준다.[36]

희생자들이 항상 가해자들보다 도덕적으로 우월한 것은 아니다. 가해자와 희생자의 경계는 역사적 우연의 결과이기도 하다. 이 우연이 역사적 필연의 옷을 입고 도덕의 옷을 입을 때, '희생자의식 민족주의'는 정당화된다. 희생자와 가해자의 단순한 이분법적 구도는 사실 이 우연의 희생자들에게 비인간적 잔학성을 발본적으로 비판하기보다는, 가해자와 희생자의 판을 뒤집어 위치를 바꾸어보겠다는 욕망으로 이끄는 경우가 적지 않다.[37] 그렇기에 가해자와 희생자의 위치는 항상 가변적이다. 일본의 히로시마나 독일의 드레스덴에서 보듯이 '희생자의식 민족주의'는 비단 희생자 민족에서만 작동하는 것은 아니다. 2003년 부시 행정부의 이라크 침공을 밑으로부터 지지한 미국의 민족주의 밑에는 하이퍼 파워 미국이 테러리즘의 희생자라는 자의식이 깔려 있다. 오스트리아가 나치즘의 첫 희생자였다는 민족 신화를 바탕으로 나치즘의 과거를 망각하고 새로운 국민 만들기를 정당화한 오스트리아의 집단기억도 그 좋은 예이다.[38] 전후 프랑스 사회가 비시정권의 유대인 탄압과 평범한 프랑스인들의 반유대주의적 동조에 눈을 감은 것도 바로 이러한 희생자 의식과 연관된다.[39]

동아시아로 다시 눈을 돌리면 '희생자의식 민족주의'가 작동하는 방식

36 Tom Segev, *The Seventh Million: The Israelis and the Holocaust* (New York, 2000) tr by H. Watzman, p. 516.
37 Zygmunt Bauman, *Modernity and the Holocaust* with a new afterword (Ithaca, 2000), pp. 236-37.
38 히로코 미즈노, "'희생된 사람들'에서 '국민화된 희생자들'로?" 『대중독재』 I, pp. 315-349.
39 앙리 루소, 『비시신드롬』 이학수 역 (휴머니스트, 2006), 4장 참조.

은 이렇다. 식민주의와 전쟁의 잔학행위에 대한 일본 사회의 이해할 수 없는 침묵과 부정의 밑바닥에는 일본이 세계 최초의 원자폭탄 희생자라는 희생자 의식이 깔려 있다. 일본인 납치라는 북한의 국가적 범죄행위의 밑바닥에도 역사적 희생자인 북한이 일본인 몇 명을 납치하는 따위는 정당화될 수 있다는 심리가 깔려 있지만, 이는 다시 일본도 납치의 희생자라는 의식을 강화시킨다. 이렇게 강화된 일본의 '희생자의식 민족주의'는 조선과 중국, 동남아시아와 태평양 열도에 대해 자신들이 가해자였음을 인정하지 않는다. 일본의 '희생자의식 민족주의'는 다시 한반도의 남과 북, 그리고 중국의 '희생자의식 민족주의'를 자극한다. 『요코이야기』 에피소드는 '희생자'라는 역사적 포지션을 놓고 경합하는 동아시아 각국의 '희생자의식 민족주의'가 서로를 배제하면서도 또 강화하는 '적대적 공범관계'에 있음을 잘 드러내주는 좋은 예가 아닌가 한다.

5. 기억의 탈영토화와 초국적 연대

그러나 역시 지구화가 '기억의 정치'에 미친 가장 큰 영향은 기억의 탈영토화를 촉발했다는 점이다. '움직이는 기억' '여행하는 기억' '이주하는 기억' 등등의 수사에서 보듯이, 이차대전 이후 대규모로 발생한 피난민, 강제 추방자, 귀향민, 재정착민, 이주민들이 들고 온 짐 보따리에는 그들만의 고유한 기억이 있었다. 원래의 장소성에서 벗어나 낯선 곳으로 이주한 다양한 기억들은 예상치 못한 방식으로 만나 서로 대면하고, 공존하고, 화해하고, 경합하면서 '트랜스내셔널 기억 문화', '글로벌 집단기억', '코스모폴리탄 기억', '다방향적 기억'들을 만들어냈다. '내적 지구화'(internal globalization)라 일컬어지는 기억의 지구화 과정 속에서 이차대전의 기억은 탈영토화되고 국민국가 단위로 구성된 집단기억은 탈국민화되기 시작했다. 2011년 12월 13일 뉴욕 퀸즈의 커뮤니티 컬리지에서 열린 합동행사가 그 대표적인 예일 것이다. 이 행사에서 뉴욕 거주 홀로코스트 생존자들과 한국에서 건너온 군 위안부 할머니들이 함께 만나 서로의 상처를 보듬었다. 이차대전 당시에는 전혀 다른 역사적 환경에 격리되어 있던 이들의 기억이 뉴욕에서 합류하게 된 데는 각각 대서양과 태평양을 건너온 기억의 이주가 아니었다면 불가능했을 것이다.

대체로 '기억의 국민화'가 자기 변호적 집단기억을 지향한다면, 탈영토화된 기억은 국민국가를 단위로 한 집단기억에 비판적이다. 세계사적 차원에서 볼 때 비판적 집단기억이 등장한 계기는 1960년대의 베트남 반전운동과 68혁명이 아닌가 한다. 러셀과 사르트르를 중심으로 미군의 제노사이드를 고발하기 위해 세운 '러셀 법정'은 미국의 인권운동가들이 만든 '시민법정'을 모델 삼은 것이었고, 시민법정 또한 '반인간적 범죄'를 단죄한 뉘른베르크 전범재판을 모티브로 한 것이었다. 60년대 미국의 민권운동에 뛰어든 많은 유대계 학생들은 미국의 인종주의와 홀로코스트를 비판하는 물꼬를 텄으며, 미국의 양심에 대한 러셀의 호소에 뉘른베르크 전범재판의 미국 측 검사였던 텔포드 테일러는 『뉘른베르크와 베트남: 미국의 비극』(1970)이라는 책으로 호응했다. 사르트르는 알제리 민족해방운동에 대한 프랑스 식민주의의 잔인한 폭력과 미국의 베트남 민간인 학살을 연결시켰다.[40] 뉘른베르크 재판-앨러배마 몽고메리의 버스 승차 거부 운동-알제리의 프랑스 식민주의-베트남전쟁으로 이어지는 기억의 장소에서 나치의 홀로코스트와 서구 식민주의의 기억이 만나기 시작한 것이다.

---

40 Berthold Molden, 'Vietnam, the New Left and the Holocaust: How the Cold War Changed Discourse on Genocide', in Assmann and Conrad eds., *Memory*, pp. 79-96.

21세기 지구화의 새로운 현상이라 일컬어지는 '지구적 기억 공간'(global memory space)이나 '지구적 공공 영역'(global public sphere)은 이미 1960 년대의 반전운동을 통해 태동하고 있었다.

베트남에서 자행된 미국의 전쟁 범죄는 '아시아-태평양전쟁' 당시 일본의 잔학행위에 대한 기억을 잠에서 깨워 일으켰다. 동아시아에서 냉전체제의 주요 동맹축이었던 미일동맹이 일본의 잔학행위에 대한 망각과 침묵을 강제하고 유도했기 때문이다. 그 침묵을 깬 것은 《아사히신문》의 전쟁 보도 특파원으로 미군의 전범행위를 추적해온 혼다 가쓰이치였다. 베트남에서 미군의 잔학성을 접한 그는 과연 중국 전선에서의 일본군이 이와 달랐을까 하는 의문을 떠올리고, 1971년 여름, 일본군의 침략 경로를 따라 중국을 여행하면서 중국인 목격자 및 피해자들을 인터뷰하고 증거를 모았다. 《아사히신문》에 연재되었던 그의 여행기는 다시 『중국으로의 여행』이라는 책자로 나왔고, 특히 '난징대학살' 관련한 대목에서 일본 보수 우익의 공분을 불러일으켰다. 냉전기 '자유의 투사'라는 갑옷을 입은 일본의 보수 우익에게 '난징대학살'이란 전쟁에서 흔히 일어날 법한 '난징 사건' 일 뿐이었다. 미 제국주의를 주적으로 설정한 중화인민공화국의 공식 기억에서도 일본 제국주의의 잔학성은 부차적 관심대상이었다. 희생자들의 추모비가 세워진 1985년 8월 15일까지 난징대학살은 중화인민공화국의 공적 기억에서 철저하게 주변화되었다.[41] 난징 학살의 기억은 중국 공산당과 일본 보수 우익의 공모 아래 주변화되었던 것이다.

국민국가 단위로 분절된 기억을 넘어 홀로코스트와 식민주의의 과거가 '반인간적 범죄'라는 우산 아래 한데 묶인 것은 1968년보다 훨씬 이전으로 거슬러 올라간다. 1938년 나치 돌격대가 유대인 상점들을 난폭하게

41 Daqing Yang, 'The Malleable and the Contested: the Nanjing Massacre in Postwar China and Japan', in T. Fujitani, Geoffrey M. White, Lisa Yoneyama eds., *Perilous Memories: the Asia-Pacific War(s)* (Durham: Duke University Press, 2001), pp. 50-86.

습격했던 '수정의 밤'이 있은 지 채 한 달도 지나지 않아, 12월 6일, 오스트레일리아의 아보리진 원주민 인권운동가이자 '요르타 부족'의 장로였던 윌리엄 쿠퍼는 멜버른에 있는 독일 영사관 앞에서 나치의 유대인 탄압에 항의하는 시위를 조직했다. 미국과 대부분의 서유럽 민주주의 국가들이 유대인 난민들의 입국에 난색을 표하던 시기였다. 이차대전 이후 오스트레일리아가 백호주의의 원칙 아래 유럽계 아스케나지 유대인에게만 입국비자를 발급해주고 중동계 셰퍼드 유대인의 입국을 불허한 것과 비교해도, 이들 오스트레일리아 원주민들의 항의 시위는 훨씬 보편적인 인류애에 닿아 있다. 1960년대 중반 유대계 이민자들이 오스트레일리아 원주민 인권운동에 동참하여 1938년 아보리진들이 보여준 고통의 연대에 화답했지만, 야드 바셈이 윌리엄 쿠퍼의 명예를 기리고 그의 이름을 딴 홀로코스트 연구교수 자리가 만들어진 것은 그로부터 한참이 지난 2010년의 일이었다.[42]

전쟁의 상처가 채 가시지 않은 1949년 바르샤바 게토의 폐허를 방문한 미국의 급진적 흑인 사상가 두보이스(W. E. B. Dubois)는 "세계 속에서 유대인 문제를 더 분명히 이해할 때에야 니그로 문제를 진정으로 이해할 수 있다"는 깨달음을 얻었다. 1890년 베를린 유학 시절 합스부르크 치하의 갈리치아와 크라쿠프를 방문했을 당시 대부분의 폴란드 교수와 학생들, 지식인들이 유대인 문제를 애써 무시하고 있다는 사실을 접한 그는 인종 문제가 단지 피부색의 문제가 아니라는 점을 깨달았다. 유럽의 반유대주의는 미국의 인종주의와 같은 뿌리에서 자라났던 것이다.[43] 1948년의 '제노사이드 협약'에 대해 가장 기민하게 대응한 것도 미국의 흑인 급진세력

---

42 Dan Goldberg, 'An Aboriginal protest against the Nazis, finally delivered,' *Haaretz*, 10 October 2012, http://www.haaretz.com/jewish-world/jewish-world-features/an-aboriginal-protest-against-the-nazis-finally-delivered.premium-1.483806, accesed on 10 December 2012.
43 W. E. B. Dubois, "The Negro and the Warsaw Ghetto," in Eric J. Sundquist, *The Oxford W. E. B. Dubois Reader* (Oxford: Oxford University Press, 1996), pp. 470-72.

이었다. 이들은 1951년 유엔에 제출한 소책자 『우리는 인종학살을 고발한다』에서 나치의 홀로코스트와 흑인 노예에 대한 미국의 인종주의적 테러와 학살을 동일선상에 놓았다. 이들의 청원은 '제노사이드 협약'의 발의자인 라파엘 렘킨에 의해 거부됐지만, 유럽의 반유대주의와 미국의 노예제/인종주의에 대한 비판적 기억이 대서양을 건너 연대할 수 있는 선례를 제시했다는 점에서 그 의의는 충분히 인정된다.

그러나 역시 지구적 기억 공간에서 홀로코스트와 식민주의에 대한 기억이 자국의 경계를 넘어 기억의 연대를 도모할 수 있었던 배경에는 냉전체제의 붕괴가 있다. 냉전체제의 붕괴는 그동안 공산 진영이냐 반공 진영이냐 하는 진영 논리에 갇혀 소외되고 억눌렸던 기억들이 해방되는 계기였다. 서구 주도의 반공동맹에 속해 있던 동아시아 등에서 구 식민주의의 기억들이 분출되었다면, 소련의 헤게모니에서 해방된 동유럽에서는 스탈린주의의 테러에 대한 기억들이 목소리를 내기 시작했다. 그 결과 나치즘과 공산주의를 등가로 놓은 전체주의 패러다임이 재등장했고, 홀로코스트를 상대화했던—그리하여 나치즘을 볼셰비즘으로부터 유럽 문명을 구하기 위한 방어적 이데올로기로 정당화했던—1980년대 중반 독일의 수정주의 역사관과 유사한 역사적 서사들이 탈냉전기 동유럽의 기억을 지배하기 시작했다.

2000년 1월 27일부터 사흘간 총 46개국의 국가수반, 부통령이나 부수상, 외무장관들이 스톡홀름에 모여, 홀로코스트 교육 의무화를 동유럽 국가들의 나토 및 유럽연합 가입 조건으로 결의한 것도 이러한 맥락에서였다. 더불어 터키의 유럽연합 가입 가능성을 타진할 때, 터키 정부가 아르메니아 제노사이드를 공식적으로 인정하고 사과할 것을 요구하는 목소리가 일부 EU국가들에서 나온 바 있다. 이는 국가주의적 이해를 넘어서는 '전지구적 기억 공간'(global memory space)이 형성되고 있으며, 제노사이드와 같은 '반인간적 범죄'에 대한 타협 없는 비판적 기억이 '국경을 넘는 시민적 덕목'(transnational civic virtue)으로 인정되고 있다는 증좌다. 그러나 국경을 넘는 기억 공간에서 탈영토화된 비판적 기억의 대표적인 예는 다른 무엇보다도 2000년 12월 토쿄에서 열린 '일본군 성노예제에 대한 여성 국제 전범재판'이 아닐까 한다.

베트남전쟁 당시 '러셀 법정'의 선례에 따라 세계적 시민법정의 형식으로 열린 이 재판에서 군 위안부 관련 기억의 운동가들은 일본국과 히로히토 천황을 '반인간적 범죄' 혐의로 기소하여 유죄 판결을 내렸다. 흥미로운 것은 이 법정의 인적 구성이었다. 국제 유고전범재판소의 재판장이었던 가브리엘 커크 맥도널드와 유고슬라비아 및 르완다의 성범죄 관련 법률 고문이었던 파트리시아 비죄셀러스가 일본군 성노예제에 대한 여성 국제 전범재판의 판사와 검사로 활동한 것이다.[44] 이는 텔레비전으로 중계된 생생한 이미지 덕분에 유고슬라비아의 잔혹한 인종 청소와 성범죄에 대해 민감했던 전지구적 공공 영역의 감수성이 일본군 위안부 문제로 이전되었음을 시사하는 것이 아닌가 한다. 유고슬라비아와 르완다에서 자행된 잔인한 성범죄에 대한 생생한 기억과 고양된 분노가 아시아-태평양 전쟁의 귀퉁이에서 벌어진 일본군 성노예제의 참상으로 향했고, 일본군 위안부 문제가 전지구적 차원에서 비판적 기억의 주요 테마가 된 것이다.

이를 전후하여 태평양을 건너 미국으로 이주한 군 위안부의 기억은 미국이라는 탈역사화된 장소에서 홀로코스트의 기억과 만나기 시작했다. 앞서 언급한 홀로코스트 생존자들과 군 위안부 할머니들의 뉴욕 상견례 외에도, 미국 여러 곳에 군 위안부 기림비들이 세워지기 시작했다. 그중 눈길을 끄는 것은 2013년 세계 여성의 날인 3월 8일 뉴저지 버건카운티 법

---

44 Rumi Sakamoto, "The Women's International War Crimes Tribunal on Japan's Military Sexual Slavery: A Legal and Feminist Approach to the 'Comfort Women' Issue," *New Zealnad Journal of Asian Studies* vol. 3 (June. 2001), pp. 49-50.

정 앞 기억의 정원에 세워진 비다. 이곳에 세워진 위안부 기림비는 미국 노예제, 홀로코스트, 아르메니아 제노사이드, 아일랜드 감자 기근의 희생자 기림비들과 함께 '명예의 고리'를 구성함으로써, 서로 다른 희생의 기억들이 미국이라는 낯선 땅에서 조우하고 연대하는, 국경을 넘는 기억의 연대를 상징한다. 그러나 국경을 넘는 것은 비판적 기억만이 아니다. 자기 변호적인 국민화된 기억 또한 국경을 넘어 트랜스내셔널한 기억 공간에서 비판적 기억과 대립각을 세우기도 한다. 또 군 위안부의 기억이 국경을 넘어 전지구적 기억 공간에서 홀로코스트나 아르메니아 제노사이드 등 다른 희생의 기억들과 연대한다고 해서, 기억을 국민화하는 민족 서사로부터 자유롭다고 단정짓기는 어렵다. 트랜스내셔널한 기억 공간에서 기억의 재영토화는 기억의 탈영토화 못지않게 자주 발견된다.

이러한 양면성은 탈냉전기 동유럽에서 새로 형성된 기억의 지형에서도 잘 드러난다. '프라하 선언'에서도 보듯이 그 핵심은 히틀러 테러의 희생자와 스탈린 테러의 희생자를 등치시킴으로써 희생과 고통의 위계를 부정하는 것이다. 나치즘이나 공산주의의 테러는 모두 '반인간적 범죄'이므로 모든 전체주의 체제의 희생자들을 동등하게 대우하고 차별하지 말자는 것이다. 독소불가침 조약, 즉 몰로토프-리벤트로프 비밀조약이 체결된 8월 23일을 '나치 및 공산당 전체주의 체제의 희생자를 기리는 날'로 책정하자는 제안도 이러한 배경에서 나왔다. 그 밑에는 홀로코스트를 일방적으로 강조하는 서유럽의 기억문화가 비유대계 동유럽인들에 대한 공산주의-스탈린주의자들의 테러를 주변화하고 있다는 위구심이 있다. 유대인 절멸을 결정한 '반제회의' 70주년인 2012년 1월 20일에 공표된 '70주년 기념 선언'은 동유럽의 제안에 대한 반발이었다. 스탈린주의와 나치 희생자를 동격으로 취급하면 홀로코스트의 고유성을 훼손할 것이라는 우려를 표명하고, 나치의 유대인 절멸정책은 스탈린주의 등 다른 형태의 테러와는 '철학적으로, 질적으로, 실질적으로 그리고 근본적으로 다르다'는 점을 분명히 했다.

그러나 '프라하 선언'과 '70주년 기념 선언'을 액면가대로 대립시키는 것은 바람직하지 않다. 트랜스내셔널한 시민적 덕목이라는 관점에서 보면, 두 선언은 서로 다른 경험에서 비롯된 고통에 대한 다른 감수성을 반영하고 있을 뿐이다. 문제는 양자택일이 아니라, 지역마다 서로 다른 기억의 감수성을 어떻게 역사화하고 맥락화할 것인가다. 1986년 독일의 역사가 논쟁에서 볼셰비즘의 위협을 들어 홀로코스트를 상대화하는 논리가 독일의 자기 변호적 기억의 편이었다면, 냉전 후 동유럽과 비유럽 지역에서는 홀로코스트를 특권화하고 본질화하는 논리가 식민주의 제노사이드와 스탈린주의 테러를 경시하는 결과를 낳는 것이다. 더 나아가 이스라엘로 가면 홀로코스트의 본질화는 '신역사가' 그룹의 비판적 기억을 원천봉쇄하고 시온주의 우파와 이스라엘 국가주의자들의 점령정책을 정당화하는 기제로 작동하는 것이다.[45]

6. 재영토화와 탈영토화의 사이에서

2011년 12월 13일 뉴욕시 퀸즈에 있는 '퀸즈보로 구민대학'(Queensborough Community College)에서는 다소 이색적인 행사가 개최되었다. 일본군 위안부를 지낸 한국의 노부인들과 홀로코스트 생존자들이 만나 서로의 아픔을 나누고 위로해주는 초유의 행사였다. 이 모임은 한인 이민자들의 조직 '재

---

45 이에 대해서는 Idith Zertal, *From Catastrophe to Power: Holocaust Survivors and the Emergence of Israel* (Berkeley: University of California Press, 1998); Segev, *Seventh Million* 참조.

미교포한인유권자센터'(Korean American Civic Empowerment)와 이주 유대인들이 세운 쿱퍼버그 홀로코스트센터(Kupferberg Holocaust Center)가 공동으로 개최한 것이었다.[46] 일본 제국주의의 희생자들과 나치 홀로코스트의 희생자들이 뉴욕 시내에서 상봉하는 이 감동적 장면은 지구적 기억 구성체의 형성을 알리는 단적인 예가 아닌가 한다. 한국의 일본군 위안부 할머니들과 홀로코스트에서 살아남은 유럽 유대인들의 기억이 뉴욕이라는 트랜스내셔널한 기억의 장에서 상봉할 수 있었던 것은 각각 태평양과 대서양을 건넌 기억의 이주가 없었다면 불가능했을 것이다. 이는 낯선 땅으로 이주한 별개의 집단 기억들이 국경을 넘어 어떻게 서로 만나 얽히는가를 잘 보여준다.

이어서 2013년 3월 8일에는 세계여성의 날을 맞아 뉴저지 버겐 카운티 정부 법원 앞에서 '위안부 기림비' 제막식이 있었다. 이 기림비는 뉴저지 팰리세이즈팍의 1호 기림비와 뉴욕롱아일랜드, 로스앤젤레스 기림비에 이어 통산 4호이지만 70개 타운을 대표하는 미국의 지방정부 이름으로 처음 세워지고 시민들의 기금으로 건립됐다는 점에서 특기할 만하다. 더 특이한 것은 법원 앞에 위치한 건립 장소인 메모리얼 아일랜드이다. 이 독특한 기억의 터에는 나치 홀로코스트 피해자 추모비와 아르메니안 대학살 추모비, 아일랜드 대기근 추모비, 흑인노예피해자 추모비 등 4개의 기림비가 조성되어 있었다.[47] 바로 이곳에 일본군 위안부 기림비가 세워졌다는 것은 일본군 위안부 문제가 국제적인 인권의 문제라는 점을 시사해준다. 제막식에 카운티 시장을 비롯한 집행부는 물론 연방 하원의원과 지역 정치인들과 내외신 기자들이 대거 몰린 것도 일본군 위안부 문제가 보

46 KACE, 'Compilation of Korean news articles on Comfort Women Survivors and Holocaust Survivors' Meetings,' 21 December 2011, http://us.kace.org/?s=meeting+with+comfort+women +and+Holocaust+survivors last accessed on 6 March 2014.

47 http://news.chosun.com/site/data/html_dir/2013/03/09/2013030900651.html last accessed on 27 November 2017.

편적 인권의 성격을 지니기 때문일 것이다. 기림비 동판에는 "2차대전 전후로 일본 제국주의 군대에 의해 '성노예'를 강요당한 한국과 중국, 대만, 필리핀, 네덜란드, 인도네시아의 수십만 여성과 소녀들을 추모하며"라는 추모 글이 새겨져 있어, 그것이 보편적 인권의 문제임을 상기시키시고 있다.

가장 최근에는 2017년 10월 초 샌프란시스코 차이나타운에 있는 '성 메리 광장'의 뒤쪽에 새로운 위안부 조각상이 세워졌다. 릴리안 싱(Lillian Sing)과 쥴리 탕(Julie Tang)이라는 두 명의 중국계 미국인 여성 판사들이 주도한 이 소녀상은 그 형상이 독특하다. 서로 손을 꼭 잡고 서 있는 세 명의 중국인 소녀, 한국인 소녀, 필리핀 소녀를 조금 떨어진 곳에서 김학순 할머니가 만감이 교차하는 표정으로 바라보고 있는 구성이다. 한국계 미국인 혹은 한국에서 간 기억활동가들이 중심이 되어 건립된 기존의 한국의 소녀상과 달리 샌프란시스코의 이 위안부 조각상은 중국계 미국인이 중심이 되고 일본, 필리핀, 한국, 유대계 미국인 그룹의 지원을 받아 건립된 것이다. 조각상의 기획, 디자인 단계부터 건립에 이르기까지 이 프로젝트를 감독한 시정부의 감독관 마아(Eric Mar)는 '범아시아 동맹'이 소녀상 프로젝트를 성공으로 이끄는 열쇠였다고 회상했다.

프로젝트를 주관한 '군 위안부의 정의를 위한 동맹'(Comfort Women Justice Coalition) 회장 쥬디스 미킨슨(Judith Mirkinson)은 일본계 미국인들의 반발과 조직적인 반대 캠페인, 심지어는 샌프란시스코와 오랜 자매 도시 관계 철회를 운운한 오사카 시장의 위협 등에 대해서 이야기한다. 그러나 일본군 위안부의 존재에 대해 세계 여론이 그토록 오랫동안 침묵을 지킨 데는 더 큰 문제가 있다고 프로젝트를 주도한 싱 판사는 말한다. 미국의 인종주의가 그것이다. "흑인들의 생명이 문제가 아니었던 것처럼, 아시아 여성들의 삶은 관심 밖이었던 것이다."[48] 태평양의 테두리를 구성하고 아시아에 근접해 있고 전체 시인구의 33%가 아시아계인 샌프란시스코에서 이처럼 아시아 다민족적인 군 위안부 상이 건립된 것은 때늦은 감은 있지만, 군 위안부의 기억이 국경을 넘어 미국의 인종주의를 비판하는 무기가 되고 보편적 인권의 문제와 맞닿게 될 때 더 큰 공감을 불러일으킬 수 있다는 점을 다시 한 번 확인해준다.

2015년 12월 28일 한국과 일본 정부가 외교 테이블에서 일본군 위안부 문제를 외교적으로 해결한다는 합의문을 발표했을 때, 미국 블럼버그 통신의 컬럼니스트는 흥미로운 컬럼을 기고했다. 일본군 위안부 문제에 대한 동시대인들의 첨예한 관심과 우려는 '이슬람국가'(Islam State)나 '보코 하람'(Boko Haram)의 성노예로 납치된 여성들을 위해 행동할 것을 촉구하는 내용의 칼럼이었다.[49] 구 유고슬라비아나 르완다의 성 폭력 문제가 전지구적 기억 공간의 양심을 일깨우고 도쿄의 "여성 국제 전범재판"이라는 일본군 위안부에 대한 전지구적 시민법정을 통해 히로히토 일본 천황을 단죄한 것처럼, 다시 일본군 위안부에 대한 갈등적 기억이 이슬람 국가와 보코 하람의 성노예 문제에 대한 관심을 환기시키고 있는 것이다. 또 북미 지역의 코리언-아메리칸 기억 활동가들이 미국 내에서 일본군 위안부 문제에 대한 관심을 끌기 위해 인신 매매 문제를 일본군 위안부에 대한 기억의 문제와 연결시키는 것도 예사롭지 않다.[50]

위안부의 기억이 탈영토화되어 보편적 인권의 문제로 다루어지는 다른 한편에서는 계속해서 재영토화되어 한국 민족의 아픔으로 환원시키는 경

---

48 https://www.newyorker.com/culture/culture-desk/an-important-statue-for-comfort-women-in-san-francisco?mbid=social_facebook last accessed on 27 November 2017.

49 http://www.bloombergview.com/articles/2015-12-28/how-korea-s-deal-with-japan-fails-comfort-women-. Accessed on 23 of January, 2016.

50 http://news.chosun.com/site/data/html_dir/2016/01/01/2016010100714.html. Accessed on 23 of January, 2016.

향이 존재한다. 2016년 여름 인구 22만의 작은 도시 독일의 프라이부르크에서 벌어진 일본군 위안부 소녀상 소동이 그것이다. 자매도시 관계를 맺고 있는 한국 수원시의 시장이 프라이부르크의 잘로몬(Dieter Salomon) 시장에게 전화로 소녀상의 기증과 설립을 제안하고 이에 잘로몬 시장이 원칙적으로 찬성했다. 그러자 역시 프라이부르크의 자매도시인 일본 마츠야마에서 항의가 빗발쳤고, 시의회와 충분한 상의를 거치지 않은 절차적 잘못을 저지른 잘로몬 시장은 소녀상 설립 약속을 철회했다. 그는 자신의 '문화적 오해' 때문에 그런 우를 범했다고 사과했지만, 이 논란은 그 차원을 넘어서는 것이었다. 태평양을 건너 미국에서 군위안부 기림비나 소녀상 건립을 놓고 벌어진 한국과 일본의 민족주의적 기억 투쟁이 유라시아 대륙을 건너 독일에서 재현된 것이다.

프라이부르크에서 논란이 벌어진 얼마 후인 2017년 1월에는 경기도 의회 내의 독도 사랑·국토 사랑회가 '독도 소녀상' 건립을 위한 모금 캠페인에 나서 돌연 긴장감이 높아졌다. 더불어 민주당이 과반수를 넘겨 도의 의정을 주도하고 있는 경기도 의회에서 벌어진 '독도 소녀상' 캠페인은 위안부 문제에 영토 문제를 덧붙임으로써 상황을 더 악화시켰다.[51] 그 결과 한국과 일본 양국에서 군 위안부의 기억을 민족으로 회귀시키는 기억의 민족주의는 더 심해졌다. 급기야 2017년 3월에는 2천500명 남짓의 주민들이 사는 바바리아의 소읍 비젠트(Wiesent)의 공원 한편에 있는 네팔-히말라야 파빌리온에 서울의 소녀상 복사판을 공수해 세우는 데까지 이르렀다. 언론 보도에 따르면 한국에서 간 수원시의 공무원들과 시민운동가들 그리고 독일 비젠트 지방 공무원 등 약 100여명이 소녀상의 제막식에 참

---

51 http://m.news.naver.com/hotissue/read.nhn?sid1=102&cid=1056942&iid=1166345&oid=025&aid=0002677219. last visited on 27 of November, 2017.

석했다고 한다.[52]

　역사적 맥락에서 단절된 이국 땅 외딴 곳에 덩그라니 세워진 일본군 위안부 소녀상은 지구적 기억공간 속에서 타자의 기억과 연대하지 못하고 국민화된 배타적 기억의 핍진(乏盡)함을 쓸쓸하게 보여준다. 중국인-한국인-필리핀인 세 소녀가 손을 꼭 잡고 일본군 위안부 기억의 연대를 상징하는 샌프란시스코 차이나타운의 위안부 조각상과 독일 소읍 비젠트 공원의 네팔-히말라야 파빌리온에 덩그라니 놓여있는 일본군 위안부 한국인 소녀상의 대조적 모습은 21세기 한국 사회에서 기억의 지형도를 어떻게 만들어갈 것인가에 대해 적지 않은 시사점을 던져 준다. 20세기 역사 과정에서 식민주의와 전쟁, 분단과 독재를 겪은 한국 사회의 고통스러운 기억들이 지구적 기억 공간 속에서 타자의 고통과 만나고 연대하면서 보편적 인권의 기억으로 진화할 때, 한국 사회는 이웃과 미래를 향해 열려 있는 기억구성체로 발전해나갈 수 있을 것이다.

52　http://english.yonhapnews.co.kr/news/2017/03/09/0200000000AEN20170309000200315.html
　　last visited on 27 of November, 2017.

김석호(서울대학교 교수, 사회학)

1972년 생. 미국 시카고대학교에서 사회학 박사학위를 받음. 현재 서울대학교 사회학과 교수. 서울대학교 사회발전연구소장, 동아시아사회조사(East Asian Social Survey) 연구책임자, 국가통계위원회 위원. 저서 및 편서로 『Tocqueville Can Karaoke?』『압축성장의 고고학』『한국인의 정체성: 변화와 연속, 2005-2015』『통계를 통해서 본 광복 70년』『노동이주 추이와 미래 사회통합정책의 과제』『서베이조사방법론』『2012년 한국대선분석』『2012년 한국총선분석』『2014년 지방선거분석』『한국의 사회동향』등이 있고, 주요 논문으로 「Patterns of Social Support Networks in Japan and Korea」「한국 청년 꿈-자본 개념의 측정」「Quality of Civil Society and Participatory Democracy in ISSP Countries」「전국선거와 지방선거에서 유권자들은 다른 이유로 투표하는가?」「What Made the Civic Type of National Identity More Important among Koreans?」「Voluntary Associations, Social Inequality, and Participatory Democracy in the United State and Korea」등이 있음.

한국인의 습속(習俗)과 시민성, 그리고 민주주의

한국인의 습속(習俗)과 시민성, 그리고 민주주의

1. 한국인의 시민성, 존재하는가?

1987년 민주화투쟁을 통해 정치적 기회공간이 개방된 지 햇수로 약 30여 년이 되었다. 한국의 시민사회는 1987년 민주화투쟁을 계기로 민주주의의 무대에 전면으로 나서게 되었고 지금까지 비약적으로 성장해 왔다(주성수, 2017). 지난 30여 년 동안, 두 번의 평화적인 정권교체가 있었고, 시민사회의 핵심 조직인 비영리 민간단체의 수 역시 2000년 2,524개에서 2015년 12,894개로 다섯 배 이상 증가하였다(행정자치부 비영리민간단체 등록 대장, 2015. 12.). 그리고 2016년 광장과 촛불로 표현되는 민심의 파도는 켜켜이 한국정치에 쌓여 있던 묵은 때를 대통령 탄핵과 정권 교체를 통해 벗겨내는 데 성공하기도 하였다.

절차적이고 양적인 측면에서 보았을 때, 시민사회는 이미 한국 정치의 주인공인 것처럼 보인다. 그러나 많은 논객들과 연구자들은 시민사회의 외형적 성장에도 불구하고, 그 역량이 기대만큼 성장했는가에 대해서는 회의적이다. 이러한 비판의 중심에는 민주주의 발전에 있어 필수적인 시민의 자발적 참여와 이를 가능하게 하는 시민성 형성이 미진하다는 지적이 있다. 한국의 시민사회에는 다원주의가 부재하며 시민참여의 제도화가 이루어지지 못하여 간헐적인 분출에 의존하고 있다거나, 과잉 국가화로 인하여 사회적 자본으로서의 시민성이 결핍되어 있고, 그 결과 시민은 있으나 참여에 충실한 교양시민은 없다는 지적이 모두 이에 해당한다(최장집, 2010; 송호근, 2016). 시민사회에서 낮은 수준의 정부신뢰와 대인신뢰가 높은 수순의 불공정, 불평능 인식과 결합되어 좌절, 분노, 냉소로 이어지고 정치효능감을 약화시켜 민주주의의 발전을 가로막는 장애물이 되고 있다는 비판도 같은 맥락에서 이해할 수 있다(김석호, 2014). 그리고 공적 영역뿐만 아니라 사적 영역에서 타인에 대한 예의와 배려, 관용이 부족하다는 지적에 대부분의 사람들이 동의한다. 이는 어쩌면 생존이 중요한 경쟁사회에서 당연한 현상이기도 하다.

국제기구가 한 국가의 민주주의 질(quality)을 평가하는 지표로 자주 활용하는 신뢰, 정치효능감, 정치관심, 정치참여, 자원봉사, 시민 덕목, 관용, 부패, 투명성 등을 통해 본 한국의 시민사회는 별로 건강하지 않다(OECD, 2017). 게다가 시민단체들은 자립의 기반을 갖추지 못하고 정부 혹은 기업의 재정보조에 크게 의존함으로써 활동의 지속성, 전문성, 그리고 독립성을 견지하는 데 어려움을 겪고 있다(주성수, 2017; 송호근, 2016). 한국의 시민사회는 자치역량보다는 권익주창형 성격을 가지고 있기도 하다. 시민참여의 구조적 기반이 취약하기에 대중 참여보다는 전문 지식인과 직업 시민운동가 등 소수 전문가 중심으로 각종 이슈에 대응해 여론을 형성하는 의제설정운동에 중점을 두고 있다(주성수, 2006). 재정지원을 받은 단체들의 성격을 기준으로 살펴보아도, 권익주창형 단체에 대한 재정적 지원이 다른 성격의 단체에 비해 더 많다(박천일·김선엽, 2011). 권익주창형 성격이 지배적이기 때문에 국가기관, 재벌, 주요언론 매체와의 갈등 또는 협력이 운동의 주요 경로가 되었으며, 이 과정에서 시민단체의 전문성은 강화되었지만, 대다수의 시민들은 정치에 개입할 수 있는 마땅한 기회와 공간을 찾을 수 없게 되었다(신진욱, 2009: 76).

양현모(2002)의 경실련과 참여연대 의사결정과정에 대한 분석에 따르면, 두 조직 모두 총회는 상징적 대표성만을 가지며 소수의 인원만이 참여하는 상임집행위원회 중심으로 의사결정이 집중화 되어 있다. 회원의 참여는 매우 낮은 수준에 머물러 있다. 그 결과 '시민 없는 시민운동'이란 비판이 지속적으로 제기되고 있다. 흥미로운 점은 시민사회 내부에서도 시민의 직접적인 시민단체 참여가 자신들의 활동에 중요하지 않다는 사실을 굳이 부정하지 않는다는 것이다. 가령 시민과대안연구소 소장 박인규는 '시민운동 25년의 회고와 전망'에서 시민의 활발한 참여가 항상 좋은 것은 아니라며 시민들의 역할을 인터넷을 통한 지지 의견 개진이나 후원금 제공에 한정한다(이희환·김송원·박인규·서주원·송정로, 2013). 시민사회 내부의 기조는 2016년 촛불혁명 과정에서 시민들의 참여를 조직화하지 못하고 오히려 견인된 경험을 한 이후에도 크게 달라지지는 않은 듯하다. 시민사회의 엘리트들은 교체된 정권과 협력적 관계를 맺어 국정운영에 직접 참여하는 데 여념이 없으며, 정작 시민과 공명하는 데에는 큰 관심이 없다.

요약하면, 한국사회는 1980년대 후반 억압적 국가의 폭주에 저항하는 시민사회를 탄생시키는 데 성공했으나, 이후 국가와 시장의 영향력에 상응하는 역량 있는 시민사회를 구축하고 가꾸는 데 실패해 왔다. 이는 한국 시민사회의 형성이 자발적 시민들의 참여와 장기적 학습과정을 거쳐 이루어지기보다는 정치 엘리트들에 의해 주도되었기 때문이다. 정치 엘리트 중심의 시민단체가 제도정치에 침윤됨으로써 한국의 시민사회는 전문적인 역량을 갖추고 시민들의 생활 속으로 파고들어 국가와 시장을 견제하는 주요 축으로 성장하는 데 실패했다. 이 과정에서 시민은 시민사회 내부의 공론에서도 배제되었으며 기껏해야 시민적 덕목을 함양하는 시민교육이나 교양교육의 수강생 정도로 대상화되었다. 이 같은 상황은 시민 결사체가 구성원들이 생활세계와 공적 공간에서 "시민적(civil)" – 공손함, 존중, 관용, 타인에 대한 예의, 공론장에서의 토론, 공익에의 관심과 참여 등 – 인 존재가 되는 방법을 배우는 핵심적 공간이라는 점에서 한국의 민주주의에 치명적일 수 있다. 시민단체의 엘리트들은 정부와 시장을 상대하면서 민수적 절차와 시민적 리더십을 축적해왔지만, 이들 사이에 형성된 시민적 역량이 일반 시민에게도 확산되지 않았다. 나의 눈에 비친 한국의 시민사회는 진정한 의미의 참여민주주의를 추구하는 데 관심이 없다. 이 상황이 지속된다면 2016년의 광장에서처럼 시민사회가 시민의 역량을 조직하고 이끌기보다는 시민의 폭발적 요구에 끌려가는 상황이 반복될 수 있다.

이 글에서 시민단체로 구성된 소위 시민사회 또는 시민단체들만의 활동 공간에 대한 비판을 다시 할 생각은 없다. 이 글이 관심을 갖는 것은 참여민주주의 시대에 필수적인 시민성(civility)을 갖춘 시민(citizens)이 공익적 수준에서 시민됨(civicness)을 실천하는 주체로 성장했는가에 있다. 시민성이 한국의 시민사회와 시민에게서 결핍된 요소라는 지적이 사실이라면 그 이유는 무엇인가에 대해서도 따져봐야 한다. 시민성 부재가 한국의 민주주의의 미래에 어떠한 결과를 가져올 것인가를 고민해야 한다. 이 과정에서 현재 한국인의 시민성 수준에 대한 경험적 분석도 수행할 수 있을 것이다. 한편, 이 글은 기존 연구와 달리 시민성의 결핍 또는 부재를 권익주창형 시민단체의 좁은 시야나 엘리트적 활동 경향에서 찾는 대신 한국인의 습속이나 문화적 문법에서 찾는다. 이를 통해 공익과 사익 또는 생활세계와 공론장이 분리된 채 서로를 대상화시키는 현실에 대해 정확히 이해하고 해결책을 고민해, 더 나은 참여민주주의를 이야기하고자 한다.

2. 시민성의 다의성

시민성(civility)은 최근 자주 언급되기는 하지만 우리에게 친숙한 개념
은 아니다. 시민성은 시민권(citizenship)이나 문명(civilization) 등과 어원학
적인 기원이 같기 때문에 이들 개념들과 명확히 구분되지 않는다(White,
2006: 447). 시민성은 라틴어 치비타스(civilitas)에서 유래하며, 이는 도시
(라틴어 civitas/그리스어 polis) 안에서의 시민(라틴어 civis)이 가져야 할 자질
과 속성을 의미한다(Brinkman, 1948: 525; Williams, 1976: 57). 시민이 라틴
어로 치비스(civis)이고 도시를 뜻하는 단어인 치비타스(civitas)에서 살 수
있는 시민권(citizenship)을 가진 존재이기 때문에, 시민, 시민성, 시민권
은 개념적으로 서로 분리될 수 없는 관계에 있다. 시민은 시민권의 혜택을
향유하고 통치에 참여할 수 있는 도시에 사는 문명화된 사람들이다. 따라
서 문명화되지 않고 정치에 참여하지 않는 사람들은 시민이라 할 수 없다
(Peck, 2002: 359).

1) 시민성의 복합성

서양에서 시민 개념이 오랜 역사를 가진 것과 달리, 한국에서는 식민
지 시대 일본의 용례를 따라 도시에 거주하는 시가지 주민 또는 '시에 속
한 주민'으로 사용되는 것이 일반적이었다(박명규, 2014). 이는 한국사회
가 1960년대 이전 식민 통치와 전쟁으로 파괴되어 도시의 발달이 미미했
던 상황에서, 서구적 의미의 시민이라고 할 만한 집단이 존재하지 않았을
뿐만 아니라 시민 개념이 과거에는 시전에서 장사하는 사람들을 지칭하
는 것으로 사용되었기 때문에 정치적인 의미를 갖기 어려웠을 것으로 추
정된다. 한국의 학계에서 시민 개념이 나타난 시기는 1970년대 이후로,
서양의 시민 개념과 사상을 사회과학자들이 소개하면서부터이다. 한국사

회에서 시민이 정치적 존재로서 부각되기 시작한 시기는 1987년 민주화 투쟁 이후로 보는 것이 적절하다. 이때에서야 비로소 시민은 국가권력의 억압적 지배에 저항하는 정치적 주체로 한국사회에서 등장하였다(주성수, 2017). 그리고 2016년 광장에서 촛불을 든 시민은 민주주의에 반하는 권력을 대통령 탄핵을 통해 몰아내었고, 이들은 이제 한국 민주주의의 미래로 인식된다. 그러나 우리에게는 여전히 시민보다는 국민 개념이 더 친숙하다. 그리고 한국사회에는 시민이 가져야할 자질과 속성이 무엇인가에 대한 문화적 공유나 사회적 합의가 존재하지도 않는다. 이러한 이유로 학자마다, 논객마다 시민성을 이해하는 방식이 서로 다르다.

시민성은 복합적인 개념이다. 시민성은 공적인 것과 사적인 것, 사회적 규범과 도덕적 법칙, 보수적 향수와 진보적 변화 사이 그 어딘가에 위치해 있다. 시민성 개념이 갖는 복잡성은 이를 사용하는 연구자들이 시민성의 한 측면만을 과장하거나 중점적으로 부각시킬 수 있는 여지를 준다. 한국에서 시민성 개념은 주로 시민권(citizenship) - 시민으로 인정받는 법적·제도적 조건, 공동체 소속감, 정치적 태도와 행위 - 개념과 구분 없이 사용된다.

'시민성'은 시민권의 세 영역, 즉 공민, 유권자, 그리고 사회적 권리의 담지자나 주창자로서의 자의식과 실천적 태도를 견지하는 것을 말한다. 시민성은 개인의 자율성을 주창함과 동시에 정치공동체의 구성원으로서의 책임의식과 공공성을 견지하고, 사회의 약자나 다수자들이 최저의 경제생활을 누리면서 안전하게 살 수 있는 사회를 만드는 일에 참여하려는 의지를 말한다. 시민성은 곧 시민권의 쟁취를 위한 투쟁 과정에서 만들어지는 것이며, 그렇게 확보된 시민권을 지키고, 인간의 존엄성을 향한 보편적인 과제에 동참하려는 의지를 갖는 것을 말한다. 시민권이 그러하듯이 시민성은 개인의 자유와 자율을 전제로 해서 성립할 수 있지만, 세상에 대한 판단력, 어느 정도의 교육과 자기성찰의 능력을 필요로 하고, 자신의 이익을 추구하는 열망을 무시하지는 않지만 그 이익을 사회 전체의 목표나 진로와 결합시키려는 태도를 말한다. 시민성은 서구의 근대 부르주와의 가치인 자유주의에서 유래한다고 볼 수 있다. 그러나 실제 시민성은 자유주의 이념의 개인주의의 측면보다는 공동체 지향성을 더 강하게 포함한다. (김동춘, 2013: 8-9)

김동춘(2013)의 정의에서 알 수 있는 것처럼, 시민성은 협의의 시민권 - 시민이 누려야할 법적·제도적·정치적·사회적 권리를 지키기 위해 시민이 가져야할 적극적인 태도와 실천적인 참여로 이해된다. 그러나 시민성은 시민권 쟁취를 위한 투쟁과정에서만 만들어지는 것이 아니다. 사적 공간이나 생활세계에서 타인에게 지켜야 할 예의이기도 하고 차이와 다양성을 이해하고 인정하는 관용의 마음이기도 하며, 더 좋은 공동체를 만들기 위해 자신의 이익을 희생하는 시민적 덕성이기도 하다. 이러한 점에서 김동춘(2017)의 시민성 정의 방식은 다소 지엽적이라고 할 수 있다. 시민성은 국가권력에 대항하는 시민사회의 특성이기도 하지만 시민들이 지니고 있는 문화적 특성과 공익적 지향이기도 하다.

아래의 시민성에 대한 임희섭(2001)의 정의는 시민성이 가지고 있는 복합성에 대한 고민을 반영한다. 그러나 임희섭의 포괄적 정의도 구체적으로 시민성이 어떤 차원에서 어떤 요소로 구성되어 있으며 그 내용은 무엇인지 말해주지 않는다. 그는 시민성이 거대 구조로서의 시민사회와 정부 간 관계에서만 그 존재 가치를 가진다고 생각한다.

시민성은 특정한 사회가 국가와의 관계에서 지니고 있는 '시민사회적 특성'과 특정한 사회의 국민들이 지니고 있는 '시민적 특성'을 의미한다. 여기에서 시민사회적 특성과 시민적 특성은 구조적, 제도적 차원과 문화적, 심리적(인성적) 차원을 모두 포함하는 것으로 정의된다. 그리고 시민적 특성은 다시 자율성과 공공성 요소로 구성된다. (임희섭, 2001: 13)

시구 징치이론가들에서도 시빈성 개념화에 있어서 일치된 내용을 발견하기 어렵긴 마찬가지이다. 바버에게 시민성은 시민들로 하여금 공적 삶에서의 갈등을 처리할 수 있도록 해줌으로써 공감과 상호존중을 촉진하는 것이고(Barber, 1984: 190, 223), 왈저에게 시민성은 '선(the good)'에 대한 서로 다른 생각에서 발생하는 긴장을 완화시키는 것이며(Walzer, 1974: 602), 킴리카에게 시민성은 시민들이 서로를 평등하게 대할 것을 요구하는 차별금지 원칙의 필수요소이다(Kymlicka, 2001: 298-300). 그리고 시민성은 주로 평등, 개인성, 자율성, 자유, 권리, 의무, 소속, 공공재, 공공토론, 대의제, 포섭과 배제, 국민주권, 특정한 공동체/정체에의 헌신 등의 개념을 포함한다(Gordon·Stack, 2007: 117). 루흐트는 20세기의 주요 사회학/정치철학 이론들을 분석하며 시민성과 가장 관련성이 높은 개념들로 자기통제, 동정심, 관용, 정의, 타인에 대한 인정을 들고 있다(Rucht, 2011: 398).

2) 시민성의 핵심 요소들

시민성은 그 개념적 복합성 때문에 여러 가지 쟁점들을 만들어낸다. 시민성은 사적 덕목인가 또는 공적 덕목인가? 시민성은 일상생활의 상호작용, 즉 예의나 예절인가? 또는 정치적 태도와 행동인가? 시민성은 불평등과 현상유지를 가능하게 만드는 보수성을 지향하는가? 시민성은 민주적이고, 비판적이며, 포괄적인 개념인가? 시민성의 가치는 시민성의 고유한 도덕적 중요성에 있는가? 또는 갈등을 최소화하고 사회통합을 이끌어내는 기능적 효과에 있는가?

시민성 개념과 관련된 혼란은 무엇보다 이 개념이 보통 사적 영역의 관습과 공적 영역 규범과 실천에서 동시에 사용되기 때문에 발생한다. 우선 시민성은 예의범절, 정중함, 공손함 등 일상생활에서의 면대면 상호작용의 다른 형식들로 환원된다. 이러한 시각에서 '시민적'인 것이란 예의바르고, 정중하거나 사교적인 방식으로 타인에게 말을 하거나 이들과 상호작용하는 것이다. 이는 호칭의 문제, 어투, 에티켓까지 다양한 사회적 규범들을 포함한다. 따라서 시민성은 개인이 따라야 하는 확립된 규범이며, 각 문화와 상황에 따라 크게 달라진다.

시민성(civility)과 시민다움(civicness)을 엄격히 구분해 개인적 차원의 예의범절, 타인에 대한 존중, 공동체 구성원들을 배려하는 마음이 시민다움으로 전환되지 못하는 원인을 찾고 이를 증진하기 위한 방법을 모색하는 경우도 있다(Eliasoph, 2011). 이 경우 시민성의 특성들은 관용, 자기통제, 상호존중, 공동체에 대한 헌신, 사회적 관심과 관여, 그리고 책임감 등과 관련되어 있다(Shils, 1997; Calhoun, 2000; Forni, 2002; Anheier, 2007). 시민다움(civicness)의 경우 시민성과 달리 공공 영역과 더 밀접히 연결되어 있으며, 시민들이 스스로를 시민으로 여기게 하는 특성들과 정부와 공공영역이 개인들에게 시민의 역할을 부여하는 정도와 관련이 있다. 따라서 시민다움은 인권, 사회권, 정치권, 그리고 자유를 지키고 그 의미를 존중하는 적극적 시민권의 특성들과 관련되어 있다. 현대 정치이론에서 일반적으로 시민성은 civility와 civicness 모두를 지칭하는 것으로 사용된다. 즉 시민성은 시민으로서의 자질과 정치적 공동체의 성원권과 그에 따르는 권리와 책임을 아우른다. 따라서 시민성은 실질적인 정치적 의미를 가진다.

시민성 개념의 모호성과 복잡성, 그리고 중첩성으로 인한 혼란을 따라가다 보면, 결국 시민성을 정의하는 것의 어려움은 일반적으로 우리가 사용하는 시민성 개념 안에 시민성(civility), 시민적 덕목(civic virtue), 시민권 (citizenship) 개념들이 혼재되어 있기 때문에 발생한다는 것을 알 수 있다. 그러한 혼재가 잘 드러나는 예가 송호근(2016)의 시민민주주의이다. 송호 근(2016)에 의하면 시민민주주의는 '시민적 가치'에 입각하고 시민적 동의 와 참여를 존중하는 정치체제이다. 시민민주주의에는 '시민참여', '시민 권', '시민윤리'라는 세 가지 핵심요건들이 있다. 시민참여는 시민단체 참 여를 의미하고, 시민권은 시민의 기본자격으로서 권리와 책임이라는 두 개의 가치로 구성되며, 시민윤리(civic virtue)는 공익에의 긴장, 타인에의 배려, 공동체적 헌신에 해당하는 가치를 일컫는다(송호근, 2016). 사실 송호 근의 시민민주주의를 간단히 정의하면 시민성에 바탕을 둔 민주주의라고 할 수 있다. 여기에서 시민성은 시민민주주의와 거의 동의어로 사용되고 있다.

그렇다면 시민성, 시민적 덕목, 시민권은 서로 어떻게 다른가? 이들의 공통점은 무엇인가? 위에서 밝힌 것처럼, 시민성은 기본적으로 타인을 어 떻게 대할 것인가에 대한 것이다. 따라서 시민성은 타인과 관련된 윤리이 며, 타인에 대한 존중을 전제로 한다. 어떤 경우 시민성은 좋은 예절에 관 한 관습을 의미하고, 어떤 경우는 보다 보편적 의미에서의 타인에 대한 존 중과 배려를 의미한다. 타인에 대한 존중과 배려는 단순히 타인의 권리를 침해하지 않는 최소한의 도덕률 이상의 기준이다. 한편 시민성은 우리가 함께 살아가기 위해 희생하는 많은 행위이기도 하다. 타인에게 예의바르 고 인내하는 것이 시민성의 최소 기준이기는 하지만, 우리가 시민성을 말 할 때는 그보다 더 많은 실천을 의미한다. 시민적인 자세를 갖는 것은 타 인과 소통하는 방식과도 관련이 있다. 시민적이라는 것은 정치적 견해가 다른 사람들을 대하는 자세와 존중으로 확장된다. 정치적으로 반대편에 있는 사람들의 견해를 듣고, 차이에 관용적인 태도를 보이는 것이 시민성의 중요한 요소이다. 따라서 적개심, 폭력적 반응, 경멸 없이 견해의 차이를 논하는 것이 시민성의 주요 특성이 된다.

시민적 덕목(civic virtue)은 시민의 역할과 밀접한 관련이 있다. 좋은 시민은 시민적 덕목을 행동에 옮긴다. 덕목들은 한 개인의 특성으로도 이해된다. 따라서 덕목들은 한 개인이 실행해야 할 역할을 규정하는 기준과 기대에 맞춰 행위 하려는 기질과 자세를 일컫는다. 따라서 시민적 덕목은 좋은 시민이 되기 위해 필요한 태도와 특성을 말한다. 아리스토텔레스의 지적처럼, 덕목은 개인들로 하여금 공동체 내에서 조화롭게 살아갈 수 있도록 돕는다. 온전한 인간이 되는 것은 도시에서 거주하는 시민에게만 가능하며 사회적 제도와 문화는 시민적 덕성의 실천을 통해서만 그 존재 가치를 획득한다. 아리스토텔레스에게 정치와 윤리란 필연적으로 연결되어 있으며, 따라서 시민적 덕목은 인간의 행복과 번영에 필수적인 요소이다. 그러나 시민적 덕목은 공동체나 사회의 이익을 촉진하기 때문에 가치가 있는 것이지, 개인에게 이익을 직접적으로 가져다주기 때문은 아니다. 물론 사적 이익과 공적 이익이 서로 분리될 수는 없겠지만, 확실한 것은 개인의 협소한 이해추구가 시민적 덕목의 동기가 될 수는 없다는 점이다. 따라서 시민적 덕목은 행동과 생각에 있어서 사익보다는 공익을 추구하는 자세 또는 태도로 정의될 수 있다. 공익적 사고와 공익을 위한 봉사에 가치를 두는 자세가 시민적 덕성의 전형적 특징이다.

시민권(citizenship)은 일반적으로 시민의 권리와 자율성을 보장해주는 법적 지위로 정의되지만, 사회적 역할과 책임으로 개념화되기도 한다.기도 한다. 가령 루소는 시민권을 시민적 덕목과 밀접한 관련이 있으며 시민은 공동체의 이익을 염두에 두고 행위 하는 사람이라고 주장한다. 이런 의미에서 루소의 시민권에 대한 정의는 아리스토텔레스의 전통에 서 있으며 그에게 시민권은 단순히 다양한 특권과 면책권을 수반하는 법적 지위에 관한 것이 아니라 공익에의 헌신과 공적인 일에 대한 적극적 참여를 수반하는 삶의 방식이다. 이러한 공화주의적 전통에 있는 시민권 정의는 국가와 동료 시민들에 대한 특정한 태도를 가질 것을 요구하는데 이 태도에는 보통 국가와 공동체에 대한 정체성(identity), 충성심(allegiance), 소속감(sense of belonging)등이 포함된다 킴리카는 시민권이 사람들이 그들의 차이를 극복하고 모든 시민의 공통의 이익을 고려하는 바탕이 되어야 한다고 지적한다. 그래서 국가는 단순히 시민들의 권리를 보호하는 데 그치지 않고 모든 시민의 이익을 증진할 수 있는 협력을 이끌어내야 한다.

  결론적으로, 시민적 덕목은 민주주의 사회에서 시민이 가져야 하는 덕목이고, 시민성은 시민적 덕목을 준수하는 데 기본이 되는 자질이다. 그리고 시민성, 시민적 덕목, 시민권 모두 공통적으로 공동체의 구성원들이 함께 좋은 조건에서 잘 사는 것과 지속적인 발전에 필요한 개인적 및 집합적 수준의 속성들인 공익, 공존, 공생 등을 강조한다. 시민성에 초점을 두고 설명하면, 시민성은 공익적 차원에서 평등의 조건을 조성하며, 우리가 모두 하나의 도덕적 집합체에 속해 있다는 생각을 갖게 한다. 공감은 우리가 시민성에 부합하는 방식으로 서로를 대하는 습관을 가질 때 존재할 수 있다. 이러한 규칙은 사회적/정치적 삶의 최소조건이자 기능적 필수 요소이다. 시민성은 공통의 목적에 대한 도덕적 합의가 불가능한 현대사회에서, '선'에 대해 서로 다른 관점을 지닌 사람들이 공존할 수 있도록 돕는다. 한편, 시민성이 관용이나 중용과 같은 자유주의적 덕목보다 포괄적 의미를 가지는 이유는 이 개념이 시민들의 능동적이고 긍정적인 사회성을 전제하기 때문이다. 따라서 시민성에는 본질적 가치와 실천적 가치가 동시에 존재한다. 즉 시민성은 타인에 대한 도덕적 의무와 실천을 강조한다. 우리는 보통 다른 사람들도 자신과 마찬가지로 존중받을 자격이 있다는 점에 동의하며, 이를 사적 영역과 공적 영역에서 실천해야 한다고 믿는다. 시민성은 기본적으로 자신의 존엄에 대한 소망이자 타인의 존엄에 대한 존중이며, 이를 생활세계와 시민사회, 그리고 공공 영역에서 적용하는 것을 의미한다. 결론적으로, 시민성은 민주주의 사회의 존속과 진보에 필요한 가장 핵심적인 문화적 속성이자 정치적 실천이다.

3. 광장의 촛불과 시민성

시민성은 시대와 문화에 따라 그 내용이 변하는 사회적 행동의 규범적 이상이라 할 수 있다. 하지만 '좋은' 사회적 행동이라는 보편적 의미 속에서, 시민성은 그 시대에서 규범적 이상의 성취와 실패를 측정하는 척도로 기능하기도 한다. 시민성에 대한 이해 방식이 시대에 따라 달라지고 그 가치와 기능도 사회마다 다르기 때문에, 이론가들이 제시하는 시민성의 주요 내용, 차원, 실천 메커니즘이 제각기 다르다. 그러나 이러한 차이에도 불구하고 이론가들이 공통적으로 동의하는 시민성의 핵심적 가치와 역할은 공공선을 위해 시민들이 다른 의견을 존중하고 활발하게 토론하고 행동함으로써 민주주의의 발전과 공고화에 기여한다는 것이다. 시민성을 가진 시민은 민주주의의 가치와 태도를 실현시킬 수 있는 참여의식을 가지고, 보다 나은 집합적 결정이 무엇인가를 끊임없이 고민하고 적극적으로 의견을 개진한다. 그리고 이를 실천하는 시민들이 많은 사회에서는 공정성, 투명성, 신뢰가 사회적 가치로 자리 잡게 되고 민주주의가 적절히 작동할 가능성이 높아진다.

시민성은 민주주의를 유지하고 재생산하고 정교하게 가꾼다. 장은주 (2017)는 민주적 시민성을 기르는 교육에서 지켜야 할 두 가지 원칙으로 논쟁성의 원칙과 실천성의 원칙을 제시한다. 즉 한국처럼 집단 갈등과 이념 갈등이 심한 곳에서는 교실을 포함한 사회 곳곳에서 차이와 다양성을 기초로 논쟁적 상황이 만들어져야 하고, 단순히 시민교육과 토론에 그치는 것이 아니라 일반 시민뿐만 아니라 학생들도 민주주의를 직접 체험하고 만드는 경험을 할 수 있도록 해야 한다는 것이다. 민주주의는 시민성을 갖춘 시민들이 갈등을 토론과 참여를 통해 스스로 극복할 때 만들어진다. 달톤(2008)은 사람들이 생각하는 '좋은 시민(good citizenship)'의 규범을 모아둔 일종의 총합과도 같은 것으로 시민성을 정의한다. 이는 흔히 생각하는 법적, 그는 사회적 권리와는 다른 방식의 시민권 정의 방식이기도 한데, 시민규범을 시민적 의무(duties)와 실천적(engaged) 시민권으로 구분한다. 전자는 한 사회의 시민으로서 부여받은 사회적 규칙과 제도를 충실히 따르는 것을 말하며, 후자는 연대, 자율성, 적극적 참여 등과 같은 속성들로 정의된다. 시민규범을 좀 더 세분화하면 정치참여, 정치적 의견 개진의 자율성, 사회적 규칙 준수, 연대와 공감 등이다(Dalton, 2008).

달톤의 지적처럼 시민성은 시민으로서 보유하고 실천해야 하는 규범적 차원의 자질 및 태도와 자유와 권리를 지키기 위해 공론장에서 정치적 목소리를 내는 실천으로 구성된다. 그리고 실천을 통해 시민성은 다시 강화된다. 그런 의미에서 2016년 광장에서의 촛불시위와 2017년 대통령 탄핵 결정과 정권교체는 시민의 손에 의한 참여민주주의의 가능성을 보여주는 역사적인 정치적 사건이다. 2016년 가을 JTBC의 보도로 시작된 박근혜·최순실 게이트에 분노한 시민들이 광장의 문을 열고 국회는 광장의 열망과 목소리를 에너지 삼아 박근혜 대통령에 대한 탄핵소추안을 국회의원 299명 중 234명의 찬성으로 통과시켰다. 그리고 2017년 3월 헌법재판소는 대통령 파면을 발표하고, 드디어 5월 시민들은 새로운 대통령을 선출했다. 시민들은 허물어져가는 한국 민주주의를 복원하기 위해 토요일 오후 일상을 접어두고 자발적으로 광장에 나와 토론하고 주장하고 성취했다. 무려 5개월 이상 매주 주말에 열린 광장의 촛불시위는 시민에게 정당성을 인정받지 못한 권력은 그 존재 근거를 상실하게 된다는 자명한 진리를 증명하였다. 장은주(2017)의 주장처럼 광장의 시민들은 논쟁성의 원칙과 실천성의 원칙을 소망하고 소통하고 실천하는 시민성의 주체들이었다. 그럼에도 불구하고 의문은 여전히 남는다. 시민들을 지속적으로 광장으로 이끈 힘은 과연 무엇이었을까? 우리가 아직 알아보지 못한 한국인의 시민성이 발현한 결과가 2016년 광장의 성과였을까?

나는 광장의 촛불이 미적거리는 정치인과 언론을 떠밀어 유례없는 정치적 성과를 올릴 수 있었던 것은 시민사회의 역량이나 시민들의 축적된 시민성 때문만이었다고 보지 않는다. 그렇다면 무엇이 2016년 광장의 폭발적 에너지를 가능하게 했을까? 나는 그 이유를 한국사회의 시민사회의 성장과 시민성의 축적이 아닌 시민들의 응축된 분노에서 찾아보는 것이 옳다고 생각한다. 서론에서 지적한 것처럼, 한국 사회는 1990년대를 거치면서 민주화의 기틀을 마련하고 시민사회의 성장을 도모했다. 그 결과, 50여 년만의 정권교체로 김대중 정부가 출범할 수 있었고, 시민사회의 조직화를 내세운 노무현 정부도 국민의 지지를 받을 수 있었다. 그러나 이러한 성취에도 불구하고 시민사회는 여전히 명망가 중심의 이익단체 수준에 머물러 있었고, 시민의 목소리보다는 정치권과 대기업과의 관계에 더 집중했던 것이 사실이다. 이명박 정부와 박근혜 정부는 미약하게나 남아 있던 시민사회의 리더십마저 제거하는 기조로 일관해 이들을 정치권에서 배제했다. 이명박 정부 초기 미국산 소고기 수입에 항의하는 시민의 자발적 참여로 열렸던 광장은 얼마 되지 않아 닫혔고, 그 후 시민사회는 결빙된다. 2014년 세월호 참사를 계기로 다시 열린 광장은 정부와 정치권으로부터 철저히 외면당한다. 광장에서 흘러 넘쳤던 시민들의 목소리가 가시적인 정치적 성과로 연결되지 못하고 일회성의 외침에 그치는 경험이 반복되면서 체념, 자조, 냉소, 분노가 시민들의 마음속에 자리를 잡게 된다. 비상식과 불공정에 대한 분노는 사회적 불평등과 양극화의 심화, 계층 사다리의 실종으로 더욱 깊어졌다. 박근혜 정권 하에서는 세월호 참사와 백남기 농민 사망 사례에서 볼 수 있듯이, 과거에는 상상조차 할 수 없었던 일들이 통치행위와 법치라는 미명 하에 버젓이 자행되고 있었다. 이 과정에서 분노는 응축되었고 2016년의 광장은 폭발한다.

2016년 광장이 이전의 광장과 다른 특징 하나는 남녀노소, 지위고하에 관계없이 다양한 집단이 참여했다는 점이다. 특히, 정치에 무관심하고 냉소적인 젊은 층과 화이트칼라 중산층의 적극성은 마치 1987년 민주화 항쟁을 떠올리게 할 정도로 뜨거웠다. 서울대학교 사회발전연구소가 서울 등 광역시 시민을 대상으로 수행했던 여론조사에 따르면, 전체 참여자 중 '20대/30대'가 차지하는 비율은 45%, '대졸이상' 68.3%, '월 가구소득 500만원 이상'이 42.2%로 나타나 '젊고 고학력이면서 중산층 이상의 시민'이 광장의 주도 세력으로 밝혀졌다(송호근, 2016). 결론적으로, 2016년 광장은 최순실 국정농단에 대한 충격으로 촉발되었지만 전 국민의 마음속에 오랜 기간 축적됐던 비상식과 불공정에 대한 절망과 냉소, 분노가 불평등의 심화와 결합하면서 무시무시한 불공정과 불의를 향한 철퇴가 되었다.

이러한 의미에서 2016년 광장의 성과는 시민사회에 새로운 도전이 될 것으로 보인다. 이제 광장에서 분출된 시민의 다양한 목소리를 담을 수 있는 진짜 '시민사회'가 필요하기 때문이다. 시민사회의 조직화를 기반으로 시민사회의 본연의 임무인 감시와 견제 기능이 활성화되고 제도화돼야 한다. 이를 위해 반드시 필요한 것이 시민성이다. 한국 민주주의의 미래는 시민들의 시민성에 달려 있다. 시민성을 바탕으로 시민이 권력의 주체로써 사회적 결정에 영향력을 행사하고 자신의 의견을 확신을 가지고 표현할 수 있을 때 민주주의의 잠재력은 만개한다. 광장은 시민의 자발성과 자생성에 기대어서는 지속가능하지 않다. 광장은 그 안에서 시민의 열망과 자발적 노력이 정교하게 조직화되어 시민성이 충만한 극장이 되었을 때 민주주의에 궁극적으로 기여할 수 있다.

4. 한국인의 습속(習俗), 합리적 개인, 그리고 시민성

2017년 10월 20일은 한국의 민주주의 역사에서 매우 의미 있는 날로 기록될 가능성이 높다. 문재인 대통령은 신고리 5·6호기 공론화위원회의 정책 권고를 수용하여 공사를 재개하기로 결정하였다. 이러한 정책권고를 이끌어 낸 공론조사에 참여한 시민들에게 공론화위원회 김지형 위원장은 한국 민주주의의 수준을 확인해 준 "471명의 현자"라는 찬사를 보냈다. 나는 공론조사 검증위원회 위원장 자격으로 충남 천안 계성원에서 실시된 '시민참여형조사'의 2박 3일 종합 토론회에 참관하였으며 토론회에 참여한 시민참여단과 많은 대화를 나눌 수 있었다.

공론조사의 시행이 처음 알려졌을 때 과연 토론에 익숙하지 않은 한국인들이 원자력에너지라는 어려운 주제를 두고 원활하게 숙의할 수 있을 것인가에 대해 우려가 많았다. 그러나 공론조사에 참여한 시민들은 원자력에너지의 안전성과 경제성, 대안에너지의 가능성 등을 두고 열띤 토론을 벌였으며 숙의를 통해 모두가 수용할만한 결론을 도출했다. 타인에 대한 존중, 다른 의견에 대한 관용, 공동체의 운명을 숙고해 결정해야 한다는 소속감과 책임감이 공론장에서 빛을 발하고 있었다.

하지만 과연 전체 국민이 공론조사에 참여한 471명의 시민과 같은 수준의 시민성을 보유하고 있고 이를 통해 한국의 민주주의가 질적 도약을 할 수 있는가라는 질문에 대해서는 선뜻 긍정적인 대답을 하기는 어렵다. 시민참여단의 2박 3일 간 열띤 토론을 가능하게 했던 시민적 역량을 생활세계의 다른 시민들에게서도 발견할 수 있다는 확신이 없다. 외부와 차단된 공간에서 책임감으로 무장했으며 일정한 보상(85만원)을 받은 시민참여단이 공론화 과정에서 보여준 시민성과 경쟁과 생존, 그리고 성공을 최우선적 가치로 두는 일상에서 만나는 시민들이 보유한 시민성이 동일할 것이라고 믿기 어렵다.

〈표 1〉 가정교육에서 자녀에게 강조하는 덕목

	덴마크	핀란드	한국
독립	79.0%	51.8%	57.8%
열심히 일함	4.8%	6.9%	64.3%
의무의식	80.5%	89.6%	87.8%
상상	32.1%	23.8%	14.5%
관용과 타인 존중	86.6%	86.3%	40.8%
절약과 저축	9.7%	23.5%	65.1%
투지와 인내	26.8%	47.2%	54.5%
종교적 믿음	7.6%	9.3%	25.0%
이기심 없음	64.3%	26.7%	10.5%

자료: 세계가치관조사(2012) 및 유럽가치관 조사(2008))

〈표 1〉은 한국사회의 시민성에 대해 긍정적 평가를 내리기 어려운 하나의 근거를 제시한다. 시민성 형성이 청소년기 부모의 영향, 즉 세대 간 전

승에 의해 가장 많은 영향을 받는다고 했을 때 표에 제시된 결과는 한국사회의 시민성이 낮은 수준에 있을 것이란 추측을 가능하게 한다. 표에서 드러나는 것처럼, 한국인의 응답은 세계에서 시민성 수준이 가장 높은 것으로 알려진 핀란드와 덴마크와 큰 차이를 보인다. 즉 관용과 타인존중에 대해 덴마크와 핀란드 부모의 90% 가까이가 중요하게 교육하지만 한국의 부모의 경우에는 41% 정도에 그치고 있다. 사심 없음 항목도 두 나라와 한국 부모 간 큰 차이를 발견할 수 있다.

이 결과는 한국의 시민들이 열심히 일하면서 근검절약하는 정신을 강조하는 반면 공동체와 공익을 위한 삶에 대해서는 상대적으로 덜 중요하게 생각하고 있음을 보여준다. 열심히 일하고 저축하는 등 개인적 부와 성공에 관련된 덕목이 강조되고 관용이나 타인 존중과 같은 공동체 지향적인 가치와 공동선이 간과되는 문화에서는 시민성과 시민 역량이 지속적으로 재생산될 것이란 기대를 갖기 어렵다.

습속(習俗)은 예로부터 사회나 지역에 내려오는 고유한 관습과 풍속을 의미한다. 국가의 통치 방식, 정부와 시민사회의 관계, 시장에서의 관행, 일상에서의 사회적 관계, 가정교육 모두 습속을 통해 그 실체를 드러낸다. 따라서 습속은 한 사회 구성원의 삶의 방식에 녹아 있는 문화적 코드이며, 이는 곧 시민성의 형식과 내용, 그리고 속성에 결정적인 영향을 준다. 이러한 습속을 두고 학자들은 저마다 다른 이름으로 부르는데, 최재석(1993)의 사회적 성격, 장윤식(2001)의 인격윤리, 김경동(2006)의 사회윤리, 정수복(2007)의 문화적 문법 등이 이에 해당한다.

이 글은 시민성이 우리가 함께 하나의 공동체에 속해 있다는 인식을 바탕으로 서로를 대하는 습관을 가질 때에만 존재할 수 있고, 타인에 대해 가지는 느슨한 도덕적 의무라고 했을 때, 한국사회의 습속을 이야기하는 이론들에 집합주의와 개인주의의 조합이 만들어낸 '우리'의 이익에 충실한 합리적이고 도구적인 개인이 존재하고 있음을 지적하고자 한다. 그리고 이러한 습속 때문에 한국인의 마음에 시민성, 타인의 존재에 대한 존중이자 타인의 존엄에 대한 소망, 그리고 실천적 참여가 보편적 가치로 자리잡기 어렵다는 점을 설명하고자 한다. 이익을 희생한 공익 추구, 관용, 차별금지, 공적 도리와 같은 시민적 덕목이 '좋은 예의범절' 이상의 것으로 발전하지 못하고, 자기 제약 및 타인에 대한 배려를 수반하는 일련의 실천이 요원하게 되는 점을 지적하고자 한다. 그리고 광장의 촛불도 전략적으로 조직화된 생활세계의 시민성에 바탕을 두지 않는 한, 일회성의 분노 표현 이상이 될 수 없을 뿐만 아니라 민주주의의 질적 도약에도 도움이 되지 않음을 강조하고자 한다. 당연한 말이지만 의무를 도외시한 권리들의 충돌로 귀결되는 민주주의는 지속가능하지 않다. 이제 한국인의 습속을 설명한 대표적인 연구 성과들을 간략히 살펴보자.

최재석(1993)은 가족주의, 감투지향주의, 상하서열의식, 친소구분의식, 공동체지향 등 다섯 가지 속성을 한국인의 사회적 성격으로 제시한다. 그는 한국인을 가족을 중심으로 공동체의 질서와 유대를 추구하면서 '입신양명적 성취동기와 자가실현(自家實現)'과 '출세지향적 교육관과 교육열'을 가진 존재로 묘사한다. 물론 이러한 습속은 모두 가(家) 구조적 원리 혹은 유교적 가족주의 심성에 그 뿌리를 두고 있으며 생활세계의 규범, 정치과정, 문화의식에 고스란히 녹아들어 있다.

가(家)의 구조적 원리는 가(家)를 구성하고 작동하는 원리인데, 그것은 통체-부분자적 세계관과 가(家) 중심의 가치체계에 바탕하여 이루어지는 삶, 즉 본가에서 태어나 업가적 무대에서 일가(一家)를 이루고 국가적 무대에서 대가(大家)가 됨으로써 역사적 명예를 획득하여 '나'와 '우리'

를 영광스럽게 하는 형태의 삶을 구성하고 작동하는 기본 원리를 말한
다. (최재석, 1993: 267)

가(家)의 구조적 원리로 대표되는 한국인의 사회적 성격에는 사적이익
과 공적이익의 구분이 모호하다(최재석, 1993). 본가가 대표하는 사적이익
과 국가가 대표하는 공적이익은 각각 이(利)와 의(義)가 되는데, 이 둘은 '하
나이면서 둘이고, 둘이면서 하나인 관계'에 있기 때문에 이와 의는 엄격
히 구분되지 않고, 공적인 무대에서 사익의 쟁투가 발생하기도 한다. 결국
한국인가 가장 사용하는 말인 '우리'는 '나'를 의미하게 된다(최재석, 1993).
이러한 문화적 배경에서 현대 사회의 급격한 자본주의화는 국가적 대의의
상실 또는 약화, 지배 집단의 이익을 실현하기 위한 도구로 국가가 이용되
는 상황을 초래하여 국가적 이익에 대한 무관심, 정변적 정치 과정으로 인
한 헌법과 법률의 무력화 현상, 자본주의화로 인한 상공인적 임기응변의
일상화, 급격한 문화 변동으로 인한 이중규범의 일반화로 귀결된다.

최재석(1976)은 체면과 염치의 문화를 강변하면서 루스 베네딕트의 『국
화와 칼』이 동아시아 문화의 내면을 보지 못한다고 비판하지만, '우리' 안
에서 용인될 수 있는 행위, 즉 체면을 지킬 수 있는 행위는 외적인 명예에
손상을 입지 않기 때문에 염치라는 내적인 명예의 성숙은 좀처럼 완성되
지 않는다. 즉 체면과 염치의 문화가 한국인의 심성 안에 존재하고 이는
현대적 의미의 시민성으로 연결될 수 있는 씨앗이지만 우리를 중심으로
만들어진 파벌적 집합성(factionalism)으로 인해 꽃을 피우지 못하는 것이
다. 그런 의미에서 한국인의 염치, 즉 명예 중시 경향도 외부의 반응에 대
한 임기응변식 대처 이상의 의미를 가지지 못한다.

이와 유사한 맥락에서, 장윤식(2001)의 인격윤리도 왜 한국의 문화에서
공동체의 낯선 타인에 대한 배려와 공익을 위한 자기통제, 희생, 헌신이

보편적인 가치로 자리 잡지 못하는가를 잘 보여준다. '우리'에 묶여있는 의리가 한국인의 가치체계에서 핵심적인 역할을 하는 한 시민성의 발현은 어불성설이다.

> 인격윤리 또는 인격주의는 제한된 범위 내에서 상대방을 하나의 전체
> 적인 인격체로서 접근하는 것을 요체로 한다. (중략) 인격윤리 관계에서
> 는 서로 도움을 주고받는 것이 자연적으로 기대되며 도울 수 있고 도와
> 야 할 때 돕지 않는다든가 도움을 필요로 할 때 도움을 청하지 않는 것
> 은 기대 밖의 행위로 해석되며 그런 일이 계속될 때 유대관계의 균열을
> 가져온다. 이러한 유대관계를 일반적으로 의리관계라고 한다. 의리는
> 전통적으로 사람의 됨됨이를 가늠하는 척도로 생각되었다. 의리를 모르
> 는 사람이라는 것은 인격상의 결함이 있음을 표현하는 것이다. 의리를
> 바탕으로 하는 연결망 내에서는 인격이 보다 넓은 사회를 관장하는 규
> 칙이나 이념이나 공익, 애국심 등을 앞지르는 경향이 강하게 나타난다.
> (장윤식, 2001: 6)

인격주의 사회에서는 개인의 자아가 특정인과의 깊은 관계를 통해 형성되고 발전하기 때문에 인맥 안에서 신세를 지고 사정을 봐주는 것은 경제적, 정치적, 사회적 목적 달성의 수단으로 사용된다. 이러한 이유로 인격윤리는 민주주의적 시민성의 형성보다는 권위주의적 인성을 촉진하는 데 더 기여한다. 자신이 속한 집단에 대한 충성이 사회 구성원들과 함께 조화롭게 살아가려는 마음을 항상 압도하기 때문이다. 연결망의 유대를 위해서는 공공규칙이나 공익도 희생될 수 있다. 장윤식(2001)도 지적하고 있는 것처럼 '정부 조직 내에서 역할수행자간 관계가 인격을 무시하는 인격차원을 넘는 중립관계로 발전'하기란 쉽지 않다(장윤식, 2001: 11).

김경동(2006)은 사회윤리를 '인간의 사회적인 공동생활에서 상호간에 마땅히 지켜야 할 기본적인 인간의 도리 내지 도덕적 규범'으로 이해한다 (김경동, 2006: 153). 가령 사회윤리는 남에게 피해를 주지 않는다거나, 타인의 권익을 존중하고 나눔을 실천한다거나, 법과 규칙을 지키고, 투명하게 일을 처리하고 부정에 타협하지 않고 정의롭고 공정한 심성을 가지는 것을 일컫는다. 사회윤리라고 명명해서 그렇지 실상 그 내용은 시민성의 그것과 별반 다르지 않다. 김경동에 의하면 사회윤리의 결여는 가치관의 황폐화와 규범질서의 난맥, 책임의식 부재와 합리성 결여, 목적 중시와 절차 무시, 신뢰성 붕괴, 공정성 결여, 공익정신 부족, 사회의식 결핍, 사회적 무관심과 밀접한 관련이 있다. 그리고 사회윤리의 형성을 방해하는 사회조직의 문화적 요인은 감성주의, 인정주의, 연고주의, 집합주의, 위계서열적 권위주의, 권력지향성, 평등주의 평준화 의식, 도덕주의적 폐쇄성, 형식주의적 의례주의, 극단적 양분법적 흑백논리 등이다(김경동, 2006). 이와 같은 문화적 전통 때문에 사회윤리, 즉 시민성은 한국사회에서 자라나지 않는다. 가령 문화적 특성 중 하나인 도덕주의적 폐쇄성에서 드러나듯, 내부적으로는 의리를 중시하면서도 외집단에 대해서는 폐쇄적·배타적, 적대적인 태도가 생활세계의 표준, 습속이 될 때 시민성의 생성과 발현은 요원하다. 남의 행동에 대해서는 엄격하면서도 자신과 가족, 연고집단에 대해서는 관대한 사람들이 다수인 사회에서 시민성은 형성되지 않는다. 우리는 흔히 주변에서 "나쁜 짓 많이 한 놈들이 더 잘 산다."라는 말을 많이 듣는다. 즉 주변 신경 안 쓰고 다른 사람에게 피해를 줘도 법적으로 문제만 안 되고 결과만 좋다면 문제될 게 없다는 식으로 사는 사람들을 보고 분노를 느낀다. 지대추구적(rent-seeking) 행위가 결과에 의해 정당화되는 습속이 강화될수록 시민성에서 중요한 특성인 공익을 위한 자기통제, 동정심, 관용, 정의, 타인에 대한 인정 등과 같은 가치들은 무례/폭력, 고통,

일탈, 규칙위반, 불만과 적대감 등에 의해 압도당하기 십상이다.

한국사회에는 '성과만 좋으면 과정은 문제되지 않는다는 결과지상주의적 사고'가 문화적 문법으로 자리 잡고 있다(정수복, 2007: 173-6). 정수복(2007)은 한국인의 습속을 추적하면서 사회구성원들의 밑바닥을 가로지르는 공통의 사고방식을 '문화적 문법(cultural grammar)'으로 정의한다. 문화적 문법은 "그 문화를 공유하는 구성원들 사이에 당연한 것으로 받아들여져 거의 의식되지 않은 상태에 있으면서 구성원들의 행위에 일정한 방향을 부여하는 의미체계"를 말한다(정수복, 2007: 47-8). 한국인의 문화적 문법에는 12개의 구성요소들이 존재하는데, 이는 다시 6개의 근본적 문법과 6개의 파생적 문법으로 구분된다. 근본적 문법의 구성요소는 현세적 물질주의, 감정우선주의, 가족주의, 연고주의, 권위주의, 갈등회피주의 등이다. 파생적 문법의 구성요소는 국가중심주의, 속도지상주의, 근거 없는 낙관주의, 수단방법 중심주의, 이중규범주의 등이다.[1] 정수복은 이들 12개 문화적 문법의 구성요소들 간 결합관계를 밝히는 것이 중요하다고 지적한다. 가족주의는 쉽게 연고주의로 확산되고, 감정우선주의는 감상적 민족주의의 온상이 되고 연고주의의 바탕이 되는 식이다(정수복, 2007: 183). 이러한 요소들 간 선택적 친화는 시민사회와 시민성의 형성에 부정적 결과를 초래한다. 예를 들면, 국가중심주의는 가족주의를 조장하는데 이는 시민사회의 역할을 축소시키고 사회정의나 공익이라는 덕목이 자리 잡는데 방해가 된다.

지금까지 역사적으로 구성되어 온 한국인의 습속의 요소와 내용들이 한국인의 근대적 시민성 형성과 왜 갈등 관계에 있는가를 밝히고자 하였다. 인맥 중심적 가치관, 공익보다 의리를 우선하는 문화, '나'와 '우리' 사이

---

1   파생적 문법은 국민국가를 단위로 하는 근대적 국제질서 속에서 근본적 문법이라는 뿌리로부터 파생된 줄기로 볼 수 있다(정수복, 2007: 107)

의 모호한 경계, 사적이익과 공적이익의 뒤섞임, 우리에게는 관대하고 남에게는 엄격한 규범적 이중성 등 시민성 형성과 지속을 가로막는 한국인의 습속들을 찾아내는 것은 그리 어렵지 않았다. 반면 시민성을 촉진할만한 습속을 떠올리기 어려웠다. 그 이유는 무엇일까? 정수복은 최재석의 사회적 성격을 언급하면서 한국인의 습속에는 집단주의를 강화시키고 개인주의의 등장을 저해하는 요소들이 지배적이어서 참여민주주의에 친화적인 시민의식이 발달하기 어렵다고 지적한다(정수복, 2007). 개인보다 공동체를 중시하는 공동체 지향 의식이 개인으로 하여금 행동의 기준을 개인 자신에 두기보다는 그가 속한 공동체에 두게 만들어 공동체의 윗사람의 의견을 순응적으로 따르는 경향을 만들었다고 주장하기도 한다.

그러나 나는 집합주의와 공동체 지향 의식이 민주주의적 시민성과의 불협을 초래할 수 있다는 주장에 동의하면서도, 그것에 문제의 근원이 있다고 믿지 않는다. 집합주의가 한국인의 지배적인 사고 양식이라면, 민주주의는 퇴보하고 썩어갈지라도, 시민들은 통치에 순응하고 광장은 잠잠했을 것이다. 지금은 대통령을 국부로 모시고 국가와 민족 그리고 가족을 위해 나를 버리는 봉건사회가 아니다. 박정희 시대에 그러했던 것처럼 충과 효의 이념에 따라 집합적 규범에 순응하고 질서유지와 법치를 일상의 규범으로 강제할 수도 없고 해서도 안 된다. 세계화와 정보화로 국가 간, 사회 간, 문화 간 경계는 무색해졌고, 한국의 1인 가구 비율은 30%를 넘어서 전통적 가족주의는 해체되고 있다. 과거의 권위주의적 질서는 더 이상 고려할 수 있는 선택지가 아니다.

한국사회의 시민성 형성 지체는 오히려 집합주의와 패거리 문화의 교묘한 공존 때문이다. 국가와 민족에 대한 헌신, 공동체의 미덕이라는 가면을 쓰고 특정 집단의 이익을 실현하는 현상이 반복되고, 여기에 편승하지 못한 사람들은 잘 나가는 패거리에 속하지 못한 자신을 경쟁에서 패배했다고 생각하며, 투명하고 공정하지 않은 방법으로 부와 권력을 얻은 사람들을 비난한다. 패거리에 속한 사람들은 공동체의 질서와 시민의식을 강조하지만 이들에게 공동체는 자신의 패거리지 전체 사회가 아니다. 따라서 패거리 문화는 도구적 개인주의 또는 지대추구 행위와 맞닿아 있다. 전통적 가치가 전승되어 현대적 가치체계에 녹아들어 있다면, 내면의 명예를 중시하는 염치의 문화처럼, 한국인의 시민성 형성을 촉진할만한 씨앗들이 더 풍성했을 것이다. 사실 한국사회에서 공동체의 기능과 역할은 개인의 가치, 취향, 이해를 추구하는 데 필요한 자원의 동원에 사회적 관계를 제공하는 것일 수 있다. '우리'는 공동체의 상징적 기표이며, '우리' 안에서 공적 영역과 사적 영역 간 교차와 중첩이 발생하고 이 지점에서 사적이익이 실현된다. 공익을 지키기 위한 의무의식과 책임감은 쉽게 간과되고 권리의식만이 득세하게 된다. 의무와 권리가 균형을 이루고 이를 바탕으로 시민의 개입이 적절히 작동하는 공론장에서 우리가 관찰할 수 있는 시민성은 자신의 목적 달성을 위한 권리의 주장이지 공동체의 다른 구성원들에 대한 배려와 의무가 아니다.

최근 한국의 민주주의와 시민사회는 개인의 권리와 자율성을 최우선적으로 보호하고 강화해야 할 덕목으로 보는 경향이 있다. 우리는 사회적 관계를 맺지 않고 공동체에 참여하지 않는 것을 개인이 누려야할 당연한 권리라고 믿기도 한다. 틀린 주장은 아니지만 개인의 권리와 자율성에 대한 과도한 강조는 공동체의 이익에 도움이 되지 않는다. 따라서 권리에 기초한 시민성은 시민권과 시민적 덕목이 작동할 수 있는 여지를 축소시킨다. 즉 개인의 권리와 자율성에 대한 배타적 강조는 타인과 공동체에 대한 의무와 책임을 간과하게 만든다. 그 결과 시민성, 시민적 덕목, 그리고 시민권의 이상적 조합에 의한 민주주의의 실현은 불가능해진다. 우리에게 시민적 권리와 의무 간 균형이 존재하는가? 우리는 모두를 포용하는 민주주의로 나아가고 있는가?

5. 한국인의 시민성 수준

　자료와 통계를 통해 드러난 한국인의 시민성 수준은 어떠한가? 위에서 지적한 것처럼 시민성은 복합적인 개념이어서 이를 한두 가지 지표로 측정하고 평가하는 것은 불가능하다. 그러나 한국인의 습속 안에 존재하는 공동체 중심주의가 실제로는 '나'와 '우리' 간 경계가 모호한 온정적 도구주의와 외집단에 대한 배타성에 의해 조각되어 있음을 인정한다면, 한국인의 시민성 수준에 대한 경험적 평가는 단순해질 수 있다. 즉 한국인의 시민성은 특수집단 중심 문화, 관용 수준, 권리-의무 간 균형 수준, 정치 참여의 유형을 살펴보는 것으로 그 대략의 특징을 파악할 수 있다.

　[그림 1]은 한국인이 가지고 있는 신뢰의 반경범위를 보여주는데, 이는 한국인의 습속이 얼마나 '우리'와 '나'를 중심으로 구조화되어 있는가를 나타낸다. 시민성이 개인 간 관계에서 전형적으로 드러나는 예의범절과 배려, 그리고 관용과 관련되어 있으면서, 동시에 공익을 지향하는 태도와 행위를 지향한다고 했을 때, 시민성이 높은 사람은 특수 관계에 있는 사람들(우리) 뿐만 아니라 먼 관계에 있는 사람들도 신뢰할 것이다. [그림 1]에 제시된 한국행정연구원의 「사회통합실태조사」 결과에서는 가족과 친척 및 친구를 신뢰하는 비율은 95%를 넘지만 지인을 신뢰하는 비율과 이웃을 신뢰하는 비율은 각각 80%와 60%를 조금 넘고 낯선 사람을 신뢰하는 비율은 10%를 겨우 넘는 것으로 나타난다. 한국인은 여전히 '우리'에 갇혀있다.

[그림 1] 신뢰의 반경범위

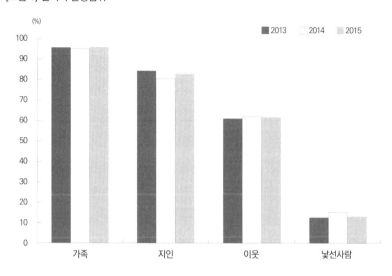

자료: 한국사회통합실태조사(각년도)

관용은 일반적으로 자신과 의견을 달리하는 사람이나 집단에 대하여 인내할 수 있는 자세, 의견과 태도가 위협적이고 적대적인 사람들도 자신들의 견해를 표현할 수 있는 권리를 가질 수 있다는 믿음으로 정의된다. [그림 2]는 관용 수준의 국제 비교를 보여준다. 관용이 차이와 다양성을 이해하고 인정하는 태도와 행위라고 했을 때 한국의 관용 수준은 OECD 국가들의 평균에 못 미친다. 한국보다 관용 수준이 낮은 나라는 슬로베니아와 같은 동유럽 국가들과 이스라엘, 터키, 그리스 등 경제적으로나 정치적으로 특수한 상황에 있는 국가들뿐이다. 한국인들 스스로 생각하기에도 한국사회는 이방인을 포용하고 이질적인 문화와 관습을 존중해 함께 잘 사는 것을 추구하는 공간이 아닌 것이다. 그래도 다행인 것은 [그림 2]의 오른쪽 그림에서 드러나는 것처럼 2007년과 비교해 2016년의 한국사회의 관용 수준이 약간이나마 개선되었다는 사실이다.

[그림 2] 관용의 국제비교(우리나라가 소수 인종집단이 살기 좋은 장소인가에 대한 평가)

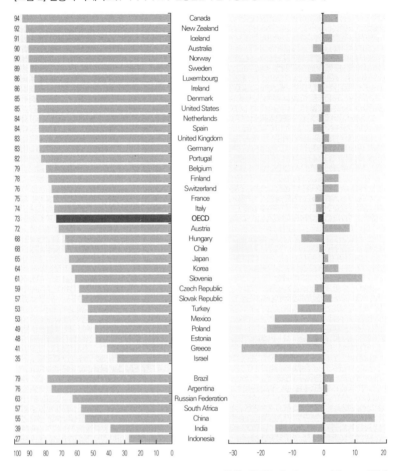

출처: OECD, Society at a Glance, 2016.

다음으로 한국인이 가지고 있는 시민으로서의 권리와 의무에 대한 인식을 살펴보자. [그림 3]은 2014년 한국종합사회조사에 포함된 항목들 중 기존 시민성연구에서 가장 많이 사용되는 6개를 추출해 한국인의 권리-의무 관계를 살펴본 것이다.

[그림 3] 한국인의 시민성 유형

자료: 한국종합사회조사(2014)

일종의 군집분석인 잠재적 계층분석(Latent Class Analysis)으로 나타난 한국인의 권리와 의무에 대한 인식은 5개 집단으로 분류된다. 위에서 예견한 것처럼 전체 응답자 1,370명 중 32.9%가 국가와 사회에 대해 권리를 적극적으로 주장하지만 납세의 의무나 사회참여에는 관심이 없고 외국인에 대해서도 포용적이지 않은 집단에 속한다(권리추구, 450명). 반대로 권리보다는 시민적 의무를 중요시해 사회참여에 적극적이고 외국인에 대한 포용도 중요하다고 생각하는 사람들의 비율은 23.3%이다(적극적 의무추구, 319명). 다음으로 시민으로서의 의무나 권리에 어떤 관심도 가지지 않아 냉소적인 것으로 보이는 집단이 전체 응답자의 21.5%에 이른다(사회적 무관심, 295명). 이와 반대로 의무와 권리 모두에 적극적인 시민들은 17.0%로 상대적으로 적은 편이다(권리-의무 시민성, 233명). 마지막으로 정부가 국민들의 안정적 생활을 유지할 수 있도록 해야 하며, 이를 위해 세금을 성실히 납부하고 정책결정과정에도 공식적인 제도를 통해 열심히 참여해야 한다고 생각하는 사람들은 전체의 5.3%이다(순응적 시민성, 73명). 분석 결과를 요약하면, 한국인의 시민성은 의무보다는 권리에 치중되어 있다. 그러나 권리보다는 의무를 중시하는 사람들도 적은 편은 아니다. 다만 시민으로서의 태도와 행위 그 무엇에도 관심이 없는 극단적 회피와 냉소적 태도를 가진 사람이 5명 중 1명이라는 사실은 권리만 주장하는 사람이 다수인 것과 더불어 한국사회에서 참여민주주의의 실현에 또 다른 장애가 될 수도 있다. 게다가 우리가 권리 의식과 의무 의식 간 적절한 균형감각을 가지고 있는 집단으로 구분할 수 있는 사람들, 즉 바람직한 시민성을 가지고 있는 사람들은 어느 한 쪽에 편중되어 있는 사람들보다 절대적으로 적은 편이다.

이를 연령별로 살펴보면, 20대, 30대, 40대에서 권리를 적극적으로 주장하는 사람들(권리추구)이 더 많은 반면, 50대와 60대 이상에서는 사회에 무관심한 사람들(사회적 무관심)의 비율이 압도적으로 더 높다. 특히 60대 이상에서 권리 의식과 의무 의식이 어느 정도 균형을 이루고 있는 '권리의무 시민성' 집단과 '순응적 시민성' 집단의 비율이 매우 낮고 '의무추구'와 '사회적 무관심'이 다른 세대에 비해 현저하게 높다(표 3). 시간이 지날수록 한국사회의 인구구조가 고령자 중심으로 변할 것이기 때문에 이러한 고령 세대의 낮은 시민성을 어떻게 다루느냐가 미래 한국 민주주의의 성패를 좌우할 것으로 보인다.

〈표 2〉 연령별 한국인의 시민성 유형

	20대	30대	40대	50대	60대 이상	전체
권리 추구	95	92	106	72	85	450
	33.5%	36.1%	34.5%	31.2%	29.0%	32.9%
의무 추구	67	63	62	55	72	319
	23.6%	24.7%	20.2%	23.8%	24.6%	23.3%
사회적 무관심	61	56	61	42	75	295
	21.5%	22.0%	19.9%	18.2%	25.6%	21.5%
권리-의무 시민성	52	35	61	43	42	233
	18.3%	13.3%	19.9%	18.6%	14.3%	17.0%
순응적 시민성	9	9	17	19	19	73
	3.2%	3.5%	5.5%	8.3%	6.5%	5.3%
전체	284	255	307	231	293	1,370
	100.0%	100.0%	100.0%	100.0%	100.0%	100.0%

자료: 한국종합사회조사(2014)

사람들이 보유하고 있는 시민적 자질과 태도, 그리고 인식은 시민성의 매우 중요한 구성요소이기는 하지만 이것들이 다양한 유형의 행위, 즉 정치참여로 연결되지 않는 한, 시민성은 민주주의에 기여하지 못한다. 달톤 (2008)은 이를 두고 시민성이 규범적 시민성과 관여적 시민성으로 구분된다고 주장한 바 있다. 이제 한국인의 관여적 시민성이 어느 수준에 있으며 어떤 양상을 보이는지 살펴보자.

[그림 4] 한국인의 정치참여 유형

자료: 한국종합사회조사(2014)

　　[그림 4]는 정치참여 항목 8개(서명, 불매운동, 정치인 및 정치사회단체 기부, 시위참여, 정치집회 및 모임 참여, 정치인 접촉, 언론접촉, 인터넷 토론)에 잠재계층분석을 적용해 얻는 결과를 보여준다. 한국인을 8가지 유형의 정치참여 항목을 가지고 군집화 했을 때 5개의 집단이 포착된다. 먼저, 전체 응답자 1370명 중 다수인 62.5%가 어떠한 정치참여도 하지 않는 사람들이다(미참여, 860명). 이는 한국의 공론장이 소란스러워 보이고 활발한 것처

럼 보이는 것은 실상 시민단체와 엘리트들의 활약 때문이지 일반 시민들의 적극적인 참여 때문이 아니라는 사실을 여실히 보여주는 결과이다. 권리 의식과 의무 의식으로 무장한 시민이 일상생활과 광장에서 꾸준히 참여해 최선의 정책을 결정하는 참여민주주의의 이상과는 거리가 먼 모습이다. 그 다음으로 많은 집단은 개인적 수준에서 일상적으로 진정서에 서명하거나 불매운동에 참여하는 사람들인데 전체 응답자의 24.1%를 차지하고 있다(일상적 참여, 330명). 진정서 서명과 불매운동 참여가 일상에서 개인적으로 할 수 있는 온건적 방식의 참여라면, 정치모임을 갖고 광장에서 집회나 시위에 참여하는 행위를 저항적 참여라고 부를 수 있을 것이다. 이에 해당하는 한국인의 비율은 7.5%에 지나지 않는다(저항적 참여, 103명). 기부를 중심으로 참여하고 8가지 정치참여에 포괄적으로 관여하는 사람들의 비율은 각각 3.1%와 2.6% 정도이다(기부 중심 참여, 42명; 포괄적 참여, 35명). 대의민주주의 사회에서 모든 시민들이 생활세계와 광장에서 적극적으로 정치에 몰입하는 것도 바람직한 현상은 아니겠지만 집단이기주의와 집단 간 갈등이 심한 한국사회에서 전반적으로 낮은 수준의 정치참여는 우려할 만하다. 소란한 광장에 비해 일반 시민들의 참여가 저조하다는 것은 현재 한국사회의 광장은 자신의 이익에 매몰된 집단이기주의와 시민사회 엘리트들의 권익주창형 목소리로 점철되어 있다는 의심을 가지게 한다.

〈표 3〉은 시민성 유형과 정치참여 유형을 교차시킨 결과이다. 시민성에서 권리추구형과 권리-의무 시민성에 속하는 사람들에서 일상적 참여의 수준이 각각 28.0%와 29.2%로 높은 편이다. 사회적 무관심에 속하는 사람들 중 72.9%가 어떠한 정치활동에도 참여하지 않는다. 그리고 의무추구형에 속하는 사람들도 사회적 무관심에 속하는 사람들보다는 덜하지만 정치에 참여하지 않는 편이다. 권리와 의무 의식 간 균형이 잡혀 있는 집

단은 일상적 참여, 저항적 참여, 기부중심 참여, 포괄적 참여 모두에서 가장 높다. 이 결과는 한국의 참여민주주의의 성취가 향후 한국인의 시민성 형성에 달려있음을 보여준다. 시민성이 한국민주주의의 미래이다.

〈표 3〉 시민성 유형별 정치참여

정치참여	시민성 유형					전체
	권리 추구	의무 추구	사회적 무관심	권리-의무 시민성	순응적 시민성	
미참여	60.4%	65.8%	72.9%	50.2%	63.0%	860(62.5%)
일상적 참여	28.0%	21.0%	16.3%	29.2%	28.8%	330(24.1%)
저항적 참여	7.3%	7.2%	5.8%	11.6%	4.1%	103(7.5%)
기부 중심 참여	2.7%	2.8%	2.7%	4.7%	2.7%	42(3.1%)
포괄적 참여	1.6%	3.1%	2.4%	4.3%	1.4%	35(2.6%)
전체	450	319	295	233	73	1,370
합계	100.0%	100.0%	100.0%	100.0%	100.0%	100.0%

자료: 한국종합사회조사(2014)

6. 광장의 촛불 너머 시민성

시민성은 시민들이 서로를 견제하지만 배려하고 관용하는 정치적 평등 관계에서 필요한 실천이다. 따라서 시민성은 민주주의를 촉진시키는 가장 효과적인 수단이며, 갈등과 경쟁의 정치를 포용하고, 다원주의적 가치를 존중하며, 사적 영역과 공적 영역의 분리를 지향한다. 민주주의는 시민들의 활동, 개입, 헌신, 의무, 봉사에 의존하며, 공동의 이익을 달성하기 위한 시민적 자질, 태도, 실천 등을 추구한다. 바버(1984)는 이를 두고 강한 민주주의로 명명하는데, 이는 시민들이 정책들을 두고 공적으로 숙의할 것을 요구한다(Barber, 1984). 그러나 공적 숙의는 필수적으로 어느 정도의 갈등을 수반하기 때문에, 이 과정은 시민성에 의해 규율되어야 한다. 시민성은 말하기뿐 아니라 듣기를 요구하며, 그 실천은 시민들로 하여금 갈등에 대응하고, 숙의 과정에 방해가 되는 권력의 실체를 알게 해준다. 민주적 대화는 시민성을 요구할 뿐 아니라 이를 생산하기도 하며, 시민성은 시민들로 하여금 정치적 갈등에 대응할 수 있도록 도와주는 '관용'으로서 발현되기도 한다(Barber, 1999: 40). 대저는 공화주의와 자유주의에 공히 존재하는 시민적 덕성을 가진 사람의 특징에 대한 이념형을 제시하는데, (1) 개인적 권리를 존중하는 것, (2) 자율성에 가치를 두는 것, (3) 다른 의견과 신념에 관용하는 것, (4) 공정하게 행동하는 것, (5) 시민적 공감을 소중히 여기는 것, (6) 공동체의 문제에 적극적으로 참여하는 것 등이 그것이다 (Dagger, 1991).

2016년의 광장의 민심에 의한 대통령 탄핵과 2017년 공론조사를 통한 숙의민주주의 실험의 성공이 한국의 참여민주주의와 숙의민주주의의 가능성을 보여준 것은 사실이다. 이를 두고 혹자는 대의민주주의의 질서에 반하는 것이라고 설왕설래하지만 사실 대의민주주의는 개인적 이기심이 극대화된 정치적 견해가 정책결정과정에 침투하거나 기회와 자원을 가지지 못한 개인이 정치무대에서 완전히 배제되는 것과 같은 비민주주의적 결과들을 적절하게 방지하지 못한다는 한계를 가지고 있다. 대의민주주의가 참여민주주의나 숙의민주주의에 의해 보완되지 않을 때 집단 간 갈등, 계층 간 불평등, 정치적 영향력의 격차는 심화될 수 있으며 개인은 수동적 존재의 법적 시민으로 전락하기 십상이다. 우리가 염려해야 할 것은 대의민주주의의 순수성의 훼손이 아니라 2016년의 광장이나 2017년의 공론조사가 시민들의 시민성에 의해 성과를 거둔 것이 아니라는 현실이다.

　나는 이 글에서 시민성의 개념적 정의, 이론적 논쟁, 속성과 특징, 민주주의와의 관계, 한국인의 습속과 시민성의 형성 간 갈등관계, 한국인의 시민성 수준에 대한 경험적 평가, 한국 민주주의의 미래 등에 대해 논의했다. 그 결과 시민성의 형성이 미래 민주주의의 성패를 좌우할 것이라는 사실을 확인했으며, 우리의 시민성이 결여된 이유에 대해서도 설명하였다. 마지막으로 시민성이라는 용어를 무시로 사용하는 우리에게 필요한 것으로, 시민성을 두고 오해하지 말아야 하는 것들 몇 가지를 지적하는 것으로 글을 마치려 한다.

　첫째, 2016년 광장정치의 성과가 시민들의 부패한 정치권력에 대한 분노와 공정하지 않고 투명하지 않은 제도 정치에 대한 절망에서 출발했다고 해서 그 역사적 의미와 정치적 의의가 훼손되는 것은 아니다. 그렇다고 분노로 만든 정치적 성과를 시민성이 만든 민주주의와 혼동하지는 말자. 이제는 끓어 넘치는 절망과 분노의 에너지를 시민사회의 안정적 기반위에서 차이와 다양성을 존중하고, 다른 정치적 견해들을 토론하고, 정당성과 설득력을 견주는 시민성의 에너지로 전환할 수 있는 방안들에 대해 고민해야 한다. 송호근(2016)이 제안한 것처럼, 시민민주주의의 달성을 위한 단체 참여도 좋고 김경동(2006)의 사회윤리에 기초한 자원봉사의 조직화도 좋다. 시민들이 차이와 다양성의 가치를 배우고 경쟁하고 갈등하는 과정을 통해 공익을 위한 최선의 길을 찾는 법을 배울 수 있는 실질적인 공간이 공적 영역과 생활세계에서 더 많이 만들어져야 한다.

　둘째, 시민성은 현재 정치권, 학계, 교육계, 지방자치단체에 의해 활발하게 실시되고 있는 시민교육에 의해 단기간에 형성되지 않는다. 오히려 시민들을 교육과 교화의 대상으로 보는 일방향적 교육은 이들을 정치적으로 수동적인 존재로 만든다. 시민성은 주입식 교육과 암기를 통해 향상되지도 않을 뿐만 아니라 민주주의의 발전에 별 도움이 되지도 않는다. 공론장과 생활세계에서 참여와 시행착오를 반복하며 시간을 두고 축적된 시민성만이 민주주의의 질을 고양시킬 수 있다. 더 이상 시민교육에 세금을 낭비하지 말자. 차라리 그 세금으로 지역 주민들이 함께 어울릴 수 있는 텃밭을 만들어 개방하는 게 장기적 관점에서 시민성 형성에 더 유익하다. 구청과 시민단체가 제공하는 몇 시간짜리 교육으로 시민성은 만들어지지 않는다. 서구 민주주의 사회들에서는 시민성 향상을 위해 100여 년 이상을 정책적으로 노력해왔지만, 시민성 결여는 여전히 그 사회들에서도 골칫거리이다. 조급해 하지 말자. 시민성에 한강의 기적은 없다.

셋째, 준법과 질서유지가 시민성의 핵심은 아니다. 정부기관이나 공공기관들은 정기적으로 공익 캠페인을 실시한다. 그 내용을 살펴보면 대부분 공동체의 이웃에 대한 관심을 갖고 어려운 사람들을 돕고 상생을 위한 법과 질서를 잘 지키라는 것들이다. 법과 질서의 준수는 우리 사회의 각 부분들이 적절히 기능하기 위해 반드시 필요한 것이겠지만 법치만으로는 시민성 형성과 참여민주주의가 저절로 성취되지는 않는다. 법과 질서에 대한 과도한 강조는 오히려 공동체에 만연한 불합리, 불공정, 불투명에 대한 정당한 문제제기를 가로막고 집단 간 불평등을 지속하게 만든다. 법과 질서의 준수와 더불어 개인적 권리와 의무의 균형, 자율성의 가치, 자기통제의 소중함, 다른 의견과 신념에 대한 관용, 공익을 고려한 행위, 시민적 공감, 적극적 참여를 가르치는 것이 더 필요하다. 한국의 민주주의는 권력에 의해 불법세력으로 낙인 찍혔던 시민들의 손에 의해 진보해 왔다는 사실을 상기할 필요가 있다.

마지막으로, 권위주의 문화가 지배적이고 '좋은 게 좋은 거'라는 몰상식이 상식으로 둔갑한 사회에서는 불편함과 무례함을 통해 시민성과 민주주의가 촉진될 수 있음을 알아야 한다. 정수복(2007)의 주장처럼 한국인은 갈등을 회피하려는 습속을 가지고 있고 이로 인해 다른 입장과 견해를 가진 사람들과 격론을 벌이는 것을 경박하다고 여기는 경향이 있다. 개인 간, 집단 간 토론이 익숙하지 않은 문화에서는 갈등과 불편함을 통해서 작동하는 시민성이 필요하다. 엘리아소프(1998)는 시민들의 활발한 공동체 참여와 토론이 민주주의의 질을 떨어뜨린다고 지적하면서, 이는 토론과 참여의 주제가 해결책을 찾기 어렵거나 갈등이 첨예할 것 같은 무거운 문제들을 피해 당장 해결할 수 있는 지엽적인 문제들 중심으로 정해지기 때문이라고 주장한다(Eliasoph, 1998). 시민성(civility)은 무례함과 비시민성(incivility)로부터 오기도 한다. 집합주의와 패거리 문화가 결합해 도구적 목적이 실현되는 우리 문화에서 개인적 예의바름과 배려, 불편한 상황을 부드럽게 만드는 시민적 기술은 오히려 민주주의를 저해한다. 내부고발자가 확실하게 보호되는 조직일수록 투명성과 공정성이 강화되어 공공의 이익이 향상되는 것처럼, 불편함을 무릅쓰고 무례한 문제제기를 하는 사람을 관용하고 그의 의견에 귀를 기울이는 문화가 조성된 사회일수록 민주주의의 질이 높아진다(Kim, 2016).

참고문헌

김경동. 『급변하는 시대의 시민사회와 자원봉사』 아르케.

김동춘. 2013. 시민권과 시민성-국가, 민족, 가족을 넘어서. 서강대학교 인문논총 37: 5-46.

김석호. 2014. "그들만의 민주주의, 시민은 어디에?" 한국사회학회 전기 사회학대회 논문집.

박명규. 2009. 『국민, 인민, 시민: 개념사로 본 한국의 정치 주체』 소화.

박천일, 김선엽. 2011. "비영리민간단체 재정지원의 특성에 관한 연구." 사회과학연구, 27(4), 153-178.

신진욱. 2009. "진보의 혁신과 시민정치. 시민과세계," 16, 58-83.

양현모. 2002. "한국 NGO 의사결정과정의 특징과 한계. 한국정책과학학회보," 6(1), 121-144.

이희환, 김송원, 박인규, 서주원, 송정로. 2013. "시민운동 25년의 회고와 전망." 황해문화, 120-165.

장윤식. 2001. "인격윤리와 한국사회." 한국사회학회 연구보고서: 67-82.

주성수. 2006. "한국 시민사회의 '권익주창적' 특성." 한국정치학회보, 40(5), 233-250.

       2017. 한국 시민사회사: 민주화기 1987-2017』 학민사.

장은주. 2017. 『시민교육이 희망이다』 피어나.

정수복. 2007. 『한국인의 문화적 문법』 생각의 나무.

송호근. 2016. "한국의 시민과 시민사회의 형성, 시민성 결핍과 과잉 국민." 지식의 지평 20.

임희섭. 2001. 한국사회 시민성의 이론적 고찰. 한국사회, 4, 5-30.

최장집. 『2010. 민주화 이후의 민주주의. 서울』 후마니타스.

최재석. 1993. 『한국인의 사회적 성격』 현암사.

Anheier, H. (2007): Reflections on the Concept and Measurement of Global Civil Society, in:Voluntas, Vol 18, No 1, pp. 1-15.

Barber, B. 1984. Strong Democracy. Berkeley. Cal.: University of California Press.

Barber, B. 1999. "The Discourse of Civility." pp. 39-47 in Citizen Competence and Democratic Institutions, edited by S. L. Elkin and K. E. Soltan. University Park: Pennsylvania State University.

Baumgarten, B., Gosewinkel, D., & Rucht, D. 2011. "Civility: introductory notes on the history and systematic analysis of a concept." European Review of History-Revue europeenne d'histoire, 18(03), 289-312.

Boyd, R. 2006. "The value of civility?". Urban Studies, 43(5-6), 863-878.

Brinkmann, C. 1948. "Civilization." pp. 525-529 in Encyclopaedia of the Social

Sciences, vol. Three, edited by E. R. A. Seligman and A. Johnson. New York: Macmillan.

Calhoun, C. (2000): The Virtue of Civility, in: Philosophy and Public Affairs, Vol 29, No 3, pp.251-275.

Dalton, R. J. 2008 Citizenship norms and the expansion of political participation. Political studies, 56(1), 76-98.

Eliasoph, Nina. 1998. Avoiding Politics: How Americans Produce Apathy in Everyday Life. Cambridge University Press.

Forni, P. M. (2002): Choosing Civility, New York.

Kim, Seokho. 2016. "Quality of Civil Society and Participatory Democracy in ISSP Countries." Development and Society.

Kymlicka, W. 2001. "Education for Citizenship." pp. 293-316 in Politics in the Vernacular: Nationalism, Multiculturalism, and Citizenship. Oxford: Oxford University Press.

OECD. 2017. 『Society at a Glance』 OECD.

Peck, D. L. 2002. "Civility: A contemporary context for a meaningful historical concept." Sociological Inquiry, 72(3), 358-375.

Rucht, D. 2011. "Civil society and civility in twentieth-century theorising." European Review of History-Revue europeenne d'histoire, 18(03), 387-407.

Shils, E. 1997. The virtue of civility: Selected essays on liberalism, tradition, and civil society. Liberty fund.

Walzer, M. 1974. "Civility and civic virtue in contemporary America." Social Research, 593-611.

White, M. 2006. "An Ambivalent Civility". The Canadian Journal of Sociology, Volume 31, Number 4, pp. 445-460.

Williams, R. 1976. "Civilization." pp. 57-60 in Keywords: A Vocabulary of Culture and Society. London: Fontana.

　현재가 과거의 축적 위에 있듯 미래는 현재를 포함한 과거의 축적 위에
있게 된다. 과거와 현재가 미래의 상당한 실재를 담보하는 것이다. 다만, 소
통의 수준에는 격차가 크다. '역사와의 대화'에서 확인할 수 있는 것처럼 현
재가 과거와 소통하는 일은 선명한 이해를 이룰 수 있어도, 현재가 미래와
소통하는 일은 희미한 공감을 넘어서기 어렵다. 이른바 'ICT시대'라 불리는
21세기 '지금 여기'서는 더욱 그러하다. 현란하고 다양한 현재의 상상력들
이 서로 융합하고 충돌하면서 예측불허의 창조적 조화를 생성하기 때문이
다. 그러나 그것이 인간 또는 인간사회의 어떤 근원적인 문제를 해결할 수
는 없다.

　나는 어디서 와서 어디로 가는가? 어떻게 살아야 인간답게 사는 것인
가? 이런 질문들은 모든 개인에게 가장 근원적인 문제다. 이 문제의 완전한
해답이 나오는 날에 인문학은 사그라질지 모른다.

　더 나은 공동체로 가는 변화의 길은 무엇인가? 더 나은 공동체로 가는
시대정신과 비전은 무엇인가? 이런 질문들은 인간사회가 결코 놓아버릴 수
없는 가장 근원적인 문제다. 이 문제가 '현재 공동체에서 벗어날 수 없는 우
리'에게 당위적 책무의 하나로서 미래전략 탐구를 강력히 요청한다. 거대담
론적인 미래전략도 있어야 하고, 실사구시적인 미래전략도 있어야 한다.

　거대담론적인 미래전략 연구가 이상적(理想的)인 체제를 기획하는 원대
한 작업에 주력한다면, 실사구시적인 미래전략 연구는 가까운 장래에 공동
체가 당면할 주요 이슈들을 예측하고 대응책을 제시하는 작업에 주력한다.
박태준미래전략연구소는 앞으로 일정 기간 동안 후자에 집중할 계획이며,
그 결실들을 총서로 출간하여 더 나은 공동체를 향해 나아가는 사회적 자
산으로 공유할 것이다.

　꼭두새벽에 깨어난 이는 먼동을 예감한다. 그 먼동의 한 자락이 이 총서
에 담겨 있기를 바랄 따름이다.

박태준미래전략연구소

박태준미래전략연구총서 9

촛불 너머의 시민사회와 민주주의 ©윤평중·이진우·전상인·임지현·김석호

발행일   2018년 1월 18일 초판 1쇄 발행

펴낸이   김재범
펴낸곳   (주)아시아
지은이   윤평중·이진우·전상인·임지현·김석호
엮은이   포스텍 박태준미래전략연구소
편집   김형욱, 신아름
관리   강초민, 홍희표
출판등록   2006년 1월 27일 제406-2006-000004호
인쇄·제본   AP프린팅
종이   한솔 PNS
디자인   나루기획

전화   02-821-5055
팩스   02-821-5057
주소   경기도 파주시 회동길 445(서울 사무소: 서울시 동작구 서달로 161-1 3층)
이메일   bookasia@hanmail.net
홈페이지   www.bookasia.org
페이스북   www.facebook.com/asiapublishers

ISBN   979-11-5662-339-7(94080)
       979-11-5662-119-5(set)